国际精神分析协会《当代弗洛伊德：转折点与重要议题》系列

论《超越快乐原则》

On Freud's "Beyond the Pleasure Principle"

（美）萨尔曼·艾克塔（Salman Akhtar）
（加）玛丽·凯·奥尼尔（Mary Kay O'Neil） 主编

杨琴 武江 译

 化学工业出版社

·北京·

On Freud's "Beyond the Pleasure Principle" by Salman Akhtar, Mary Kay O'Neil
ISBN 978-1-85575-785-1
Copyright © 2011 by The International Psychoanalytical Association.
All rights reserved.
Authorized translation from the English language edition published by International Psychoanalytical Association.

本书中文简体字版由 The International Psychoanalytical Association 授权化学工业出版社独家出版发行。

本版本仅限在中国内地（大陆）销售，不得销往中国香港、澳门和台湾地区。未经许可，不得以任何方式复制或抄袭本书的任何部分，违者必究。

封面未粘贴防伪标签的图书均视为未经授权的和非法的图书。

北京市版权局著作权合同登记号：01-2023-0688

图书在版编目（CIP）数据

论《超越快乐原则》/（美）萨尔曼·艾克塔（Salman Akhtar），（加）玛丽·凯·奥尼尔（Mary Kay O'Neil）主编；杨琴，武江译.—北京：化学工业出版社，2023.10

（国际精神分析协会《当代弗洛伊德：转折点与重要议题》系列）

书名原文：On Freud's "Beyond the Pleasure Principle"

ISBN 978-7-122-43826-3

Ⅰ.①论⋯ Ⅱ.①萨⋯②玛⋯③杨⋯④武⋯ Ⅲ.①心理学-研究 Ⅳ.①B84

中国国家版本馆 CIP 数据核字（2023）第 133184 号

责任编辑：赵玉欣　王　越　　　装帧设计：关　飞
责任校对：李露洁

出版发行：化学工业出版社（北京市东城区青年湖南街 13 号　邮政编码 100011）
印　　装：大厂聚鑫印刷有限责任公司
710mm×1000mm　1/16　印张 16¼　字数 237 千字　2023 年 10 月北京第 1 版第 1 次印刷

购书咨询：010-64518888　　　　售后服务：010-64518899
网　　址：http://www.cip.com.cn
凡购买本书，如有缺损质量问题，本社销售中心负责调换。

定　价：59.80 元　　　　　　　　　　　　　版权所有　违者必究

致 谢

首先，我们要感谢为本书做出杰出贡献的各位同事们。感谢他们的努力、他们的付出，最重要的是，他们对我们的要求、提醒和修改请求的耐心。我们真诚地感谢国际精神分析协会出版委员会成员们的指导，特别是委员会主席 Leticia Glocer Fiorini。我们也要感谢 Rhoda Bawdekar 在这本书的实际制作过程中跟进各种事宜。

Salman Akhtar
Mary Kay O'Neil

第三辑推荐序

国际精神分析协会（IPA）《当代弗洛伊德：转折点与重要议题》系列已经在中国出版了两辑——共十本，即将要出版的是第三辑——五本。 IPA组织编写和出版这套丛书的目的是从现在和当代的观点来接近弗洛伊德的工作。一方面，这强调了弗洛伊德工作的贡献构成了精神分析理论和实践的基石。另一方面，也在于传播由后弗洛伊德时代的精神分析师丰富的弗洛伊德思想的成果，包括思想碰撞中的一致和不同之处。丛书读来，我看到了IPA更大的包容性。

记得去年暑期，我们在还未译完的这个系列中，选择到底首先翻译哪几本书时，我们考虑了在全世界蔓延数年的疫情以及世界局部地区战争对人们生存环境的影响、新的技术革命带来的巨变给人类带来的不确定性等等因素。选中的这几篇弗洛伊德的重要论文产生于类似的时代背景下，瘟疫、战争和新的技术革命的冲击……今天，当我们重温弗洛伊德的思想时，还是震惊于他充满智慧的洞察力，同时也对一百多年来继续在精神分析这条路上耕耘并极大地拓展了精神分析思想的精神分析家们满怀敬意。如果说精神分析探索的是人性的深度和广度，在人性的这个黑洞里，投注多少力度都不为过。

我想沿着这五本书涉及的弗洛伊德当年发表的奠定精神分析理论基础的论文的时间顺序来谈谈我的认识。

一、《不可思议之意象》

心理治疗的过程可以说是帮助患者将由创伤事件或者发展过程中的创伤

导致的个人史的支离破碎连成整体的过程。

在心理治疗领域，对真相的探寻可以追究到神经科医生们对临床病人治疗的失败。这种痛苦激发了医生们对自己无知和失去掌控的恐惧，以及由此而生的探索真相、探索未知的激情。可以说，任何超越都与直面真相的勇气相连。

在弗洛伊德早期的论文《不可思议之意象》(The Uncanny)(1919)中，他就对他临床发现的"不可思议或神秘现象"做了最具有勇气的探索。

这篇论文的开头晦涩难懂，细读可以发现，他认为，要想理解这些不可思议之处"必须将自身代入这种感受状态之中，并在开始之前唤起自身能够体验到它的可能性……"因而，我将这篇论文的开始部分看作弗洛伊德对不可思议之意象的体验式的自由联想（free association）。

他对不可思议之意象的联想以及对词源学（德语、拉丁语、希腊语）的研究大致将不可思议之意象归结于令人不适的、心神不宁的、阴沉的、恐怖的、（似乎）是熟悉的、思乡怀旧的这样一个范畴。

我在读这篇文章时，感受到一种联想的支离破碎，这不是 free association（自由联想），而是 disassociation（解离），一种创伤的常见现象（在早年儿童的正常发展时期也可见这种防御现象）在弗洛伊德身上被激活。果然，他接下来以一个极端创伤的文本和自己的、听起来不可思议的亲身经历来进一步理解和描述这种意象。也许这样看来，批评者要批评他的立论太主观，随后，读者也会看到在他的一生中，他是如何与这种主观作战的，这也是他几次被诺贝尔生理学或医学奖提名而不得的主要原因，精神分析从来就不是纯粹意义上的科学。

弗洛伊德发现这种"不可思议之意象"还有个特点就是不自觉的重复。他写道：当我们原本认为只不过"偶然"或"意外"的时候，这一因素又将某种冥冥之中、命中注定的东西带到我们的信念中……必须解释的是，我们能够推断出无意识中存在的某种"强迫性重复"（repetition compulsion）在起主导作用。受压抑的情节产生不可思议之感。这种重复似乎依附着一个熟悉的"魔鬼"。

弗洛伊德进而认为，不可思议的经历是由一个被压抑和遗忘的熟悉物体的重新出现触发的（触发提示了应激）。因为这种触发，在短时间内，无意识和有意识之间的界限变得模糊。个人的认同感是不稳定的，自我和非自我之间的界限是不确定的。这种经历有一种难以捉摸的品质，但一旦到达意识层面，就会消失，而刚才经验的事件给主体带来陌生感，给主体带来一种"刚才发生了什么""我到底做了什么"的疑惑。我认为这形象地描述了解离现象。现今，我们可以非常清楚地看到弗洛伊德的《不可思议之意象》这篇论文中的多重主题，预示了精神分析理论的许多重大发展：诸如心理创伤的被激活以及心理创伤的强迫性重复的属性，作为心理创伤防御的双重自我的发现；不可思议之意象和原初场景（the primal scene）再现之间的联系；不可思议之意象作为艺术和精神分析经验的基本部分；等等。弗洛伊德的发现像打开了的潘多拉的盒子，在这本书里，作者们不只对不可思议之意象的临床动力学进行了探讨，更是在涉及广泛人性的文学、美术、历史等等方面进行了探讨。

二、《超越快乐原则》

紧随《不可思议之意象》之后，1920年，弗洛伊德思想的又一个重要结晶《超越快乐原则》一文问世。"死本能"概念横空出世。"不可思议之意象"和"死本能"概念的出现是精神分析史上的一个转折，这两件事都让人们困扰。两者都激发人们很多的负性情绪体验，想要去否认和拒绝，也让精神分析遭到许多的攻击。甚至今天在翻译此文的文字选择上也让出版人小心翼翼。然而，人类反复被它们创伤的事实让我们不得不重新回顾它们，重新认识它们。

弗洛伊德最初的人类动机理论（Freud, 1905d, 1915c)认为有两种基本的动机力量存在："性本能"和"自我保存本能"。前者通过释放寻求性欲的愉悦，实现物种繁衍的目的；后者寻求安全和成长，实现自我保存的目的。这两种本能也被称为"生本能"。

在《超越快乐原则》中出现的"死本能"则是一个新概念：它指的是一种"恶魔般的力量"，寻找心身的静止，其最深的核心是寻求将有生命的事物还原为最初的无生命状态。

精神分析理论因此转变而受到地震式的冲击，各种攻击铺天盖地。在这里弗洛伊德早期有关"施虐是首要的、受虐是其反向形式的最初构想被推翻了"；在"死本能"概念中，将"受虐作为首要现象，而施虐则是其外化的结果"。

"快乐原则"（Freud，1911,1916—1917）在心理生活中的至高支配地位也受到了质疑。还有另一个难题是关于重复，1920年对它的解释完全不同于1914年的文章《记忆、重复和修通》（1914g）中的解释。

本能理论修改的三个主要后果：
1. 将攻击性提升为一种独立的本能驱力；
2. 早先提出的自我保存本能在无意中被边缘化；
3. 宣称死亡是一种毕生的、存在性的关切，无论后面伴有或不伴有所谓的"本能"。

总结一下就是，弗洛伊德将性本能和自我保存本能都称为"生本能"，把攻击性提升为一种独立的本能驱力。宣布这种攻击性驱力是死本能的衍生产物，而死本能与生本能一起，构成了生命斗争中的两种主要力量。

确立攻击性的稳固核心地位也为人类天生具有破坏性的观点提供了一个锚点。

梅莱尼·克莱因（Klein，1933,1935,1952）虽然从一开始就拥护这一概念，但她的工作仍然集中于死本能的外化衍生物上，这导致了对"坏"客体、残酷冲动和偏执焦虑的产生的更深入的理解。她的后继者们的贡献（Joseph，本书第7章；Bion，1957；Feldman，2000；Rosenfeld，1971）通过论证死本能对心理活动的影响，扩展了死本能概念的临床应用。他们强调了这种本能的能力，它可以打断精神连接，最终达到其"不存在"的目的。在他们看来，死本能实际上并不指向死亡，**而是指向破坏和扭曲主体生命和主体间性生命的意义和价值。**

在弗洛伊德逐渐增加的对人性的冷峻思考后，精神分析思想的继任者中有一批人（如克莱因、比昂等）拥护这一理论但强调死本能的外化衍生意义。还有另外一批人则被称为温暖的精神分析家，如：巴林特（Balint，1955）提出了一个非性欲的"原初的爱"（primary love）的概念，类似于自发维持依恋的需要；温尼科特（Winnicott，1960）谈到了"抱持的环境""自我的需要"（ego needs），凯斯门特（Casement，1991）将这一概念重新定义为"成长的需要"（growth needs），由此将其与力比多的需求区分开来；而在北美，科胡特（Kohut）创立的自体心理学理论弥补了巴林特和温尼科特在北美的不受重视,为精神分析的暖意增加了浓墨重彩的一笔。但是,即使暖如科胡特这样的分析家也是在对人类冰冷创伤的深刻洞见下,强调了生命的存在需要共情的抱持。

目前正在通过网络在中国教学的肯伯格大师也属于人性的冷峻的观察者。他认为从更广泛的意义上讲,生本能和死本能是驱使人类一方面寻求满足和幸福,另一方面进行严重的破坏性和自我破坏性攻击的动力,他强调这种矛盾性。他认为有种乐观的看法,即假设在早期发展中没有严重的挫折或创伤,攻击性就不会是人类的主要问题。死亡驱力与这种对人性更为乐观的看法大相径庭。作为人类心理学核心的一部分,死亡驱力的存在非常不幸地是一个在实践中存在的问题,而不仅仅是一个理论问题。如前所述,在底层,所有潜意识冲突都涉及某种发展水平上的爱与攻击之间的冲突。

也许是为了避免遭受与弗洛伊德一样的批评,或者是随着科学在弗洛伊德以后百年的发展,肯伯格更加谨慎地相信死本能至少在临床上是很有意义的,他也强调了在特殊文化下(如希特勒主义和恐怖主义中)死本能的问题。

肯伯格认为精神分析界目前正在努力解决的问题是:驱力是否应该继续被认为是原始的动机系统,还是应该把情感作为原始的动机系统(Kernberg, 2004a)。而情感是与大脑神经系统相关的。

现在肯伯格已经不是唯一持这种观点的人。他们认为情感构成了原始的动机系统,它们被整合到上级(指上一级大脑)的正面和负面驱力中,即力比多驱力和攻击性驱力中。这些驱力反过来表达它们的方式,是激活构成它们的不同强度的情感,通过力比多和攻击性投注的不同程度的情感表现出来。简而言之,肯伯格相信情感是原始的动机。

肯伯格对不同程度的精神病理,对强迫性重复的"死本能"的理解令人印象深刻。实际上重复与自恋相关,温尼科特的名言是"没有全能感就没有创伤"。肯伯格认为:强迫性重复可能具有多种功能,对预后有不同的影响。有时,它只是重复地修通冲突,需要耐心和逐步细化;另一些时候,代表着潜意识的重复与令人挫败或受创伤的客体之间的创伤性关系,并暗暗地期望,"这一次"对方将满足病人的需要和愿望,从而最终转变为(病人)迫切需要的好客体。

"许多对创伤性情境的潜意识固着都有上述这样的来源，尽管有时这些固着也可能反映了更原始的神经生物学过程。这些原始过程处理的是一种非常早期的行为链的不断重新激活，这种行为链深深植根于边缘结构及其与前额皮质和眶前皮质的神经连接中。在许多创伤后应激障碍的案例中，我们发现强迫性重复是一种对最初压倒性情况的妥协的努力。如果这种强迫性重复在安全和保护性的环境中得到容忍和促进，问题可能会逐渐解决。"

然而，在其他案例中，特别是当创伤后应激综合征不再是一种主动综合征，**而是作为严重的性格特征扭曲背后的病原学因素起作用时**，通俗地说，当创伤事件在人格形成的初始阶段（即童年）就发生，并且在成年早期反复发生导致人格障碍时，强迫性重复可能是在努力地克服创伤情境，但潜意识却在认同创伤的来源。病人潜意识认同创伤的施害者，同时将其他人投射为受害者，病人潜意识地重复着创伤情境，试图将角色颠倒，就好像世界已经完全变成了施害者和受害者之间的关系，将其他人置于受害者的角色(Kernberg, 1992, 2004)。这样的反转可能为病人提供潜意识的胜利，于是强迫性重复无休止地维持着。还有更多恶性的强迫性重复的临床发现，比如所谓的"旋转门综合征""医生杀手"，患者出于想胜过试图提供帮助的人的潜意识感觉，而潜意识地努力破坏一段可能有帮助的关系，只是因为嫉妒这个人没有遭受病人所遭受的心灵痛苦。这是一种潜意识的胜利感，当然与此同时，病人也杀死了自己。

简而言之，强迫性重复为无情的自我破坏性动机理论提供了临床支持，这种破坏性动机理论是死亡驱力概念的来源之一(Segal, 1993)，在最严重的情况下，对他人的过度残忍和对自己的过度残忍往往是结合在一起的。

强迫性重复在临床和生活中也呈现最轻微的形式："他们由于潜意识的内疚而破坏了他们所得到的东西，这种内疚感通常是与被深深地抑制的俄狄浦斯渴望（因为过于僵硬的超我）有关，或与对需要依赖的早期客体的潜意识攻击性（爱与恨的矛盾情感）有关。这些发展（水平的病人）比较容易理解，也比较容易治疗；在此，自我破坏是为了让一段令人满意的关系得以发展而必须付出的'代价'，其原始功能不是破坏一段潜在的良好关系。"这类似于药物治疗的副反应。

在这本书冷峻的基调里，我们还是看得见人性温暖的一面，也就是强迫性重复的自愈功能，以及临床工作者与患者一起为笼罩着死亡气息的严重创伤寻找的生路。

肯伯格认为创伤、病理性自恋和强迫性重复的预后取决于多种因素，其中，拥有基本的共情能力，总体来说是有道德良知的，对弱者感到关切，在工作、文化、政治、宗教中有一个真正的稳定的理想，这些都是预后良好的因素。

最后，现年95岁的肯伯格认为，至少临床上应该支持死亡驱力的概念。

三、《防御过程中自我的分裂》

接下来，我们来到《防御过程中自我的分裂》。与此相关的是：研究发现创伤、重复和死亡驱力后，这些人怎么存活下来的问题也如影相随。虽然在弗洛伊德最早的著作［1895年的《癔症研究》(*Studies on Hysteria*)］中，他就提出了"分裂"的概念，但这个概念直到在他很久以后的著作中才在理论上得到解决。1938年，在《精神分析纲要》一书中，他将"分裂"描述为一种"防御过程中的自我分裂"。这是人类面对创伤自我的感知时的防御，感知部分地被接受，同时部分地被否认，在心智中导致两种相反的态度共存，而又显然彼此"和平共处"，但这种在自我感知和驱力之间的分裂线上刻入的缺口，将成为所有后续创伤的断裂来源。

弗洛伊德认为人类的心智有能力将痛苦的经历隔离开来，或者主动尝试将自己与这些经历隔离开来。

自1938年以来，这些概念在精神分析领域经历了许多发展和修改。

最重要的贡献来自梅莱尼·克莱因。由弗洛伊德引入，后来被克莱因、比昂和梅尔泽修改的这个概念的新颖独创性，在于提出自体的两个或多个部分在精神世界中分裂，并继续生活在相伴随但彼此隔离的生活中，根据它们各自的心理逻辑运作，过着不同的生活。

克莱因的工作阐明了就"好与坏"客体而言，客体的分裂这一观点。她的许多追随者都研究过病理性分裂的各个方面，特别是在临床的"边缘"或"非神经症"状态。这些概念在精神分析领域经历了许多发展和修改，当今的看法是：分裂机制诸如否认、投射性认同、理想化等是基本的心理组织方式之一。这些假设和概念已经成为当前精神分析实践的特征。

今天，无论它是作为一种防御机制还是心智构建过程，我们不再质疑是否存在一种被称为"分裂"的心理现象，目前我们想知道的是：它如何参与心理建构、它产生了什么影响，以及自体和客体的分裂部分如何恢复。

1978 年，梅尔泽在其开设的关于比昂思想的入门课程中讲道：对于不熟悉"分裂"和"投射性认同"概念使用的人，以及那些可能对这些概念有点厌倦的人来说，可能很难意识到克莱因夫人 1946 年的论文《关于一些分裂机制的笔记》（*Notes on Some Schizoid Mechanisms*）对那些与她密切合作的分析师产生的震撼人心的影响。除了比昂后期的作品之外，可以说，未来三十年的研究历史可以由现象学和这两个开创性概念的广泛影响来书写（Meltzer, 1978）。

从弗洛伊德之前的精神病学，到弗洛伊德，再到克莱因和费尔贝恩，最后到比昂，"分裂"一词的含义历史悠久而错综复杂。这一术语的含义和不同作者构思其作用的方式，根据参与本书写作的不同作者的共时性和历时性解读而有所不同。

对于克莱因来说，这个概念似乎与未整合（non-integration）状态的概念混合在一起，这是她得自温尼科特的一个概念，是活跃分裂之前的一种状态。在这种情况下，分裂并创造第一个心理结构，而与之相伴开始行使功能。

比昂更进一步，提出不仅自体的部分可以被分裂，心理功能也可以被分裂。

心理分裂更直接的后果是精神生活的贫乏。当病人从痛苦和无法承受的情绪中分离出来时，他也能够从拥有那种情绪的那部分自体中分裂出来。他认为这导致精神的贫乏，这种贫乏以各种形式发生，人就失去了精神生活的连续性，因此人对自己的感受和行为负责的能力也就减弱，进而干预和掌控自己命运的能力受到严重影响。由于情感体验之间失去连接而分裂，象征化的能力和建构心理表征的可能性明显受到阻碍。

托马斯·奥格登（Thomas Ogden, 1992）将这两种位置（偏执分裂位和抑郁位）定义为"'产生体验的手段'，这对个体在成为自己历史的一部分和产生自己的历史（或不能这样做）方面的作用以及主体性的辩证构成的议题，进行了非常丰富的反思。一种产生体验的非历史性方法剥夺了个体所谓的我性（I-ness）"，换句话说，我性是指"通过'一个人的自体和一个人的感官体验之间的中介实体'来诠释他自己的意义的能力"。

分裂造成的历史不连续感导致情感肤浅，这也影响了一个人与自己的自体，或如克莱因学派所说的内部客体之间，保持鲜活的亲密对话的可能性。

比昂认为：在记忆或心理功能之间建立障碍所指的不仅是自体部分之间的分裂，而且是心理功能的分裂，分裂的机制通过破坏或碎片化情感体验的意义，干扰了人类精神生活的核心结构，继而也使产生象征的能力趋向枯竭。

在这种情况下，精神分析会谈中对潜意识分裂产生的洞察力，将病人从一种带来伤害的构建生命历史的方式中解放出来，这种方式被过去的情感经历严重限制，导致自动重复（强迫性重复模式），并生活在再次被创伤的危险氛围中。

在这种背景下，整合分裂的部分，还具有释放潜能的功能。

"重要的是要强调，修复过去的创伤情境只有通过整合自体分裂部分才有可能。"

在今天的精神分析中有一个共识，即反移情起源于投射性认同的过程，因此以分裂作为基础。通过投射性认同，病人将自体的一些方面（或全部）投射/分裂到分析师身上。分析师（投射性认同的接受者）在投射中暂时成为被病人否认/分裂的那些方面。他将自己转变为因病人存在冲突而不能存在的我——自体。因此，病人的投射部分，总是指自体的分裂部分，在分析师的主体性中被客体化。奥格登（Ogden，1994a）指出，在医患的投射性认同中，主体间性就诞生了。我理解这就是创造性，医患双方都得以再创造。

这样的创造让我们以有情感反应的方式生活在一个持续不稳定的世界中，而这些情感中不仅仅是恐惧。今天，重新整合自体和客体的分裂部分，不仅与重建过去的创伤有关，最重要的是，还与个体将自己视为其历史的主体的可能性有关。

四、《抑制、症状和焦虑》

我们终于来到了精神病学中最重要的现象学——焦虑。当今的科学精神病学（在此处主要指生物精神病学）对焦虑障碍有很大的人力、物力的投入，希望在不久的将来能看到重要的突破。

《抑制、症状和焦虑》毫无疑问是弗洛伊德最重要的理论论文之一。该论文写于1925年，它包含了精神分析在接下来的几年里所取得的几乎所有发展的种子。焦虑作为一个症状、一个显著的现象学特征，无处不在地充斥在每个环节中。为焦虑寻源毫无疑问成为弗洛伊德必须要完成的任务。为了实现自己的目标，他依靠了广泛的人文教育，这种教育由早熟的好奇心和阅读经典来推动，他甚至在维也纳创办了自己的西班牙语学院，以完成用原始语言阅读Don Miguel de Cervantes Saavedra的《堂吉诃德》。因此，由于这种永不熄灭的求知欲，他熟悉了人性中最肮脏的隐秘角落，也熟悉了最高尚的角落。严谨研究者的精神是他的另一个个性组成部分，体现在他的作品中。这一品质是在布鲁克和梅内特的实验室中形成的，他在那里以神经生理学家的身份进行训练和研究。这两个实验室都被视为他那个时代科学实证主义的杰出机构。

对"潜意识"的发现会质疑理性意识，但他从未失去过认识论上的现代主义和批判精神。他没有质疑或否定对有意识的头脑的需要，更重要的是对可理解性的需要，以实现对概念和理论的阐述。

他第一次进入焦虑问题可以追溯到1893年与Wilhelm Fliess的通信，而后在长达近四十年的众多著作中继续探讨，并延伸到1932年至1933年的《精神分析新论》（Freud，1933a），这也是他那个时代前精神分析医学风格的典范。他将"焦虑神经症"与"神经衰弱症"（Freud，1895）分开，他阐述了他的第一个焦虑理论，将其定义为由心理能力不足或这种兴奋的累积所导致的心理上无法处理过度的躯体性兴奋。在这里，性唤起最终转化为焦虑。

现代精神病学将其纳入"焦虑障碍"一词中，他逐渐从"身体上的性兴奋"转变为心理上的力比多（libido）"性欲"，正是这种性欲，而不是通过适当的性行为，转化为焦虑。这可以被认为是他第一个焦虑理论的顶点。他第一次不仅处理了"神经症性"焦虑，还处理了"真实"焦虑，以及两者之间的关系；这使他在两种情况下都发展出了"危险情境"这一主题，即焦虑是对感到危险的应对。他提出了"物种癔症"的假设，并为这种情感的生物学意义开辟了道路。在不断的探索中，他发现焦虑是由自我产生的，而不是本能，他以这样的方式放弃了最初力比多转化为焦虑的说法，他以酒转化为醋的化学反应为基础来进行比喻。他认为焦虑也不是潜抑的结果，正是焦虑促进了潜抑。由此，他的第二个焦虑理论形成。

此外，因为肯定了人类系统发育和动物生活中情感的生物学显著意义。他还提出了一个与现代神经科学联系的桥梁，我们可以在《抑制、症状和焦虑》一文中找到帮助我们建立适应我们时代的精神分析疾病分类学的理论元素。

随后随着精神分析的发展，温尼科特在二十世纪四五十年代、科胡特主要在六十年代进入这一领域，他们将自我紊乱的焦点从以驱力为中心的固着转移到发展中的停滞。婴儿依赖母性的照顾来获得安全的氛围和安全的内部环境基础，这一点至关重要。要达到促进心理的发展，父母和孩子之间必须进行更多沟通。但是即使在婴幼儿期间，父母和孩子之间有最令人满意的经历，照料中也会出现中断和不可避免的失败。这些挫折会导致婴儿不同程度的痛苦，表现为烦躁、紧张、反应性愤怒和焦虑。这就是所谓"good enough mother"（六十分及格）父母的来源。

在这一本书里，还展示了 IPA 重大的变革，它包含拉康派（早期被 IPA 开除）学者论焦虑的文章。他认为当现实客体的消失所产生的焦虑指的是这样一个事实：驱力还在那个现实客体消失的地方存在，它"要求"丧失物的象征和想象的存在。只要丧失的东西被带走，悲伤就会出现，而悲伤所带来的焦虑和痛苦也会随之而来。这种表述与弗洛伊德的《哀伤与忧郁》一文所表述的何其一致，这也体现了拉康后期的观点：回到弗洛伊德。

然而，随着二十世纪的发展，尤其是从二十世纪五十年代末开始，到二十世纪后半叶，关于大脑的研究取得了重大进展，神经科学包括神经解剖学、神经生理学、神经生物学和神经心理学，已经成为一门多方面的学科，并以较快的速度发展。对一些精神分析学家来说，这些发现显然有助于推进精神分析理论的发展。在婴儿早期发育中，记忆和记忆系统，以及情绪，特别是恐惧和焦虑方面的研究发现，被认为是有助于不断完善基本理论原则的领域，而广泛的概括可以被更详细地划分和研究。

重要的是要记住，疼痛、恐惧和焦虑，尤其是预期焦虑，是一种警告系统，告诉我们身体完整性面临危险或威胁；这些系统具有保护作用，不仅对生存至关重要，而且对维持健康也至关重要。尽管表面上看起来有违直觉，但我们需要不快乐才能获得快乐，因为如果没有我们的恐惧和焦虑系统，我们将处于危险之中。

回到弗洛伊德最后一个焦虑理论至关重要的攻击性方面，即信号焦虑。

当他提出这个概念时，信号焦虑警告危险并动员防御。这就是他在《抑制、症状和焦虑》中所说的："对不受欢迎的内部过程的防御将以针对外部刺激所采取的防御为模型，即自我以相同的方式抵御内部和外部危险。"

总之，一百年后，随着神经科学的发展，弗洛伊德的身份认同——神经科医生身份与精神分析创始人身份，达到了更进一步的整合。这套丛书也展示了当今国际精神分析协会的观点。

五、《论开始治疗》

本套丛书在众多的令人头痛的理论探索之后，终于来到了也许是专业读者们最关心的问题，怎样做精神分析治疗。在这个环节，我不想做更多的赘述，丛书编辑 Gennaro Saragnano 的这段描述就相当简洁和精彩：

"《论开始治疗》（1913）是 Freud 最重要的技术文章之一，这是他在 1904 年至 1918 年间研究的主题。这篇论文阐述了精神分析的治疗基础和条件，为分析实践提供了坚实的参考。弗洛伊德把技术说成是一门艺术，而非一组僵化的规则，他总是考虑到每一种情况的独特性，虽然自由联想和悬浮注意的基本方法被指定为精神分析的方法，这将它与暗示区分开来。"

在这本书中，来自不同精神分析思想流派和不同地理区域的十位著名精神分析师，将当代的技术建议与弗洛伊德建立的规则进行对质。根据分析实践的最新进展，这本书重新审视了以下重要问题：当今开始一个分析的条件；移情和联想性；精神分析师作为一个人的角色扮演与主体间性；当代实践中的基本规则阐述；诠释的条件和作用；以及在治疗行动中充满活力的驱力。

回到本文的开头，针对弗洛伊德方法的主观性的不足，精神分析治疗开始要求精神分析师进行严格的、长期的（基本长达四到五年）、高频的（每周四次）分析。这也与精神分析理论的"受虐在施虐之前"相一致。难道成长不是一场痛苦的旅行？痛过之后才能对人生的终极命题——死亡——坦然接受吧！

童俊

2023 年 8 月 1 日星期二 于武汉

国际精神分析协会出版委员会第三辑[1]
出版说明

这套重要的系列由 Robert Wallerstein 创立，由 Joseph sandler、Ethel Spector Person 和 Peter Fonagy 首次编辑。它的重要贡献引起了各流派精神分析师的极大兴趣。

本系列的主要目的是从现在和当代的视角来探讨 Freud 的作品。一方面，这意味着突出其作品的重要贡献——它们构成了精神分析理论和实践的坐标轴；另一方面，这也意味着我们有机会去认识和传播当代精神分析师对 Freud 作品的看法，这些看法既有对它们的认同，也有批判和反驳。

本系列至少考虑了两条发展路线：一是对 Freud 著作的当代解读，重新回顾他的贡献；二是从当代的解读中澄清其作品中的逻辑观点和理论视角。

Freud 的理论已经发展出很多分支，这带来了理论、技术和临床的多元化，这些方面都需要更多的讨论和研究。为了在日益繁杂的理论体系中兼顾趋同和异化的观点，有必要避免一种"舒适和谐"的状态，即不加批判地允许各种不同的理念混杂在一起。

因此，这项工作涉及一项额外的任务——邀请来自不同地区的精神分析学家从不同的理论立场出发，充分表达他们的各种观点。这也意味着读者要付出额外的努力去识别和区分不同理论概念之间的关系，甚至是矛盾之

---

[1] 《当代弗洛伊德：转折点与重要议题》（第三辑）简称"第三辑"。——编者注。

处，这也是每位读者需要完成的功课。

能够聆听不同的理论观点，也是我们锻炼临床工作中倾听能力的一种方式。这意味着，在倾听中应该营造一个开放的自由空间，这个空间能够让我们听到新的和原创性的东西。

本着这种精神，我们将深深根植于 Freud 学说传统的作者和发展了 Freud 著作中没有明确考虑的理论的作者聚集在一起。

在《超越快乐原则》中，Freud 提出了一种新的二元论，并引入了生死驱力之间的二分法。他强调死亡驱力（deathdrive）揭示了驱力的重复特征。Freud 以新的方式解释了受虐（masochism）、忧郁症（melancholia）、负性治疗反应和内疚感。后弗洛伊德学派（post-Freudian）的分析家们从不同的观点讨论了死亡驱力的概念，对其意义没有达成共识，其中一些人强调它的思辨性，另一些人则指出其临床重要性。

本书编辑 Salman Akhtar 和 Mary Kay O'Neil，以及其他作者们一起接受了这场挑战，重新思考弗洛伊德学派的思想并进行了新一轮辩论。

在此特别感谢国际精神分析协会主席 Charles Hanly 的支持，感谢本书的编辑和作者们，是你们丰富了《当代弗洛伊德：转折点与重要议题》系列。

Leticia Glocer Fiorini
国际精神分析协会出版委员会主席

目录

001 **导论**
　　萨尔曼·艾克塔（Salman Akhtar）

011 **第一部分　《超越快乐原则》**（1920g）
　　西格蒙德·弗洛伊德（Sigmund Freud）

059 **第二部分　对《超越快乐原则》的讨论**

061 彼岸与超越：教授弗洛伊德后期的作品
　　W. 克雷格·汤姆林森（W. Craig Tomlinson）

072 弗洛伊德元心理学中的生命与死亡：重新评价第二个本能二元论
　　法蒂玛·卡罗普雷索（Fátima Caropreso）
　　理查德·泰森·斯曼克（Richard Theisen Simanke）

091 创伤病人不寻常的强迫性重复表现
　　艾拉·布伦纳（Ira Brenner）

108 《超越快乐原则》中的梦理论及对它的超越
　　乔舒亚·利维（Joshua Levy）

130 以死本能为基础的攻击性理论是否仍然成立？
　　亨利·帕伦斯（Henri Parens）

- **148** 死亡驱力的概念：临床视角
  奥托·科恩伯格（Otto Kernberg）
- **163** 濒死成瘾
  贝蒂·约瑟夫（Betty Joseph）
- **175** 死本能在咨询室的表现
  迈克尔·费尔德曼（Michael Feldman）
- **195** 精神分析中失去爱的创伤
  伊丽莎白·扬·布鲁尔（Elisabeth Young-Bruehl）

- **209** **结　语**
  玛丽·凯·奥尼尔（Mary Kay O'Neil）

- **221** **参考文献**

- **237** **专业名词英中文对照表**

导 论

萨尔曼·艾克塔（Salman Akhtar）[1]

---

[1] Salman Akhtar 是杰斐逊医学院的精神病学教授，也是费城精神分析中心的培训和督导分析师。他出版了超过 300 部著作，包括 11 本书：《破碎的结构》（*Broken Structures*）（1992）、《寻求答案》（*Quest for Answers*）（1995）、《内心的痛苦》（*Inner Torment*）（1999）、《移民和身份》（*Immigration and Identity*）（1999）、《新的临床领域》（*New Clinical Realms*）（2003）、《我们欲望的客体》（*Objects of Our Desire*）（2005）、《关于他人》（*Regarding Others*）（2007）、《动力性心理治疗的转折点》（*Turning Points in Dynamic Psychotherapy*）（2009）、《精神分析综合词典》（*The Comprehensive Dictionary of Psychoanalysis*）（2009）、《移民和文化移入》（*Immigration and Acculturation*）（2011）、《生与死的问题》（*Matters of Life and Death*）（2011），以及 30 部编辑或联合编辑的精神病学与精神分析著作，还有 7 部诗集。他同时也是费城 Inter-Act 戏剧公司的常驻学者。

就像 Masud Khan 的诡谲事件一样,"死本能"(death distinct)概念的出现是精神分析史上的一个转折,直到今天仍然有些不可思议。这两件事都让我们困扰。两者都激发我们想要去否认和拒绝。我们很想说"没有这样的事""忘了它吧""它真的没有那么重要",或者"它从长远来看无关紧要"。然而,我们被它们创伤的事实让我们不得不重新回顾它们,带着重新认识它们的活力,想了解发生了什么。为什么?怎么发生的?它们大大小小的后果是什么?所有的心灵伤口都具有神秘的,甚至是非常轻微的色情的诱惑,这些诱惑也迫使我们重新审视这两件事。Masud Khan 的事件和"死本能"的概念确实割破了精神分析的皮肤。

不过前者并不是我们这里关心的。我们关心的是后者。这一点也不奇怪,我们的这本书就是围绕《超越快乐原则》展开的,Freud(1920g)在这篇文章中引入了"死本能"的概念。在深入探讨围绕死本能这一探索性的跃迁所带来的争议之前,让我们先退开一步,看看其产生的背景。此文本之所以成为精神分析思想演变中的一个关键转折点,是因为它从根本上改变了 Freud 的人类动机理论。他最初的观点(Freud,1905d,1915c)是有两种基本的动机力量存在:"性本能"(sexual instinct)和"自我保存本能"(self-preservation instinct)。前者通过释放寻求性欲的快乐,实现物种繁衍的目的;后者寻求安全和成长,实现自我保存的目的。随着 Freud 在 1920 年的核心改变,上面这个观点被回溯性地称为他的"第一个本能二元论"。他在《超越快乐原则》中阐述了"第二个本能二元论",将本能分为"生本能"(life instinct)和"死本能"。生本能包括先前的"性"本能和"自我保存"本能。死本能则是一个新概念,它指的是一种"恶魔般的力量"(Freud,1920g)[35],寻找心身的静止,其最深的核心是寻求将有生命的事物还原为最初的无生命状态。

精神分析理论的基础因为第一个本能二元论到第二个本能二元论的转变而受到地震式的冲击。许多概念现在都需要重新考虑。"施虐(sadism)是首要的,受虐是其反向形式"的最初构想被推翻了;在死本能概念中将受虐作为首要现象,而施虐则是其外化的结果。"快乐原则"(Freud,1911,1916—1917)在心理生活中的至高支配地位也受到了质疑。事实上,"快乐"(pleasure)的定义本身就变得含糊不清。如果死本能的目的是使主体回到无生命状态，那么这种本能的释放如何让人觉得快乐？以及谁会觉得快乐呢？还有另一个难题是关于重复（repetition）的，1920 年的文章对它的解释完全不同于 1914 年的文章《记忆、重复和修通》（*Remembering, Repeating and Working-Through*）(1914g) 中的解释。还有一些创伤性的梦也需要重新考虑，因为它们与过去牢固的愿望满足假说相违背。这样的例子不胜枚举。

本能理论修改的三个主要后果

本能理论被修改有另外三个后果，它们对随后的精神分析思想和实践演变产生了更深远的影响。这三个后果具体包括：①将攻击性（aggression）提升为一种独立的本能驱力；②自我保存本能在无意中被边缘化；③宣称死亡（无论后面伴有或不伴有所谓的"本能"）是一种毕生的存在性的关切。现在让我们仔细看看这三个问题。

攻击性地位的提高

Freud（1905d）在《性学三论》（*Three Essays on the Theory of Sexuality*）中开始发展他的本能理论，但直到几年后他才第一次明确地提到"自我保存本能和性本能"（1909b）[14]。在 1905 年的《性学三论》中，Freud 将注意力集中在施虐和受虐上。他认为施虐是性本能的一部分，而受虐则是对主体自身的施虐。Freud 也把施虐与掌控的本能相关联，并将受虐称为一种被动的"残忍的本能"（1905d）[193]。然而，仅仅四年之后，他宣布他不能让自己"假设在熟悉的自我保存本能和性本能之外，还存在一种特殊的攻击性本能，并与它们三足鼎立"（1909b）[14]。

在后来的著作中，尤其是《本能及其变迁》（*Instinct and Their Vicissitudes*）中，Freud（1905c）坚持性本能和自我保存本能之间的二分法，再次将施虐归为性本能。然而，正如 Parens（1979）所论证的那样，在将攻击性视为性本能的组成部分和将其视为自我保存本能的组成部分之间，也存在着一种类似于《性学三论》的张力。Freud 提出的"第二个本能二元论"自动地解决了这一困境。他现在把性本能和自我保存本能都降级为"生本能"，把攻击提升为一种独立的本能驱力。他做了一个"惊人的"（Jones，1957）[266] 理论举动，宣布这种攻击性驱力是死本能的衍生产物，而死本能与生本能一起，构成了生命斗争中的两种主要力量。在随后的几年里，Freud 越来越认同这一观点。他在《自我与本我》（*Ego and the Id*）（1923b）中重复了这一理论。在《文明及其缺憾》（*Civilization and Its Discontents*）一书中，他强调"攻击性是人的一种原始的、自我维持的倾向"（1930a）[122]。Freud 此时的观点与 1905 年的观点——具有破坏性的攻击性不是一种独立的本能，而是对被挫败的自我保存本能的反应——截然不同。他提出，"破坏性的本能被缓和及驯服，看起来好像被限制在它们的目标中，但当它被指向客体时，一定为自我提供了本能巨大需求的满足和对自然的掌控力量"（1930a）[121]。

攻击性的地位提升导致后来的精神分析学家给予它极大的关注；有些著名的理论家（C. Brenner，1971；A. Freud，1972；Hartmann，1939；Hartmann et al.，1949；…）并不赞同 Freud 关于死本能的假说，将"攻击性本能"作为一种保全颜面的妥协形式，使他们至少部分地对 Freud 大师保持忠诚。

确立攻击性的稳固核心地位也为人类天生具有破坏性的观点提供了一个锚点——Freud 在十年后的《文明及其缺憾》（1930a）中进一步阐述了这一观点。Freud 对人类本性的冷峻态度，反过来又阻止了一代又一代的精神分析学家研究人类积极和"好的"方面（Akhtar，2009a）。总而言之，攻击性地位的提升对后来精神分析思想的发展产生了重大影响。

自我保存本能在无意中被边缘化

《超越快乐原则》中将生死本能戏剧性地并置的一个意外结果是，它们中"更嘈杂"的部分（也就是性和攻击性）吸引了观察者的全部注意力，而

"更安静"的自我保存本能则被忽略了（Modell，1975）。后者是旨在自我保存和自我寻求的力量。它们在现实原则下运作，并携带着自己的能量，那种能量不是性欲而是"兴趣"（Freud，1905d，1915c）。因此，Freud 提升攻击性的本能等级导致人们的注意力从自我保存本能上移开。动机、精神病理和移情现在很少被追溯到受挫的自我保存倾向。由性和攻击性驱力产生的愿望占据了中心位置，而源自自我保存本能的需要则被限制在理论中和临床工作的休息室里。事实上，自我保存本能的整个概念被试探性地"压抑"了。然而，就像被压抑者一样，它向"意识的方向施加持续的压力"（Freud，1915d）[151]，不断寻求重新进入精神分析思想的主流。Balint（1955）提出了一个非性欲的"原初的爱"（primary love）的概念，类似于自发维持的依恋需要。Winnicott（1960）谈到了"自我的需要"（ego needs）。Casement（1991）将这一概念重新定义为"成长的需要"（growth needs），将其与力比多的需求区分开来。而在北美，直到最近，Winnicott 和 Balint 的作品都很少被阅读，因此自体心理学理论的构建非常有必要性（Kohut，1977；Wolf，1988）。

Freud 从他的第一个本能二元论转向第二个本能二元论，而不是转向"本能三元论"（性本能、攻击性本能和自我保存本能），这导致了一个特殊难题，即必须一次又一次地重新发现类似自我保存本能的概念（"心理需要""发展需要""自我需要""成长需要""自我客体需要"等）。

将死亡作为基本内容引入人类心灵

虽然许多精神分析学家一厢情愿地认为 Freud 的"死本能"概念是公认的转移注意力的东西，但事实是该概念具有深远的意义。因为我在其他地方曾详细阐述了这一具有多个方面的主题（Akhtar，1995，2009b，2000，2011），在此我只简要提及四个接受"死本能"概念后深受影响的领域就足够了。

首先和最重要的是应当注意，死本能就像它对应的生本能一样，从我们出生的那一刻一直存在到我们死亡。即使它是默默运作的（Freud，1923b），它的影响确保了"所有生命（all life）的目的都是死亡"

(Freud, 1920g)[38]。"所有生命"这个词有两层意思：它可以指所有人的生命，也可以指单个个体生命的所有阶段——儿童期、青春期、成年期。沿着后一种思路创造了一种可能性，即死亡相关问题的"发展线"（A. Freud, 1963）存在于人类的整个生命周期中。Freud的《怪怖者》（*Todesangst*）（1923b）[58]一文可能实际上是分离和阉割焦虑的基础，或至少加强了它们——而不是弱化了它们。在青少年中它可能以反向的形式出现，例如青少年的反恐惧的态度，并有助于理解 Jones（1927）的"性机能丧失恐惧症"（aphanisis），即一个人害怕可能会完全失去性欲并永远与爱的客体分离。这样一种对死亡在一生中的心理学变迁的持续关注，有可能极大地丰富精神分析理论。

第二，死本能远不是一种无法证实的"生物学推测"（Hartmann, 1939）[11]，它是一个临床上有用的概念。Melanie Klein（1933, 1935, 1952）虽然从一开始就拥护这一概念，但她的工作仍然集中于死本能的外化衍生物，这导致了对"坏"客体、残酷冲动和偏执焦虑产生更深入的理解。她的后继者们的贡献［Joseph（本书第7论）；Bion, 1957; Feldman, 2000; Rosenfeld, 1971］是通过论证死本能对心理活动的影响，扩展了死本能概念的临床应用。他们强调了这种本能的能力，它可以打断精神连接、过度简化事物、降低精神活动的张力，最终达到其"不存在"的目的。在他们看来，死本能实际上并不指向死亡，而是指向破坏和扭曲主体生命和主体间性生命的意义和价值。

第三，虽然死本能概念在Freud个人生活中的潜隐起源（他女儿Sophie的死；他与癌症病魔的斗争）是众所周知的，死本能观点的知识来源却没有得到充分的注意。Freud（1920g）承认从梵文专家Barbara Low那里借用了"涅槃原则"（Nirvana principle）的表述。因此，死本能的概念从一开始就带有一种东方色彩。著名物理学家Gustav Fechner的"恒常原理"将Freud引向了"涅槃原则"，Gustav Fechner本人也与佛教有关（Jones, 1957）。这种死本能概念的东方基础可能导致西方精神分析学家感到把握这一概念有困难。这种抗拒与西方在接受数学概念"零"（zero）时表现出的迟缓相似。顺便说一句，零的概念也是偶然地由印度的印度教徒发展出来的，他们对宇宙中存在的"空"或"无限"都不感到恐惧（Seife，2000）。抛开这些相关性，就死本能而言，时间已经明确认可其东方起源。这样的认可还将为探索精神分析理论发展中其他潜在的东西方连接开辟前景，例如，Bion（1965）的"O"。

最后，承认贯穿生命的死亡在心理上的存在，影响了分析师如何理解临床工作中出现的某些材料。例如，他可能会抛开惯常的倾向，不会把治疗结束阶段的葬礼一样的气氛仅仅看作一种隐喻。他可能会认为这是病人在谈论他的实际必死性并绝望地请求帮助，这是病人即使在潜意识的水平上也非常关心这个话题。探索病人对必死性的感受和态度、帮助他们在死后的命运中获得更积极的角色，这些方式也变成与病人工作中很明确的一部分，在其中，接受死亡作为一个重要的心理变量（Akhtar，2011）。这种新颖的观点并不是不再关注对表面材料的常规分析性怀疑，也不是建议分析师引入病人必死性的话题。它只是强调需要观察在病人的联想中无处不在但又有所变形的与死亡相关的担忧。

结束语

在结束之前，我想再强调一点，这一点是关于 Freud 经常使用"死本能"这个词的复数形式——在《超越快乐原则》中至少八处；在 1920 年 2 月 2 日给 Max Eitingon 的信（Strachey，1955）[4] 中，在《自我与本我》（Freud，1923b）[46,54,59] 中，在他力比多理论的简明版本（Freud，1923a）[258] 中，以及在《受虐的经济学问题》（*The Economic Problem of Masochism*）（Freud，1924c）[160] 中，Freud 都谈到了"死本能们"而不是"死本能"。这种语言用法很少有人注意到，尽管它看起来确实很奇怪。他说的"死本能们"是什么意思呢？有很多种吗？我不知道。然而，Freud 使用复数名词的四种可能的解释是：

• 这是在设计"生本能们"时的一种美学和形式上的考虑（包含性本能和自我保存本能，因此，可以合理地以复数形式呈现），Freud 在死本能这个词中也使用了这种表达。但是，令人难以接受的是，一个如此卓越和严谨的作家会屈服于这种语音花招。

- 这是 Freud 德语原著英译后产生的一种错误。但当我们发现死本能的复数形式在德语原文中出现得和其翻译版本中一样频繁时，这种想法就被搁置一边了［Peter Hoffer（2010）的个人评论］。

- 这是防御的一种表现，这种防御被称为"夸张的否认"（denial by exaggeration）（Fenichel, 1945; Sperling, 1963）。这种机制在于将一个具有威胁性的本我衍生物或超我命令以极端的漫画形式呈现。通过夸张地描述当前的问题，注入了一种解嘲或伤感的气氛，这有助于最小化该情况对自我构成的威胁。将这一观点外推到正在考虑的问题上，使人怀疑提及"死本能们"是否帮助 Freud 抵御了他因死本能的黑暗发现而产生的焦虑。

- 这表明，死本能可能不止一种。死本能的多样性可能存在于强度（温和与强烈）、能量调节（束缚与非束缚）、力比多混合（性欲化与非性欲化）、年龄特异性（发育适宜与不合时宜），甚至其目的（恶性与良性）的不同路线上。

最后一种可能性尤其有趣，因为它可以帮助解释对死亡本身的不同观点：死亡是对生命的威胁，还是对生命的一种解脱（Akhtar, 2010）。在这里，东西方文化的差异再次发挥作用。但事情可能不止于此。认为死亡根本不可接受的观点，可能是"恶性"死本能的一种表现。认为死亡是可以接受的，并且在一定年龄之后甚至是可取的观点，可能是"良性"死本能的产物。"恶性"死本能可能是攻击联结、心智中的黑洞、自身免疫性疾病和强烈的施虐受虐的原因。"良性"死本能可能造成积极的空虚、无梦的睡眠、心灵的休闲状态以及在创造性的行为之前经常出现的精神停顿。如果沿着这些路线的区别成立，那么涉及两种死本能的现象学场景将显得相当不同。很明显，"恶性"的因子向即将到来的自体内部破裂敲响行军鼓，而"良性"死本能则为永恒的休息唱起舒缓的摇篮曲。沿着这条路线进行的概念化，将不仅为精神分析技术开辟新的前景，也为整个精神分析理论开辟新的前景。

谈到理论，我们又绕了一圈回到讨论的起点。我们提醒自己，Freud（1920g）的《超越快乐原则》改变了对许多概念的看法。这些概念包括：

（1）性本能和自我保存本能，均被归入"生本能"旗下；

（2）导致自我保存本能丧失其首要地位；

（3）死本能的提出；

（4）攻击性在本能等级中的上升；

（5）攻击性从自我保存本能中被移出，归入死本能；

（6）施虐和受虐两者之间首要地位的逆转；

（7）重复现象的本能基础；

（8）丰富了梦的理论；

（9）假设死亡从生命之初就在心理上存在，而且事实上是生命的最终目标。

所有这些观点都在本书中得到了详尽阐述。本书所包含的内容涉及《超越快乐原则》的教学（Tomlinson），Freud 修订后的本能理论及其对理解攻击性的意义（Parens, Caropreso, Simanke），死本能概念的临床技术含义（Joseph, Feldman, Kernberg），关于梦（Levy）、强迫性重复（Brenner）的修改和多元视角，以及对遗漏内容的最后概述（Young-Bruehl）。这真是丰富的大餐。虽然这些文章的作者偶尔不同意 Freud 的观点以及彼此的观点，但 Freud 肯定会高兴地看到他们对他 1920 年提出的主张的生动而广泛的论述。这将成为他（Freud）的快乐来源，或者，我敢说，是一种超越快乐的快乐？

第一部分

《超越快乐原则》

（1920g）

西格蒙德·弗洛伊德（Sigmund Freud）

1

在精神分析理论中，我们已经毫不犹豫地假设：心理事件的过程是由快乐原则自动调节的。换句话说，我们认为心理事件的过程总是由某种不快乐的紧张状态所引起的，并且这个过程的发展方向是要达到减少这种紧张状态的结果，也就是避免不快乐或者产生快乐的结果。当我们把心理过程当作研究对象并纳入上述观点时，就把一种"经济学"的观点引入我们的工作中。在描述这些心理过程时，我们除了"地形学"和"动力学"的因素之外，如果还设法估计这种"经济学的"因素，那么我认为，我们所提供的将是对这些过程迄今为止所能设想的最完整的描述，这种描述值得用"元心理学"这一术语来称呼以示不同❶。

我们并不想费力去探究快乐原则在多大程度上已经接近或采用了某个特定的、历史上已建立的哲学体系。我们得出这些推测性的假设，只是为了试图描述和解释我们研究领域中日常观察到的一些事实，优先权和原创性并不在精神分析工作为自己设定的目标之中。而构成快乐原则假设基础的那些事实印象是如此明显，我们很难对其视而不见。不过，如果有任何哲学或心理学理论能够告诉我们快乐和不快乐感受的意义的话，我们会非常乐意地表示感谢，因为快乐和不快乐的感觉是如此强烈地影响着我们。但是在这一点上，唉，我们并没有得到任何有助于我们达到目标的东西。这是心灵中最模糊、最令人费解的领域。在我看来，既然我们无法避免与它接触，那最不死板的假设将是最适宜的假设。我们已经认为快乐和不快乐与存在于大脑的刺激数量有关，而这些刺激并没有以任何方式被"束缚"住❷；它们之间的关联方式是：不快乐对应于刺激数量的增加，而快乐对应于刺激数量的减少。我们并不是在这里暗示：快乐和不快乐感觉的强烈程度与刺激量的相应变化

---

❶ 见《论潜意识》(*The Unconscious*)(Freud,1915e)一文第四节。

❷ 关于刺激的"量"(quantity)和"束缚"(bound)的概念贯穿了 Freud 的整个著作，在早期写的《计划》(*Project*)(1950a［1895］)一文中也许可以找到对这方面最详细的讨论。尤其是在该著作第3章第1节的结尾部分对"束缚"一词予以大篇幅讨论。另见下文第29页。

之间存在一种简单的关系。鉴于从心理生理学那里获得的知识，我们尤其没有提议存在任何呈比例的关系，即认为一段特定时间内刺激量增加或减少的数量很可能是决定情感的因素。在这里，实验可能会起到一定的作用。但是，对我们分析师来说，要是没有十分明确的观察事实的指引，深入讨论这个问题是不适合的。❶

然而，我们不能继续对这样的事实无动于衷：像 G. T. Fechner 这样具有深刻洞察力的研究者，对快乐与不快乐的问题所持的观点，在本质上与精神分析工作迫使我们相信的观点是一致的。Fechner 的论述见于他的一本短小著作《关于有机体产生史和发展史的几点想法》（*Einige Ideen zur Schöpfungs-und Entwicklungsgeschichte der Organismerin*）（1873）中，他提到，"如果有意识的冲动总是与快乐或不快乐有某种关系，那快乐和不快乐也可以被认为与稳定状态和非稳定状态存在着一种心理物理学的关系。这为一种假设提供了基础，我打算在别处更详细地探讨这一假设。根据这一假设，每一个产生于意识阈值以上的心理物理运动，当它超过某个限值时会接近完全的稳定，这会伴随着相应程度的快乐。当它超过某个限值时又会偏离完全的稳定，这会伴随着相应程度的不快乐。而对这两个限值之间的范围，我们则可描述为快乐和不快乐性质的阈，在这里存在着某种空白地带，即美学般的平淡状态……"❷。

那些使我们相信快乐原则在精神生活中占主导地位的事实，也可体现在另外一个假设中，即心理器官努力使存在其中的刺激数量尽可能减少或至少保持恒定。而这后一种假设不过是对快乐原则的另一种陈述方式。因为如果心理器官的工作是为了把刺激量降低，那么任何旨在增加刺激量的东西都注定会被认为是对该器官的功能不利的，也就是让人不快乐的。可以说快乐原则起源于恒常性原则。事实上，后一个原则是从那些迫使我们

---

❶ 这一点在下文第 57 页再次提到，并在《受虐的经济学问题》（1924c）一文中被进一步发展。

❷ 参阅《计划》一文第 1 章第 8 节结尾。这里"美学"（aesthetic）一词使用的是一种旧的含义，指的是"与感觉或知觉有关的"。

采纳快乐原则的事实中推断出来的。❶ 而且通过更详细的讨论会发现，我们归因于心理器官的这个倾向性已被 Fechner 归纳为其"趋于稳定性"原则中的一个特例，他在其中已经把快乐和不快乐的感觉与"趋于稳定性"联系起来了。

然而必须指出来的是，严格来说，快乐原则支配着所有心理过程的这个说法是不正确的。如果这种支配性存在，我们绝大多数的心理过程必然伴随着快乐或通往快乐，然而我们的普遍经验与这样的结论完全矛盾。因此，最多可以说，在我们的心灵中存在着一种对快乐原则的强烈倾向性，但是这种倾向受到某些其他力量或环境的反对，因此，最终的结果不可能总是与快乐的倾向相一致。我们可以比较一下 Fechner（1873）[90]表达的类似观点："然而，倾向于一个目标并不意味着这个目标已经被达到，而且总的来说，这个目标只能被近似地达到……"

那是什么情况能够阻止快乐原则发挥作用呢？如果我们现在转向这个问题，就会发现我们已经有了很多可靠而现成的解释，而且我们有丰富的分析经验可以供我们形成这个问题的答案。

快乐原则以这种方式受到抑制的第一个例子，是我们所熟悉的、经常发生的情况。我们知道，快乐原则实际上是心理器官的一种基本工作方法。但是从有机体需在外部世界的困难中保存自我的角度来看，它从一开始就是低效的，甚至是非常危险的。在自我保存本能的影响下，快乐原则被现实原则取代。❷ 后一个原则并没有放弃最终获得快乐的意图，然而它要求并实施对快乐的延迟满足，放弃获得满足的很多可能性，暂时容忍不快乐，以此作为通往快乐的漫长而曲折道路上的一个中间步骤。然而，快乐原则仍持续存

---

❶ "恒常性原则"的提出最早可追溯到 Freud 研究心理学的初期。Breuer 在他的《癔症研究》（*Studies on Hysteria*）（Breuer 和 Freud 合著于 1895 年）一书的理论部分第 2 节末尾，用一部分生理学的术语对这个原则做了详尽讨论。这是对该原则最早公开发表的内容。在该书中，Breuer 把恒常性原则定义为"一种保持大脑皮质内部刺激不变的倾向"。在同一段落中，他指出这个原则是 Freud 先提出来的。事实上，Freud 本人在更早的时候就曾经有一两次非常简略地提及了这个原则，但这些内容直到他逝世后才发表（Freud，1941a [1982]；Breuer et al.，1940 [1892]）。Freud 在他的《计划》一文的篇首部分，以"神经元惰性"（neuronic inertia）的名称对该问题做了详细讨论。

❷ 参见《心理功能的两个原则的设想》（Two Principles of Mental Functioning）（Freud，1911b）。

在，因它是性本能奉行的运行方式，而性本能又是如此难以"教化"。它从这些本能或者自我内部出发，经常成功地克服现实原则，导致整个机体的损害。

然而，毫无疑问，用现实原则取代快乐原则的说法只能解释一小部分不快乐的经验，而且绝不可能是最强烈的那部分。另一种经常释放不快乐的情况可见于自我在发展成更加高度复合组织的过程中。这时候心理器官发生了很多冲突和分歧。心理器官所充满的所有能量，几乎都来自它天生的本能冲动，但这些本能冲动并非都被允许发展到同等水平。在这个发展过程中会不断出现这样的情况：个别或部分本能的目标和要求变得与其他本能互不相容，这使它们难以被纳入自我的整体性当中。于是，前者就通过压抑的过程从这个整体中分离出来，被保留在较低的心理发展水平上，并由此切断了被满足的可能性。如果他们后来能成功地通过迂回的路径努力获得直接或替代的满足（这种情况常发生在被压抑的性本能上），那这个在其他情况下应该有机会感到快乐的事件，却会被自我体验为不快乐。旧的冲突以被压抑而告终，这带来的结果是：当一些本能根据快乐原则而寻求新的快乐时，恰恰新出现了对该原则的一种违背。压抑将一种快乐的机会转化为不快乐的来源。这个转化过程的细节目前还没有被清楚地理解或不能被清楚地描述出来。但毫无疑问的是，所有神经症性的不快乐都是源于那些不能以本来的样子被感受到的快乐。❶

我刚才提到的两种不快乐的来源，远远不能涵盖我们大部分的不快乐经历。但对于剩下的那部分，我们可以带着某种正当的理由断言，它们的存在并不与快乐原则的支配地位相矛盾。我们所经历的大多数不快乐是感知上的（perceptual）不快乐。它可能源于对未满足的本能压力的感知，也可能是对外部世界的感知。这种对外部的感知要么本身就令人痛苦，要么它在心理装置中激起对不快乐的预期，即心理装置将这种感知视为一种"危险"。正是对这些本能要求和危险威胁的反应，构成了心理装置的实际活动，然后它们会以恰当的方式被快乐原则或对其有所修改的现实原则指导。

---

❶ 1925年增加的脚注：毫无疑问的基本观点是，意识层面感受到的快乐和不快乐，都是附属于自我的。

这些情况看起来并没有对快乐原则构成任何影响深远的限制。然而，研究对外部危险所作的心理反应正可以给我们目前的问题提供新的材料和新的问题。

2

我们早就知道并描述过一种出现在严重机械性脑震荡、铁路灾难及其他危及生命的事故后的情况，并将其命名为"创伤性神经症"（traumatic neurosis）。刚刚结束的那场可怕的战争*引起了大量这类疾病，但由此也使人们不再像以往那样总把这种疾病归因于机械力量导致的神经系统的器质性损伤。❶ 创伤性神经症所呈现的症状表现，就其大量类似的运动症状而言，接近于癔症。但就带来的显著的主观痛苦而言，它通常又比癔症更严重（就这点而言，它类似于疑病症或忧郁症），而且有证据表明，它给心理能力带来更全面的整体衰弱和紊乱。对于战争性神经症以及和平时期的创伤性神经症，至今还没有获得一个完整的解释。就战争性神经症而言，有些患者在没有遭受任何严重机械力损害的情况下也会出现同样的症状，这一事实看起来既发人深省，又令人困惑。就一般的创伤性神经症而言，有两个特点十分突出：第一，其发病的主要因素似乎跟惊讶（surprise）和惊恐（fright）有关；第二，创伤造成的伤口或伤害通常会阻止神经症的发展。"惊恐"（fright）、"恐惧"（fear）和"焦虑"（anxiety）❷ 经常被当作同义词，这是一种不恰当的使用。事实上，通过它们与危险（danger）的关系可以将它们做出明确的区分。"焦虑"描述了一种预期有危险或为危险做准备的特定状态，即使这种危险可能是未知的；"恐惧"意味着有一个明确的、让人害怕的对象；而"惊恐"指的是一个人在毫无准备的情况下遭遇危险时所处的状态，它强调的是惊讶的因素。我认为焦虑并不会导致创伤性神经症，它反

---

* 即第一次世界大战。——译者注。

❶ 参见 Freud、Ferenczi、Abraham、Simmel 和 Jones 关于战争神经症的精神分析讨论（1919）（其中 Freud 撰写了导言）。还可参见在 Freud 去世后发表的《关于战争性神经症的电疗的报告》（*Report on the Electrical Treatment of War Neuroses*）（1955c［1920］）。

❷ 德语分别为 *Schreck*、*Furcht*、*Angst*。

而可以保护一个人免受惊吓，从而防止形成创伤性神经症。我们稍后将回到这一点。❶

对梦的研究可能被认为是研究深层心理过程最可靠的方法。创伤性神经症患者所做的梦有一个特点，就是反复把患者带回事故发生时的场景中，令其在再一次惊吓中醒来。人们对此并不吃惊。他们认为创伤经历不断施加在患者身上，甚至在他的睡梦中也这样做的事实，证明了这种创伤经历有着强大的力量，或者可以说：病人被固着在这个创伤上。这种因为创伤固着而引发疾病的情况，我们在癔症中早已司空见惯。Breuer 和 Freud 在 1893 年宣称"癔症的痛苦主要源于回忆"❷。对于战争性神经症，像 Ferenczi 和 Simmel 这样的观察者也能够通过患者对创伤发生时刻的固着来解释其某些运动症状。

然而，我不明白的是，创伤性神经症的患者在清醒的时候会常常被有关事故的记忆占据。但也许他们更关心的是如何不去想这件事。如果有人理所当然地认为梦应该在晚上把他们带回导致他们生病的场景，那他就误解了梦的本质。如果梦境中呈现的是患者既往健康时的画面或者他希望得到治愈的画面，那会更符合梦的本质。如果我们不想因为创伤性神经症患者的梦而动摇我们对"梦是为了满足愿望"的信念，那么我们就还有一种资源可以利用：我们可以说，梦的功能像许多其他东西一样，在这种情况下被扰乱了，并且偏离了它的目的，或者我们可能会被导向去思考自我的神秘受虐倾向。❸

在这一点上，我建议先不谈创伤性神经症这个悲惨而阴郁的主题，转而关注心理器官在其最早的正常活动之一中的工作方法，在这里我指的是儿童

---

❶ Freud 确实没有始终贯彻他在这里所作的区分。他经常使用"焦虑"这个词来表示一种不涉及未来的恐惧状态。在这篇文章中，他开始隐约地提出在《抑制、症状和焦虑》（*Inhibitions, Symptoms and Anxiety*）（1926d）中所作的区分：一种焦虑是对创伤情景的反应（可能相当于这里所说的 *Schreck*），而一种焦虑是对此类事件即将来临的警告信号。另见他在第 32 页使用的短语"对焦虑的准备"。

❷ 参见《关于癔症现象的心理机制》（*On the Psychical Mechanism of Hysterical Phenomena*）第 1 节末尾。

❸ 这句话的最末一句是 1921 年添加的。参见《梦的解析》（*The Interpretation of Dreams*）标准版（Freud，1900a）[550ff.] 第 5 卷。

的游戏。

关于儿童游戏的不同理论直到最近才由 Pfeifer（1919）从精神分析观点的角度进行了总结和讨论，我建议我的读者参阅他的论文。这些理论试图发现促使儿童玩耍的动机，但它们没有重点考虑到经济学动机以及因游戏所产生的快乐。我没有想过要研究关于这些现象的整个领域，但是在一次偶然出现的机会下，我研究了一个一岁半小男孩自己发明的第一个游戏。那不仅仅是一次短暂的观察，因为我与孩子和他的父母有几周的时间住在同一屋檐下，我花了一段时间才搞明白他不断重复的、令人费解的活动的意义。

这个孩子在智力发展方面一点也不早熟。一岁半的他只会说几个容易理解的单词，他也能利用一些声音来表达周围人都能理解的意思。但是他和他的父母以及家里的一个女仆关系很好，人们都称赞他是一个"好孩子"。晚上他从不打扰父母，他认真地服从命令，不碰某些东西，不进某些房间。最重要的是，当他母亲离开他几个小时时，他从不哭闹。与此同时，他非常依恋他的母亲。他的母亲不仅独自喂养他，而且在没有任何外界帮助的情况下照看他。但这个好孩子偶尔有一个烦人的习惯，他会把他能抓到的任何小物件都扔到角落里、床底下等地方，于是寻找他的玩具并把它们捡起来常常是一件相当麻烦的事情。当他这样做的时候，他会大声地、长时间地发出"喔喔喔喔"的声音，并伴着饶有兴趣和心满意足的表情。他的母亲和我都一致认为，小男孩发出的不仅仅是一个感叹词，也代表了德语单词"*fort*"（即"消失了"）的意思。我最终意识到这是一场游戏，而他使用他所有玩具的唯一目的就是和它们一起玩"消失"。有一天，我的观察证实了我的观点。那孩子有一个木头做的卷轴，卷轴上缠绕着一根绳子。他似乎从来没有想过把这个木卷轴在身后的地板上拖拉，就像把它当成一辆马车那样玩。他所做的是抓住绳子，熟练地把卷轴扔向那挂着帘子的婴儿床，然后卷轴越过床沿，消失在小床里面。与此同时，他发出了富有表现力的"喔喔喔喔"。然后，他又拉着绳子把卷轴从床里拉出来，并为卷轴的再次出现欢呼着喊"*da*"（即德文"来了"的意思）。这样，这个关于消失与重现的游戏就完成了。通常人们只目睹了这游戏的第一幕，而这一幕又作为一个游戏本身不

知疲倦地重复着,但毫无疑问,更大的乐趣来自第二幕。❶

这时,对游戏的解释就变得显而易见了。这与孩子在文化上的伟大成就有关,即对本能的放弃(也就是放弃本能的满足)。因为这种放弃,他才能允许母亲离开而没有抗议。他不断上演让自己触手可及的物品消失与重现,可以说是对他自己心理的一种补偿。这个有效的游戏到底是孩子自己发明的,还是他从外界得到的?对这个问题的判断并不重要。我们的兴趣在另一点上。孩子不可能觉得母亲的离开是一件快乐的事,甚至是一件他漠不关心的事。那么,他把这种痛苦的经历作为一种游戏来重复,是如何符合快乐原则的呢?也许可以这样回答,母亲的离开是她令人快乐的重现的必要的先决条件,而后者才是这个游戏的真正目的。但与此相对的,我们必须考虑到所观察到的事实,即第一幕,也就是关于离开的那一幕,本身就作为一场游戏在上演,而且它比整个游戏(包括令人快乐的第二幕)出现的频率要高得多。

单从对这样一个案例的分析尚无法得出任何确定的结论。在不带先入为主的观念的视角下,我们会产生这样一种印象:这个孩子存在另外一种动机使他把这个经历变成了游戏。一开始,他处于一种被动的状态,他被这种经历压倒。但是通过以游戏的方式重复这种经历,他却可以变为主动的一方,尽管这种重复并不让人快乐。这些努力可以归结为一种掌控的本能,它独立地运作着,与记忆本身是否令人快乐无关。但是,我们还可以尝试另一种解释。扔掉一个东西,让它"消失",可能会满足孩子的一种冲动,即因为母亲的离开而向她报复的冲动。这种冲动在他的实际生活中被压抑了。在这种情况下,这个游戏就会有一种挑衅的意味:"好吧,那么,走开吧!我不需要你。我要亲手把你送走。"一年后,我所观察的这个男孩总是带着一个玩具,如果他对这个玩具生气了,就会把这个玩具扔在地上,并喊道:"Go to the fwont!"那时他曾经听到有人说他的父亲"Go to the front"(去战争前

---

❶ 随后的进一步观察完全证实了这一解释。有一天,孩子的母亲出去了好几个小时,她回来时听到男孩发出"宝贝,喔喔喔喔!"的声音。起初母亲不理解是什么意思。但她很快发现,在这漫长的独处中,孩子找到了一种让自己消失的方法。他在一面离地不远的全身镜子里发现了自己的映像,所以他蹲下来就能让镜子里的自己"消失"。[对这个故事的进一步论述可参见《梦的解析》标准版(Freud, 1900a)[461n] 第 5 卷。]

线了）。男孩对父亲的离开一点也不感到遗憾。相反，他很清楚地表示，他希望一直独自占有母亲的情况不被打扰。❶ 我们知道，其他孩子也喜欢通过扔物品而不是扔掉人来表达类似的敌意冲动❷。因此，我们对这种情况感到疑惑：在头脑中反复处理某种压倒性经历，以使自己可以对其掌控的冲动，能否被视为一个原发事件，独立于快乐原则之外而存在？因为，在我们所讨论的例子中，孩子之所以能够在游戏中重复他的不快乐的经历，归根结底是因为这种重复产生了另一种同样直接的快乐。

继续思考儿童的游戏对于我们在这两种观点之间的犹豫不决并没有什么帮助。很显然，儿童在游戏中重复着现实生活中给他带来深刻印象的一切。这种做法让他们宣泄了这种印象的影响力，也可以说，使他们自己掌控了这个印象。但另一方面，他们的所有游戏显然都受到一种愿望的影响，即希望长大成人，希望做成人可以做的事情。这个愿望一直支配着他们。我们还可以观察到，不快乐的经历未必不适合用来玩游戏。如果医生检查儿童的喉咙，或者给他做一些小手术，我们可以相当肯定地说，这些令人惊恐的体验将成为下一个游戏的主题。但在这一点上，我们绝不能忽视这样一个事实：它也是另外一种快乐的来源。当孩子把被动的不快乐经历转移到游戏活动中时，他就把这种不快乐的体验交给了他的一个玩伴，通过这种方式他找到了一个替代物实施了报复。

然而，从这一讨论中可以看出，我们没有必要假设存在一种特殊的模仿本能，以便给游戏提供一种动机。最后，补充一点提醒：与儿童的游戏不同，成年人的艺术表演和艺术模仿是针对观众的，它会让观众（例如在悲剧中）体会到最痛苦的体验，但观众仍然可以非常享受它们。❸这足以证明，即使在快乐原则的支配下，也有足够的方法和手段使本身不快乐的事情变成被不断回味的、反复咀嚼的主题。对这些最终产生快乐的案例和情况，应该在某种经济学方法下的美学体系中进行研究。它们对我们的目标而言毫无用

---

❶ 当这个孩子 5 岁 9 个月时，他的母亲去世了。当母亲真正"消失"（"喔喔"）时，小男孩并未表现出悲伤。我的解释是因为在此之前，母亲又生了一个孩子，这激起了他强烈的嫉妒。

❷ 参见我对"歌德的童年回忆"的笔记（1917b）。

❸ 在 Freud 去世后发表的论文《论舞台上的心理变态人物》（*Psychopathic Characters on the Stage*）（1942a）中对这一点作了尝试性的研究，这篇论文可能写于 1905 年或 1906 年。

处，因为它们是以快乐原则的存在和支配地位为先决条件的。它们无法证明超越快乐原则的倾向在运作。这种倾向指的是比快乐原则更原始，独立于快乐原则的倾向。

3

经过25年的认真努力工作，精神分析技术的当前目标与最初的目标已经大不相同。起初，精神分析师所能做的不过是发现病人所隐藏的潜意识材料并把它们组合在一起，然后在适当的时候，把它们传达给病人。精神分析首要的定位是一门解释的艺术。由于这并没有解决治疗问题，很快就出现了进一步的目标：迫使病人从自己的记忆中确认精神分析师构建的解释。在这一过程中，主要强调的是病人的阻抗。如今这门艺术意味着尽快发现这些阻抗并向病人指出来，然后通过人为影响诱导病人（也就是暗示通过"移情"发挥作用的地方），令其放弃阻抗。

但越来越清楚的是，所谓"把潜意识变成意识"的这一设定目标也无法通过这种方法完全实现。病人不可能记得被压抑的全部内容，而他没记住的可能恰恰是最重要的。因此，他无法确认分析师所传达的解释的正确性。他不得不把被压抑的东西当作一种当前的经验来重复，而不是像分析师所希望的那样，只是将其视为属于过去的东西而回忆起来。❶ 这些重复总是出人意料地精准反映了婴儿时期性生活的某些主题，也就是俄狄浦斯情结及其衍生物。它们总是出现在移情的领域内，出现在病人与分析师的关系中。当事情发展到这个阶段，可以说早期的神经症现在已经被一种新的"移情性神经症"取代。分析师需要极力将这种移情性神经症控制在最小的范围内：尽可能多地迫使这些被压抑的东西进入记忆的通道，尽可能少地允许其不断重复地出现。记忆和重现之间的比例因病例而异。医生通常无法避免病人经历这个记忆和重现同时存在的治疗阶段。他必须使病人重新体验一部分已被遗忘

---

❶ 参见我的论文《回忆、重复和修通》（Recollecting, Repeating and Working Through）(1914g)。[在这篇论文中，可以找到对"重复的冲动"的早期参考，这也是本文讨论的主题之一。关于术语"移情性神经症"（transference neurosis）被使用的特殊意义，也出现在那篇论文中。]

的生活，但另一方面又必须注意使病人保持某种程度的超然态度，使他无论如何都能认识到，表面上看来是现实的东西，实际上只是被遗忘的过去的反映。如果能成功地做到这一点，分析师就赢得了病人的相信，以及有赖于这种相信的治疗性成功。

为了更容易理解在神经症患者的精神分析治疗中出现的这种"强迫性重复"（compulsion to repeat），我们首先必须摆脱一种错误的观念，即我们在与阻抗的斗争中所面对的是来自潜意识内容的阻抗。潜意识，也就是"被压抑的内容"，对治疗的努力没有形成任何阻抗。事实上，潜意识只是在努力突破自身所承受的压力，给自己开辟出道路，要么通往意识层，要么通过一些真实的行为获得某种释放。治疗过程中的阻抗来自心灵中最初实施压抑的更高层次和系统。但是，正如我们从经验中所知道的那样，阻抗的动机，甚至阻抗本身，在治疗的最初阶段是潜意识的。这意味着我们应该纠正我们术语中的一个问题。如果不是在意识和潜意识之间进行对比，而是在连贯的自我❶与被压抑的自我之间进行对比，那我们就可以避免出现含混不清的情况。可以肯定的是，大部分的自我本身是潜意识的，尤其是我们可以描述为其核心的部分；只有一小部分的自我是被"前意识"这个术语涵盖的。❷当我们用系统性或动力性的术语取代了纯粹描述性的术语时，我们可以说病人的阻抗源于他的自我❸，于是我们可以立刻意识到，强迫性的重复只能归因于被压抑的、潜意识的自我。看起来很有可能的情况是，这种强迫性冲动只能在治疗工作的半途，在压抑得以松动之后才能表现出来。❹

毫无疑问，来自意识和潜意识自我的阻抗都是在快乐原则的支配下运作的，目的是避免因被压抑内容的释放而产生的不快乐。另一方面，我们努力

---

❶ 把自我看作一个执行某些功能的连贯结构的观点似乎源于 Freud（1950a）的《计划》一文（例如第 1 部分的第 14 节）。这一主题在《自我与本我》（Freud，1923b）中被探讨和发展（请特别参阅其第 1 章和第 2 章的结尾）。

❷ 这句话现在的形式是 1921 年写的。在第 1 版（Freud，1920）中写道："可能大部分的自我本身是潜意识的；也许'前意识'这个术语只涵盖了自我的一部分。"

❸ 在《抑制、症状和焦虑》（Freud，1926d）第 6 章中，对阻抗的来源有一个更全面和略微不同的论述。

❹ 1923 年补充的脚注：我在别处已经论证过（Freud，1923c），对治疗强迫性重复有所帮助的是治疗中的"暗示"因素，即患者对分析师的顺从，这种顺从深深植根于患者潜意识的父母情结。

通过诉诸现实原则来促成对那种不快乐的容忍。但是，强迫性重复反映了被压抑内容的力量，它与快乐原则如何相关联呢？显然，在强迫性重复下再次经历的内容，很大一部分必然会引起自我的不快乐，因为它揭露了被压抑的本能活动。然而，这是一种我们已经考虑过的不快乐，它与快乐原则并不矛盾，因为它虽然给一个系统带来不快乐，但同时给另一个系统带来了满足感。❶ 但是，现在我们面临一个新的也是显著的事实：强迫性重复也召回了来自过去的经验，这些经验不存在快乐的可能性，即使在很久以前，这些经验也从来没有给本能冲动带来过满足，自那之后这些本能冲动就被压抑掉了。

婴儿性生活的早期繁盛是注定会消亡的，因为这种愿望与现实不相容，也与儿童所处的不充分的发展阶段不相容。这种繁盛在最令人痛苦的环境中结束，伴随着最痛苦的感受。对爱的丧失和挫败会以自恋性伤疤的形式给个体自尊留下永久性的伤害。Marcinowski（1918）和我都认为，没有什么能比这种伤害更容易导致神经症患者普遍存在的"自卑感"了。儿童的性欲探索被其身体发展限制，因此不会带来令人满意的结局，进而出现诸如"我什么都做不成；我一事无成"之类的抱怨。把儿童和异性父母捆绑在一起的喜爱纽带，通常将抵挡不住随之而来的失望、没有被满足的渴望，或者对另外一个新生儿的嫉妒——新生儿是儿童所爱客体对其不忠的明确证据。他企图让自己生出一个孩子，这种严肃的努力具有悲剧性色彩，并最终羞愧地失败了。他得到的关爱越来越少，教育的要求越来越高，严厉的话语和偶尔的惩罚，这些最终让他体验到了最大程度的被蔑视的感觉。这几个典型的、常见的情况，说明了童年时代特有的爱是如何结束的。

患者在移情中重复所有这些他不想要的情景和痛苦的情绪，并发挥最大的创造力将它们复活。他们试图在治疗还未完成的时候中断治疗；他们设法再次让自己感觉受到蔑视，迫使医生严厉地对他们说话，冷酷地对待他们；他们为自己的嫉妒找到合适的对象；他们不再像童年时那样热切渴望一个孩子，而是计划或承诺制造一些伟大的时刻，但这些也通常是不现实的。这些

---

❶ 参见 Freud 在其《导论》（*Introductory Lectures*）（1916—1917）第 14 讲开始时对神话故事"三个愿望"寓意的使用。

事情在过去并没有带来任何快乐。而且我们可以这么说，如果这些事情不是以新的经验形式出现，而是以记忆或梦的形式出现，那它们在如今引发的不快乐就会少一些。当然，它们都是本能的活动，目的在于获得满足。但是这些活动的旧经验只带来了不快乐，我们并没有从中得到任何教训。❶ 尽管如此，在强迫性冲动的压力下，这些活动仍在重复进行。

精神分析在神经症患者的移情现象中所揭示的内容，也可以在一些正常人的生活中被观察到。他们给人的印象是被邪恶的命运追逐，或被某种"恶魔般"的力量掌控。但精神分析学一直认为，他们的命运在很大程度上是由他们自己安排的，并由早年婴儿时期的影响决定。这里所说的命运重复与我们在神经症患者身上发现的强迫性重复，显然没有什么不同，尽管我们说的这些人从来没有表现出以任何症状应对神经症冲突的迹象。我们曾遇到过这样一些人，他们所有的人际关系都有着相同的结果。比如，一个乐善好施的大好人，却在一段时间后被他的每一个受惠者抛弃而陷入愤怒中，无论这些受惠者的情况有何不同，他似乎都注定要尝到别人忘恩负义带来的所有痛苦；或者，一个人的友谊最终都以朋友的背叛而告终；或者，有人在一生中一次又一次地提拔别人成为私人或公共的权威，但过一段时间，他自己又会推翻那个权威，并用一个新的权威来取代旧的权威；或者，在恋爱关系中，总是经历同样的阶段，面对同样的结局。这种"同一件事的永恒重复"并不令人吃惊，因为它有时候与当事人表现出的主动行为有关。在这个时候，我们能在他身上看到一种始终保持不变的基本性格特征，这种性格特征迫使其重复同样的经历。但我们还会看到更令人印象深刻的情况：当事人似乎在被动地经历什么，他对这种经验没有施加任何影响，但他在这种经验中又遭遇了同样的宿命。有这样一个例子，一个女人连续嫁过三个丈夫，她的每一任丈夫在婚后不久都会病倒，而她不得不照顾临终前的丈夫。❷

如果我们考虑到上述的观察，并根据移情中的行为表现和人类的生活史，那么我们应该有勇气假设，在心灵中确实存在一种强迫性的重复冲动，这种重复的冲动压倒了快乐原则。现在我们也倾向于把这个冲动与创伤性神

---

❶ 这句话是 1921 年添加的。
❷ 参见 G. G. Jung（1909）关于这个问题的贴切评论。

经症患者的梦以及促使儿童游戏的冲动联系在一起。

但值得注意的是，只有在极少数情况下，我们才能观察到强迫性冲动的纯粹影响，而不受其他动机的干扰。在儿童游戏的例子中，我们已经强调了对于重复冲动的其他解释方式。似乎在这里，强迫性重复和本能即刻满足带来的快乐同时出现并紧密地联系在一起。因自我需执拗地维持着压抑，所以移情现象显然是被自我的阻抗利用了。而治疗试图处理的强迫性重复，好像是被自我笼络到了它那一边，就像自我紧抓着快乐原则一样。❶ 基于这个逻辑，许多被描述为重复命运的事情似乎变得可以理解了。因此，我们没有必要再诉诸一种新的神秘动力来解释它。

关于这种重复的动力，最可靠的例子也许是创伤性的梦。但经过更成熟的思考，我们将不得不承认，即使在其他例子中，那些常见的动力也并没有覆盖整个范围而运行。如果想证明强迫性重复的假设，证明存在一种可以压倒快乐原则，并比其更原始、更基本、更本能的东西的话，我们还有很多事情需要去解释。但是，如果强迫性重复确实在起作用，我们应该很乐意去了解它，了解它的功能是什么、在什么条件下它会出现、它与快乐原则有什么关系。毕竟迄今为止，我们一直认为是快乐原则支配着精神生活的兴奋过程。

4

本来接下来的部分是推测的内容，这些推测通常是有些牵强附会的，读者可以根据个人喜好采纳或摒弃它们。这个推测是在尝试更深一步地贯彻一个想法，使之更有连贯性，并出于好奇看看它会走向何处。

精神分析推测的出发点源于对潜意识过程的考察，它获得了一个印象：意识可能不是心理过程最普遍的属性，而只是心理过程的一种特殊功能。用元心理学的术语来说，它断言意识是一个特定系统的功能，这个系统被描述

---

❶ 在1923年之前，最后一句是这样写的："强迫性重复好像是被自我召唤而来提供帮助的，就像自我紧抓着快乐原则一样。"

为 Cs.。❶ 意识所产生的内容基本包括了两个部分：对来自外部世界的刺激的知觉，以及只能从心理装置（mental apparatus）内部产生的快乐和不快乐的感觉。因此，我们可以给知觉-意识（Pcpt.-Cs.）❷ 分配一个空间位置。它必须位于内部和外部的边界上；它必须朝向外部世界，并向内包裹住其他心理系统。可以看出，在这些假设中并没有什么大胆新奇的东西；我们只是采用了大脑解剖学所持有的关于定位的观点，将意识的位置定位在大脑皮质，即这个最重要器官的最外包裹层。从解剖学的角度来说，大脑解剖学没有必要考虑为什么意识应该停留在大脑的表面，而不是安全地安置在大脑最内部的某个地方。也许我们可以通过 Pcpt.-Cs. 系统更成功地解释这种情况。

意识并不是我们所认为的这个系统的唯一区别性特征。根据我们从精神分析经验中获得的印象，我们设想发生在其他系统中的所有兴奋过程在结束后都留下了持久的痕迹，它们构成了记忆的基础。然而，这样的记忆痕迹并不会被意识化；事实上，当产生这些记忆痕迹的兴奋过程是那种从没有进入过意识的类型时，这些记忆痕迹往往是最强大、最持久的。然而，我们很难相信，在 Pcpt.-Cs. 系统中也会留下这样持久的兴奋痕迹。如果这些痕迹保持持续的意识，那么很快就会限制该系统接受新鲜刺激的能力。❸ 另一方面，如果这些痕迹是潜意识的，我们就会面临这样一个问题：如何解释在一个产生意识现象功能的系统中存在着潜意识的过程。也就是说，我们把意识化的过程归为一个特殊系统的假设，并没有改变什么，也没有获得什么。虽然这个结论并不是绝对性的，但它仍然使我们怀疑，在同一个系统中，意识化和留下记忆痕迹是不相容的两个过程。因此，我们应该可以说，兴奋过程在 Cs. 系统中变得意识化，但不会在那里留下永久的痕迹；但这种兴奋会被

---

❶ 参阅 Freud《梦的解析》标准版（1900a）610ff. 第 5 卷，以及《论潜意识》（1915e）第 2 节。

❷ Freud 最初在《梦的解析》标准版（1900a）536ff. 第 5 卷描述了知觉系统（Pcpt.），在后来发表的一篇论文（1917d）中，他认为 Pcpt. 系统与 Cs. 系统是一致的。

❸ 以下内容是基于 Breuer 在《癔症研究》的理论阐述的第 2 部分中的观点。Freud 本人在《梦的解析》标准版（1900a）538 中讨论过这个主题，并且在《计划》（1895 [1950a]）的第 1 部分第 3 节中作了详细考虑；后来在《神秘的书写本》（Mystic Writing Pad）（1925a）中他又讨论了这个话题。

传递到位于它毗邻的内部系统中，并在这些系统中留下了它的痕迹。我的《梦的解析》❶的推测部分中也遵循了同样的思路。我们必须牢记，对于意识的其他起源，我们所知甚少。因此，我们提出的"意识出现的地方并没有记忆痕迹"这个命题是值得考虑的，无论如何，这个命题的术语构建是相当精确的。

如果是这样，那么 Cs. 系统就有着如下特点：在这个系统里，（与其他心理系统中发生的情况相反）兴奋过程不会给系统要素造成任何永久的改变*，而是好像在变成意识的现象中就终止了。这种例外现象需要用某个专门适用于此系统的因素来予以解释。这种在其他系统中不存在的因素，可能就是 Cs. 系统处于暴露的状态中，即它与外部世界直接毗邻。

让我们来想象一个生命体可能呈现的最简单形式，它是一个未分化的囊泡，由易受刺激的物质所形成。然后，囊泡朝向外部世界的那个表面在它所处的环境中逐渐分化，成为一个接受刺激的器官。的确，胚胎学有能力再现生物发展的历史。这门学科实际上向我们表明中枢神经系统来自外胚层，大脑灰质是有机体的原始浅层的衍生物，并可能保留了该表层的一些基本特性。因此，我们很容易设想，由于外界刺激对囊泡表面的不断影响，表层物质在一定深度上可能已经被永久地改变了，因此，兴奋过程在囊泡表层的运行与其在囊泡更深层的运行过程不同。这个表层最终会被刺激彻底地"烤透"，由此形成一个硬外壳，这个外壳可以为接受刺激提供最有利、最可能的条件，并且无法再进行任何进一步的改变。就 Cs. 系统而言，这就意味着它的要素不会因为经历刺激而出现任何进一步的持久改变，因为它们在处理刺激的能力上已经发生了最大可能的改变。现在它们已经变得能够产生意识。关于物质和兴奋过程被改变的本质，可能已形成各种各样的观点，但目前都无法得到证实。我们可以设想，当兴奋从一个要素传递到另一个要素时，必须克服一种阻力，它逐渐导致了阻力下降，这个过程会留下永久性的兴奋痕迹，即一种增强反应**。在 Cs. 系统中，这种从一个要素传递到另一

---

❶ 标准版（1900a）[538] 第 5 卷。
* 即记忆-痕迹。——译者注。
** 即神经元对刺激的反应增强。——译者注。

个要素的阻力将不复存在。❶ 这一观点可以与 Breuer 关于心理系统要素中静态的（或束缚的）与流动的贯注能量的区别联系起来。❷ Cs. 系统的各个要素不携带束缚的能量，只携带能自由释放的能量。然而对于这些观点，我们最好还是尽可能保持谨慎的态度。尽管如此，这个推测仍可以让我们在意识的起源与 Cs. 系统的暴露处境以及在该系统中发生的兴奋过程的特性之间建立某些联系。

但是，对于那个有生命的、具有外层接受功能的囊泡，我们还有更多需要讨论的。这一小片有生命的物质悬浮在充满最强大能量的外部世界中；如果不给它提供抵御刺激的保护层，它就会被这些能量释放的刺激杀死。而它是这样获得保护层的：它的最外层不再具有生命物质特有的结构，在某种程度上变成了无机物结构，此后它就变成一个特殊的包膜，它的作用是抵御刺激。因此，外部世界的原始能量只有一小部分可以由此膜进入仍具有生命特性的更深层。这些更深层能够在保护层的后面接受被其允许进入的刺激。最外层以牺牲自己的方式保护了所有更深层的部分，使后者免受同样的命运。除非出现一种例外情况，那就是到达外层的刺激太过强烈，使保护层被突破。对生命体来说，抵御刺激是一项比接受刺激更重要的功能。外部保护层有自己的能量储备，而且最重要的是，它必须全力保护它内部特殊的能量转化模式的运行，以便抵御外部世界的巨大能量所带来的威胁效应，即这些能量试图突破保护层从而趋向平衡，但这种平衡会造成损害生命体的风险。接受刺激的主要目的是发现外部刺激的方向和性质；因此只要从外部世界进行少量的刺激采样就足够了。在高度发展的有机体中，早期囊泡的接受皮层早已缩回到机体深处，但是它的一部分还遗留在抵御刺激的常规保护层之下，并成为感觉器官。这些器官主要由接受特定刺激效果的装置组成，但也包括一些特殊的布置，以便进一步抵御过量刺激和排除不适当的刺激。❸ 它们的特点是只处理非常少量的外部刺激，只采取外部世界的样本。我们可以把它们比作触角，一直在试探性地伸向外部世界，然后又缩回来。

---

❶ 这段话在《计划》第 1 部分第 3 节有所预示。
❷ 参见 Breuer 在他和 Freud 1895 著作中的理论阐述的第 2 节，特别是该节开头的脚注。另参见本书第 13 页的脚注❶。
❸ 参见《计划》第 1 部分，第 5 章和第 9 章。

关于这一点，我想花点时间大胆谈论一个问题，这个问题值得最详尽的研究。由于某些精神分析的发现，我们今天可以就 Kantian 的一个定理（时间和空间是"思想的必要形式"）展开讨论。我们已经认识到，潜意识的心理过程本身是"无时间性的"（timeless）。❶ 这首先意味着它们不是按时间顺序排列的，也不因时间发生任何方式的改变，时间的观念在此并不适用。这些都是否定性的特征，只有与有意识的心理过程进行比较，才能清楚地理解它们。另一方面，我们对时间的抽象观念似乎完全是从 Pcpt.-Cs. 系统的运行方法中衍生出来的，并符合该系统本身对这种运行方法的知觉。这种运作模式或许构成了另一种抵御刺激的防护层。我知道这些话听起来一定很晦涩，但我必须把自己的叙述限制在目前的意思之内。❷

我们已经谈到，有生命的囊泡是如何提供一个保护层来抵御来自外部世界的刺激的。此外我们之前已经证明，这个保护层之下的紧邻皮层必须被分化为一个接受外界刺激的器官。这个敏感的皮层后来变成了 Cs. 系统，它也接受着来自内部的刺激。这个系统处于内部和外部的交界状态，而接受内部和外部刺激的支配条件存在着差异性，这对该系统和整个心理装置的功能具有决定性的影响。对外部，它被保护以便抵御刺激，施加在它身上的刺激量是已被缩减后的，但对内部则不存在这样的保护层；❸ 来自更深层的刺激量直接且毫无减少地延伸到此系统中，而且这些刺激的某些特征引起了一系列快乐-不快乐的感觉。然而，来自内部的刺激在强度和其他性质方面（也许在幅度方面）比来自外部世界的刺激更符合该系统的运行方法。❹ 这种状态产生了两个明确的结果。第一，快乐和不快乐的感觉（它们是心理装置内部正在发生什么的一个指标）压倒了所有的外部刺激。第二，人们采用了一种特殊的方式来处理任何产生过多不快乐的内部刺激，即倾向于将这些刺激看作好像来自外部而不是内部的活动，这样就有可能使抵御刺激的保护层开始运行，对这些内部刺激发挥防御作用。这就是投射的起源，它注定在病

---

❶ 参见《论潜意识》（Freud，1915e）第 5 节。
❷ Freud 在他的论文《神秘的书写本》（1925a）中再次提到了时间观念的起源。该论文还包括了对"防御刺激的保护层"的进一步阐述。
❸ 参见《计划》第 1 部分第 10 节的开头。
❹ 参见《计划》第 1 部分第 4 节的后面部分。

理活动的因果关系中起着重要的作用。

我想，以上的这些考虑使我们对快乐原则的支配地位有了更好的理解。但是，与这种支配性相矛盾的情况，至今还没有得到阐明。因此，让我们再深入一步。我们把任何来自外部的、强大到足以突破保护层的刺激都描述为具有"创伤性的"。在我看来，创伤的概念必然意味着它与抵御刺激的有效屏障的破坏有关。像外部创伤这样的事件，必然会引起有机体能量运行功能的大幅度紊乱，并启动一切可能的防御措施。与此同时，快乐原则也暂时失去了作用。此时已经无法防止心理装置被大量的刺激淹没，并且会出现另一个问题，即在心理层面上，如何设法控制住这些闯入的大量刺激并束缚住它们，以便达到随后处理它们的目的。

生理性疼痛所带来的特定的不快乐，很可能是保护层在有限的范围内被突破的结果。这时候，源源不断的刺激从相关的外周缺口流向核心的心理装置，而通常这些刺激只是源于心理装置的内部。❶ 我们又该期待心灵对这种入侵做出怎样的反应呢？心灵会召集起来所有的能量，向缺口周围提供足够高的能量贯注，由此启动了一种高强度的"反精神贯注"（anticathexis）。但为了保证这种精神贯注，它会减少所有其他心理系统的能量，因此其他的心理功能都普遍瘫痪或被削弱。我们必须努力从这样的例子中汲取经验，并把它们作为我们元心理学推测的基础。那么，从目前的情况我们可以推断，这个本身被高度精神贯注的系统，它能够接收另一股流入的新鲜能量，并把它转化为静态的精神贯注，也就是在心理上把它束缚起来。这个系统自身的静态精神贯注越高，它的束缚力似乎就越强；反之，它的精神贯注能量越低，它接收流入能量的能力就越小❷，保护层被破坏后的缺口所产生的影响就必然会更加剧烈。对于这一观点，如果有人用以下观点进行反驳，那肯定是不合理的。比如，在缺口周围区域的能量贯注增加可以更简单地解释为由大量涌入的刺激造成的直接后果。如果是这样的话，心理装置就只是接收了这些刺激带来的能量贯注的增加，那么疼痛带来的麻痹性和所有其他心理系统的能量耗竭现象将无法得到解释。疼痛引起的非常剧烈的释放现象也不会

---

❶ 参见《本能及其变迁》(1915c) 和《计划》第 1 部分第 6 节。
❷ 参见 Freud (1917d) 论文结尾处的一个关于"非贯注系统刺激过程的不敏感原则"的脚注。

影响我们的解释,因为这种释放是以一种反射的方式发生的,即它们是在没有心理装置干预的情况下发生的。我们对元心理学的所有讨论有其不确定性,那是由于这样一个事实,即我们对发生在心理系统各个要素的兴奋过程的性质一无所知,而且在这个问题上提出任何假说时,我们都没有足够合理的证据。因此,我们一直在与一个巨大的未知因素打交道,我们还不得不把这个未知因素带入每一个新的构想中。也许我们可以合理地假设,这个兴奋过程是通过能量的数量变化而进行的。或者,这个过程也可能具有不止一种性质(例如,幅度的性质)。我们把 Breuer 的假设作为一种新的因素加以考虑,他认为能量负载以两种形式发生。那么我们必须区分在心理系统或其要素中存在的两种精神能量贯注:一种是自由流动的、迫切朝向释放的能量贯注;另一种是静态的能量贯注。我们也许可以猜想,对涌入心理装置的能量进行束缚,关键在于把这种能量从自由流动的状态转变为一种静止的状态。

我想,我们可以大胆地假定,普通的创伤性神经症是抵御刺激的保护层被广泛破坏的结果。这似乎是在重谈古老而天真的休克理论(theory of shock),该理论与我们后来在心理学上更有野心的理论形成了明显的对比,后者强调,病因的重点不在于机械性暴力的影响,而在于惊恐和对生命的恐吓感。然而,这些对立的观点并非难以相容。但精神分析对创伤性神经症的观点,即便从最粗浅的形式来看,也与休克理论不相同。古老的休克理论认为,休克的本质是神经系统各要素的分子结构甚至组织结构遭到了直接损害。而我们想要了解的是,抵御刺激的保护层被打破以及随之而来的一系列问题会对心理装置产生什么样的影响。我们仍然重视惊恐这一因素。这是由于缺乏对焦虑的准备❶,以及最先接受刺激的系统缺乏高度精神能量贯注。由于精神能量贯注太低,那些系统不能有效地束缚外界涌入的刺激,从而更容易发生保护层的破裂。因此,我们可以看到,为应对焦虑而做的准备和接受刺激系统的高能量贯注,构成了抵御刺激的最后一道防线。从相当多的创伤性病例中可以发现,那些毫无准备的系统和那些通过高度精神贯注而准备充分的系统之间的差异,可能是决定结果的关键因素。尽管,当创伤的强度超过一定限度时,这个因素无疑将不再重要。正如我们所知道的,梦以

---

❶ 参见本书第 18 页的注释。

一种幻觉的方式使人的愿望得以满足。在快乐原则的支配下，这已成为梦的功能。但是，对于创伤性神经症患者来说，梦却不是为这一原则服务的，因为他们经常会在梦境中被带回到创伤发生时的情景。相反，我们可以假设，梦在这里是在帮助执行另一项任务，这项任务必须在快乐原则发挥主导作用之前完成。这些梦试图通过发展焦虑来回溯性地控制刺激，而焦虑的缺失正是创伤性神经症的病因。因此，这种对梦的研究为我们提供了一种观点，即心理装置（mental apparatus）存在一种功能，虽然与快乐原则并不矛盾，但它是独立于快乐原则的，而且似乎比获得快乐和避免不快乐的目标更为基本。

因此，这似乎是我们第一次承认，"梦是愿望的满足"这一命题存在着一种例外。正如我已经反复详细说明的那样，焦虑性的梦并没有这样的例外，"惩罚性的梦"也没有，因为它们只是用适当的惩罚来取代被禁止的愿望的满足。也就是说，它们满足了罪恶感的愿望，而这种罪恶感是冲动愿望被否定后所产生的反应。❶ 但是，我们所讨论的创伤性神经症患者的梦，或者在精神分析治疗中出现的将人带回童年精神创伤的梦，都不能被归为满足愿望的梦。更确切地说，这些梦是服从于强迫性重复而产生的，尽管在精神分析中，这种重复的冲动确实是由愿望所支撑的（而愿望是受到"暗示"鼓励的）❷，这个愿望就是想把早已遗忘和压抑的东西召唤回来。由此看来，这个功能——通过满足令人不安的冲动愿望，使其不再构成影响睡眠的动机——并不是梦的原始功能。只有当整个精神生活都被快乐原则支配之后，梦才有可能履行这种功能。如果存在"超越快乐原则"，那么我们就要承认，在梦的目的是满足愿望这种情况发生之前，还存在着某段时间具有另外的功能，只有这样才不会前后矛盾。这并不意味着否认梦后来的功能。但是，一旦这一普遍规律被打破，就会产生进一步的问题。如果梦在心理上与创伤性印象相结合，那它不会服从强迫性重复吗？这样的梦不可能在分析之外发生吗？对这个问题只能有一个明确肯定的回答*。

---

❶ 参见《梦的解析》标准版（1900a）[557] 第 5 卷，以及 Freud（1923c）的《解梦理论与实践》（Remarks on the Theory and Practice of Dream-Interpretation）第 9 节。

❷ 括号内的内容在 1923 年替换了更早期版本中出现的"愿望不是潜意识的"。

* 即：会发生。——译者注。

我在别处❶论述过,"战争性神经症"(就这个术语不仅仅指病症发作的环境而言)很可能是被自我冲突加剧了的创伤性神经症。如果我们牢记精神分析研究所强调的两个事实,便可以清楚地理解我在之前提到的一个事实——由创伤同时引起的严重身体伤害会减少神经症发病的机会。这两个事实是:①应当把机械性刺激看作性兴奋的来源之一❷;②如果疼痛和发热性疾病持续不愈,就会对力比多的分布产生强大的影响。因此,一方面,创伤的机械性暴力会释放出大量的性兴奋,而由于缺乏对这种焦虑的准备,它又会产生创伤性的效果。但另一方面,发生在身体上的损伤,同时会通过唤起受伤器官❸的自恋性高度能量贯注,来束缚过度的兴奋。同样众所周知的事实是,像忧郁症这样在力比多分布上严重紊乱的病症,会因并发器质性疾病而暂时消失。即使是严重的早发性痴呆在这种情况下也能暂时得到缓解。不过到目前为止,力比多理论还没有充分利用这一事实。

5

接受刺激的皮层对来自内部的刺激没有任何保护屏障,这一事实必然导致这些内部刺激的传送具有某种实际的优势,并且这类传送会经常导致类似于创伤性神经症的实际紊乱。这种内在刺激的最丰富来源是被称为有机体的"本能"的东西,这个词代表了所有源自身体内部并被传递到心理装置的力量,同时这也是心理学研究中最重要却又最模糊的内容。

如果我们假定,本能所产生的冲动不属于束缚流的神经过程,而是属于自由流动急欲释放的过程,应该不至于被认为过于草率。就我们对这些过程所知道的内容而言,最完善的部分来自我们对梦的研究。我们在对梦的研究中发现,潜意识系统的活动过程与前意识(或意识)系统的活动过程有本质上的不同。在潜意识系统中,精神能量很容易被全部转移(transferred)、移置(displaced)和凝缩(condensed)。但是,这样的处理如果应用于前意

---

❶ 参见我在《精神分析与战争性神经症》(*Psycho-Analysis and the War Neurose*)(1919d)的导论。
❷ 参见我在《性学三论》标准版(1905d)[201-202] 第 7 卷关于摇摆和火车旅行影响的论述。
❸ 参见我关于自恋的论文(1914c)(第二章开头)。

识材料，是无效的。而这可以说明我们所熟悉的显梦（manifest dream）的特征，在显梦之前，前一天的前意识残迹已经根据潜意识系统运作法则被加工处理了。我把在潜意识系统中发现的这种过程类型称为"原发性"（primary）心理过程，与我们在正常醒觉状态中获得的"继发性"（secondary）过程形成对比。既然一切本能冲动都以潜意识系统为冲击点，那么说它们都服从于那个原发性过程也就算不上是什么创新的见解了。而且，我们很容易把原发性精神过程与 Breuer 的自由活动的能量贯注等同起来，而把继发性精神过程与他的束缚或补充性能量贯注中所发生的变化等同起来。❶ 如果是这样，那么将那些到达原发性过程的本能刺激进行结合，将是心理装置更高层次的任务。如果不能实现这种结合，就会引起类似于创伤性神经症的紊乱。而只有在结合完成之后，快乐原则（及其衍生原则，即现实原则）的支配地位才有可能不受阻碍地发挥作用。在此之前，心理装置的另一项任务，即控制或约束兴奋量的任务，将占据优先地位。当然这并不是与快乐原则相对立，而是不受快乐原则的影响，并且在某种程度上忽略了快乐原则。

强迫性重复的各种表现（我们在前面已经指出，这些表现既发生在儿童精神生活的早期活动中，也出现在精神分析治疗中）在很大程度上表现出一种本能的❷特征。并且，当这些特征的表现与快乐原则相悖时，就会表现出好像有某种"恶魔般"的力量在起作用。在儿童游戏的例子中，我们似乎看到儿童之所以重复不快乐的经历，另外一个原因是，相对于被动地体验一种强烈的印象，他们主动去体验更能让他们彻底掌握这种印象。每一次新的重复似乎都能强化他们所追求的这种掌握。儿童并不能经常重复他们的快乐经历。他们固执地坚持要求重复的内容必须完全相同。这种特征后来就消失了。如同一个笑话再听一遍，几乎就不会再引人发笑了。戏剧作品在第二次表演时给人留下的印象永远不会像第一次那样深刻。的确，要说服一个非常喜欢读一本书的成年人立即再去重新读一遍，几乎是不可能的。新奇永远是快乐的条件。但是，儿童却会不厌其烦地一再央求大人重复曾经教过或和他

---

❶ 参见《梦的解析》标准版（1900a）[558ff.] 第 7 卷［以及 Freud（1895）论文第 2 节 Breuer 的理论论述部分］。

❷ 德语为 Triebhaft，出现在此处和下一段的开头。Trieb 这个词的含义比英语 instinct 含有更多的"紧迫感"的意思。

们一起玩过的游戏，直到大人累得无法继续才肯罢休。如果一个孩子听大人讲过一个有趣的故事，他会坚持让大人一遍又一遍地重复讲这个故事，而不愿意换一个新的故事。他还会严格规定，大人重复讲的内容必须得和先前一模一样，并且会纠正讲述者所作的任何改动，哪怕这些改动实际上可能是想要获得小听众的新的赞许。❶ 所有这些都不违背快乐原则。重复，即对同一事物的重新体验，显然本身就是快乐的源泉。相反，对一个正接受精神分析的人而言，他在移情中强迫性地重复他童年的事件，显然在各方面都与快乐原则相悖。患者表现出一种纯粹幼稚的言谈举止，这表明，他的那些被压抑的早期经历的记忆痕迹并没有以一种结合的方式出现在他身上，而且在某种意义上确实无法服从继发性过程。此外，正是由于没有结合，那些被压抑的早期经历的记忆痕迹才有能力结合前一天的记忆痕迹，并在梦中形成对愿望满足的幻想。当我们在分析结束时，设法诱导患者完全脱离分析师的影响时，这种强迫性重复就会成为治疗的障碍，经常出现。我们还可以假定，当不熟悉精神分析的人感到一种模糊的恐惧，害怕唤起某种他们觉得最好还是任其沉睡的东西时，他们根本上害怕的正是这种强迫的出现，以及被某种"恶魔般"力量附体的暗示。

但是，强迫性重复是否具有"本能性质"的❷呢？在这一点上，我们不能不怀疑，我们可能已经发现了本能的普遍属性，也许是一般有机生命的普遍属性。迄今为止人们对此还没有清楚的认识，或者它至少没有被明确地强调过❸。因此，似乎可以说，本能是有机体生命中固有的一种恢复事物早先状态的冲动，而这些状态是生物体在外界干扰力量的逼迫下被迫放弃的东西。也就是说，本能是有机体的一种弹性表现，或者换句话说，是有机体生命固有的惰性的表现。❹

关于本能的这种看法对我们来说很陌生，因为我们习惯于在本能中看到一种促进变化和发展的因素，而现在我们却不得不在本能中去认识一种相反

---

❶ 参见 Freud（1905c）论戏谑的著作的第 7 章第 6 节的末尾。
❷ 参见上上个脚注。
❸ "or at least not explicitly stressed" 这六个词是 1921 年添加的。
❹ 毫无疑问，关于"本能"性质的类似概念已经被反复提出。

的东西，即生物体所具有的一种保守性特质。另一方面，我们很快就会联想起动物生活中的一些例子，这些例子似乎证实了这一点，即本能是由历史决定的。例如，某些鱼类在产卵时会长途跋涉进行迁徙，以便到远离它们惯常出没的特定水域产卵。在许多生物学家看来，它们这样做不过是为了寻找它们的祖先曾栖息过的地方，但随着时间的推移，栖息地已经发生了变化。人们相信这一解释也适用于候鸟的迁徙飞行。但是我们很快就会感到不必再寻找更多例子了，试想，在遗传现象和胚胎学的事实中有着足以证明有机体具有强迫性重复倾向的鲜明证据。我们看到，一个有生命的动物的胚芽在发展过程中是如何被迫重述（即使只是以一种短暂和简略的方式）其进化而来的一切形式结构，而不是通过最短的路径迅速达到它的最终形态。这种现象只能在很小的程度上归因于机械原因，因此，历史的解释是不可忽视的。此外，有机体身上重新长出一个与丧失了的器官完全相似的器官，这种再生能力在动物界也屡见不鲜。

　　我们可能会遇到一种看似不无道理的反对意见：除了促使重复的保守性本能之外，很可能还有另外的一些本能，它们迫切要求发展和产生新的形式。这种观点当然不容忽视，我们将在后面的阶段加以考虑❶。但是就目前而言，人们很容易去追求这样一个假设，即一切本能都趋向于恢复事物的早期状态，从而引申出合乎逻辑的结论。该结论可能会给人一种神秘主义或故弄玄虚的印象。不过，我们可以坦然地说，我们从未有过这样的目的。我们只是寻求在这种假设的基础上进行研究或思考之后所得出的合理的结论。我们不希望在这些结论中发现确定性以外的任何性质。❷

　　那么，我们不妨假定，一切有机体的本能都是保守性的，都是在历史上形成的，都是趋向于恢复事物早先状态的。由此可见，有机体的发展现象必须归因于外界干扰和转变的影响。原始生命体从一开始就没有改变的愿望；如果环境保持不变，它只会不断地重复同样的生命历程。最终，在有机体的发展过程中留下痕迹的，一定是我们所生活的地球的历史，以及地球与太阳

---

❶　这句话的后半句是 1921 年添加的。

❷　1925 年添加脚注：读者不应忽视这样一个事实，即接下来是一种极端思想路线的发展。当考虑到性本能时，我们就会发现，它正接受着必要的限制和修正。

的关系的历史。任何强加在有机体生命历程上的变化,都被保守的有机体本能接受,并储存起来以便今后重复。因此,这些本能必然会给人一种趋向于变化和发展的力量的假象,而实际上,它们只是借由新旧两种途径来寻求达到一个古老的目标。而且,我们还可以确定一切有机体奋斗的最终目标。如果生命的目标是实现一种从未达到过的事物状态,那就与本能的保守性相矛盾了。相反地,生命的目标必然是事物的一种古老状态,一种最原初的状态,生命体曾一度离开过这种状态,它正努力沿着其自身发展所循的迂回道路回归到这种状态。如果我们把这个观点视作真理,即一切有生命的东西都是由于内在原因而死亡(再次变成无机物),那么我们将不得不承认,"一切生命的目的都是死亡",回顾历史可以发现,"无生命的东西是先于有生命的东西而存在的"。

在某个阶段,一种未知性质的力量作用于无生命的物质,由此产生了生命的属性。这个过程在形式上也许类似于后来在某一特定的生命物质层中引起意识发展的过程。但是,从无生命的物质中产生的张力却试图自我抵消。由此,最初的本能就产生了,即要求回到无生命状态的本能。在那时,有生命的物体的死亡还是一件容易的事情,它的生命历程大概是极其短暂的,其走向是由这个原始生命的化学结构所决定的。也许在很长一段时间里,生命体就是这样不断地被重新创造出来,又轻易死去,直到起决定性作用的外部影响发生了改变,即迫使那些仍然存活的物质与其原来的生命历程越来越背离,并使达到死亡的最终目的之前的必经之路变得越来越复杂。这些被保守性本能忠实地保持着的通向死亡的迂回道路,如今就这样向我们展现出一幅生命现象的图景。如果我们坚定地要求本能维持这种纯粹的保守性,我们就不可能形成关于生命的起源和目的的任何其他的观念。

我们相信,潜藏在有机体生命现象背后的各种各样的本能,其含义也会令人感到迷惑不解。比如,我们认为所有生物体都具有自我保存本能,这种假设与认为本能总体上是导向死亡的观点明显对立。从这个角度看,自我保存、自我肯定和掌控的本能在理论上的重要性就大大削弱了。它们是构成本能的一些部分,其功能是确保有机体沿着自己的道路走向死亡,并避开任何可能出现的非有机体本身固有的回归无机状态的方法。我们不必再考虑有机体在面对各种障碍时坚持自身存在的这种令人费解的决心（无论如何都很困难）。我们还将面对这样一个事实：有机体只希望以自己的方式死去。因此，这些生命的守护者，也是死亡的忠实追随者。于是就出现了这样一种矛盾的情况，即生命体竭力与那些可能帮助它通过某种短路迅速达到目的的事件（实则是危险）作斗争。这种行为恰恰具有与理智行为形成鲜明对比的纯粹本能的特征❶。

但是，让我们停下来思考一下。事实不可能如此。神经症理论给予性本能相当特殊的地位，性本能是在一个完全不同的情形下出现的。

那种促使有机体不断发展的外在压力并没有强加于每一个有机体。许多生物至今仍然成功地保持在最低级的阶段。同样，构成某一高等生物复杂身体的所有基本成分并未全都经历过通往自然死亡的整个发展道路。其中的一些成分，如生殖细胞，可能始终保留着生命物质的原始结构，经过一段时间后，它们带着全部固有的和新获得的本能倾向，从整个生物体中分离出来。这两个特征可能正是使它们能够独立存在的原因。在有利的条件下，它们开始发展，即重复它们赖以存在的行为。最后，它们身上的一部分物质继续追随其发展并到达终点，而另一部分则作为新生的残余胚芽回到发展过程的起点。因此，这些生殖细胞是抗拒生命死亡的东西，也成功地为生物体赢得了我们只能认为是潜在永生的东西，尽管这种永生可能仅仅意味着延长了死亡之路。我们必须高度重视这样一个事实：只有当生殖细胞与另一个与它相似但又不同的细胞结合在一起时，它的这种功能才能得到加强，或者才有可能实现。

这种本能守护着比整个个体存活更久的原始有机体的命运，当它们对外部世界的刺激毫无防御能力时，这种本能为它们提供了安全的庇护，使它们与其他生殖细胞相遇——这些本能构成了性本能群。性本能与其他本能一样是保守的，因为它们要回到生命体的原始状态。但它们的保守性更胜一筹，因为它们对外部世界影响的抵抗特别强烈。而且在另一种意义上，它们也是

---

❶ 在1925年以前的版本中，关于这一点有以下的脚注：对这种关于自我保存本能的极端观点的更正。

保守的，它们保存生命本身的时间相对较长。❶ 它们是真正的生本能。它们与其他本能的目的背道而驰，后者是导向死亡的。这一事实表明，性本能和其他本能之间存在着一种对立，神经症理论在很久以前就注意到了这种对立性。有机体生命的运动仿佛是一种摇摆的节奏运动。一组本能向前冲，以便尽快达到生命的最终目标，而当前进到某一特定阶段时，另一组本能就会突然返回到某一特定点，重新开始，从而延长整个生命历程。我们可以肯定，生命刚刚开始形成时，性和两性之间的区别是不存在的，但仍有一种可能性，即那些后来被称为性本能的本能，可能从一开始就在起作用，而非只是在较晚的阶段才开始发挥其反对"自我本能"的作用❷。

现在让我们回过头考虑一下，这些推测是否有根据。除了性本能❸，真的不存在不寻求回到事物原初状态的本能了吗？难道真的没有一种本能，不追求一种从未达到过的事物状态吗？我不知道有机世界中有什么特定的例子会与我所提出的假设相矛盾。毫无疑问，在动物或植物世界中，不存在向更高层次发展的普遍本能，尽管不可否认的是，动物或植物世界确实朝着更高层次发展。但是，一方面，当我们宣称一个发展阶段高于另一个发展阶段时，这往往只是一个个人见解的问题；另一方面，生物学家告诉我们，在一个方面的高级发展常常被另一个方面的退化抵消或压倒。此外，我们根据许多动物形态的早期阶段可以推断出它们的发展反而具有退化的特征。高级发展和退化都可能是适应外界压力的结果。而在这两种情况下，本能所起的作用可能仅限于（以快乐的内在来源的形式）保留一种强制性的改变。❹

对我们许多人来说，要放弃这样一种信念可能也很困难：人类有追求完美的本能，正是这种本能使人类达到了目前的智力成就和道德升华的高水

---

❶ 1923 年补充的脚注：然而，我们只能把一种内在的动力归因于它们，使它们走向"发展"和更高的发展！（见下文）

❷ 脚注添加于 1925 年：应该从上下文来理解，"自我本能"一词在这里用作一种临时描述，来源于最早的精神分析术语（见下文）。

❸ 从 1921 年开始，原文中"apart from the sexual instincts"这五个词都是斜体。

❹ Ferenczi（1913）沿着不同的路线得出了同样的结论："如果追究这个思想的逻辑结论，人们必须认识到，一种要求坚持或重复或回归的倾向同样支配着有机体的生命。而那种要求进一步发展的倾向，以及适应的倾向，只有在受到外界刺激后才会变得活跃起来。"

平，也许这种本能还会将人类的发展导向超人阶段。但是，我不相信这种内在本能的存在，我也看不出这种仁慈的幻想将如何得以保存下去。在我看来，对人类目前的发展的解释，与对动物的发展的解释没什么不同。在少数人身上体现为追求更完美的不懈冲动，可以很容易地被理解为一种本能压抑的结果，而人类文明中一切最宝贵的东西都是基于这种本能压抑。被压抑的本能从未停止追求完全的满足，这种完全的满足将存在于对原初满足经验的重复之中。任何替代性的机制或反向形成，以及升华，都不足以消除被压抑的本能的持久张力。正是人们所要求的满足的快乐和实际得到的满足的快乐之间存在数量上的差异，这才提供了一种驱动因素，这种因素不允许在任何已到的位置上停留。除非是出自诗人之口："无条件地向前猛进。" ❶ 通向完全满足的后退之路通常被维持压抑的阻力阻碍。因此，除了朝向仍然还被允许自由增长的方向前进之外，别无选择——尽管这一过程的结束和达到目标都是无望的。神经质恐惧症的形成过程只不过是一种逃避本能满足的尝试，这为我们提供了一个范例，表明这种假想的"追求完美的本能"是如何起源的。这种本能并非每一个人都具有的。这种本能发展的动力学条件确实普遍存在，但只有在极少数情况下，实际情况才有利于这种现象的产生。

我想补充一句话来说明，爱的本能所做出的努力，将有机体结合到更大的统一体中的努力，也许可以取代这种我们无法承认其存在的"追求完美的本能"。爱的本能所做出的努力，连同压抑的结果，似乎可以用来解释人们归因于这种本能的现象。❷

6

到目前为止，我们探讨的结果是：我们对"自我本能"和性本能作了明确区分，并且认为，前者施加趋向于死亡的压力，而后者施加趋向于延长生命的压力。但这种结论，在许多方面，甚至在我们自己看来，也肯定是不能

---

❶ 《浮士德》(*Faust*) 第 1 部（第 4 幕）。
❷ 这段是在 1923 年增加的，它预示了下一节中关于生本能的论述。

令人满意的。而且，实际上只有在自我本能中，我们才能断言那是一种保守的，或者更确切地说，是一种与强迫性重复相对应的倒退的特性。因为，根据我们的假设，自我本能是在无生命的物质开始获得生命的那一刻产生的，并寻求恢复无生命的状态；而就性本能而言，虽然它们的确是在再生产有机体的原始状态，但它们显然是通过一切可能的手段来达到使两个在某个特定方面有差异的生殖细胞结合起来的目的。如果这种结合失败了，那么生殖细胞就会和多细胞生物的其他部分一起死亡。只有在这种条件下，性功能才能延长细胞的寿命，并使其看起来永生不朽。但是，在以有性生殖而得以不断重复的生物体的发展过程中，或者在它的祖先，即两个原生生物的结合过程中，至关重要的是什么呢？❶ 我们不得而知。如果我们论证的整个结构被证明是错误的，我们应该感到宽慰。在自我本能或死本能❷与性本能或生本能之间的对立性，将不复存在；强迫性重复也将不再具有我们赋予它的那种重要性。

现在让我们回过头来看看我们已经提出的一项假设，希望我们能够明确给予否定。我们已经从这一假设——一切有生命的物质都必然会死于内因——中得出了意义深远的结论。我们之所以如此漫不经心地做出这一假设，是因为在我们看来，这似乎不是个假设。我们习惯于认为这就是事实。而且，诗人们的作品又使我们在思想上强化了这个信念。我们之所以接受这种信念，也许是因为它能给我们某种慰藉。如果我们自己将要死去，并且死亡首先会使我们失去最亲爱的人，那么，屈从于一个无情的自然法则，屈从于至高无上的必然性，总比屈服于一个也许本来已经避免的偶然性让人感觉好一些。然而，这种相信死亡的内在必然性的观点，也许只是我们为了"忍受生存的重负"❸ 所创造的众多幻想中的另一种罢了。这肯定不是一种原始的信念。自然死亡的概念对原始种族来说是相当陌生的。他们认为，发生在他们之中的每一次死亡都是由于敌人或恶灵的影响。因此，我们必须求助于生物学来检验这种信念的合理性。

---

❶ 在接下来的文章中，Freud 似乎漫不经心地使用"原生生物"（protista）和"原生动物"（protozoa）这两个术语来表示单细胞生物。翻译遵循原文。
❷ 这是该术语首次发表。
❸ 引自 Shiller 的《墨西拿的勇敢者》（*Die Braut von Messina*）。

如果求助于生物学，我们可能会惊讶地发现，生物学家们对自然死亡这一问题的意见分歧竟然如此之大，事实上，死亡的整个概念在他们的手中完全消融了。至少在高等动物中，平均寿命是固定的，这一事实为存在自然死亡这种说法提供了论据。但是，当我们考虑到某些大型动物和某些巨大的树栖生物达到了很长的寿命，甚至目前还无法计算其年龄时，这种印象就会遭到否定。根据Wilhelm Fliess（1906）提出的广义概念，有机体所表现出的所有生命现象（当然也包括它们的死亡现象）都与某些固定阶段的结束有关。这表明了两种生物体（雄性和雌性）对太阳年的依赖性。然而，当我们看到，外力的影响是多么容易和广泛地改变生命现象出现的日期（特别是在植物界），即促使它们提早或推迟出现时，我们便会对Fliess的构想的确定性产生怀疑，至少会怀疑他所制定的法则是否是唯一的决定因素。

在我们看来，Weismann（1882，1884，1892，etc.）的著作中最令人感兴趣的是他对寿命和死亡这一主题的论述。正是Weismann首次提出了将生命体分为必死部分和不死部分的观点。必死的部分是指狭义的肉体，即躯体，只有这部分才是必定会自然死亡的。而生殖细胞有可能是永生不朽的，因为它们能在某些有利的条件下发育成一个新的个体，换句话说，能够用一个新的躯体来包裹自己（Weismann，1884）。

令人震惊的是，他的观点与我们的观点有着意想不到的类似性，而他的观点则是沿着另一条截然不同的路径得出的。Weismann是从形态学角度来看待生物体的，他发现其中有一部分是注定要死亡的，这就是躯体，即与性别和遗传无关的物质部分；还有一部分是不死的，即遗传物质，它与物种的生存和繁殖有关。而我们所讨论的，并不是生物体，而是在生物体中起作用的力量，因此我们应当区分两种本能：一种是将有生命的物体引向死亡的本能，另一种是性本能，后者不断致力于使生命得以更新。这听起来像是Weismann形态学理论的一种动力学推论。

但是，当我们了解到Weismann在死亡问题上的观点时，上述这种看似有意义的一致性便立即消失了。因为他只是把必死的躯体和不死的遗传物质之间的区别与多细胞生物联系起来。而在单细胞生物中，个体细胞和生殖细胞仍然是同一个（Weismann，1882）[38]。因此，他认为单细胞生物可能是不死的，死亡只会出现在多细胞的动物身上。的确，高等生物的这种死亡是一种自然的死亡，一种内因的死亡；但这种死亡不是建立在生物体的任何基本特征上的（Weismann, 1884）[84]，也不能被视为在生命本性中有其依据的一种绝对的必然性（Weismann, 1882）[33]。死亡是一种权宜之计，是适应生命外部条件的一种表现。因为，当身体的细胞被区分为躯体和遗传物质后，个体生命的无限延续就会成为一种毫无意义的奢侈品。当这种分化发生在多细胞生物身上时，死亡就成为可能和有利的了。此后，高等生物的躯体由于内部原因会在某个固定时刻死亡，而原生生物则保持不死。另一方面，事实上，生殖并非在死亡现象之后才发生的。相反，生殖是生物体的一种原始特征，就像（它所源于的）生长现象一样。生命从最初出现在地球上开始就一直是连续的（Weismann, 1884）[84f.]。

我们很快会看到，以这种方式承认高等生物的自然死亡，对我们的帮助微乎其微。因为，如果死亡是生物体后来才有的现象，那么从地球上最初有生命的时候起就存在着死本能，这是毫无疑问的。多细胞生物的死亡可能是由于内部原因，由于不完全分化或新陈代谢的不完善。但从我们对此所持的观点来看，这个问题无关紧要。此外，对死亡起源的这样一种解释，与我们习惯性思维方式的差异，远不如"死本能"这一奇怪的假设来得大。

在我看来，根据 Weismann 的假设所进行的讨论，在各个方面都没有得出结论性的结果。❶ 有些作家回到了 Goette（1883）的观点，Goette 认为死亡是生殖的直接结果。Hartmann（1906）[29]不把"尸体"，即生物体中死亡的部分，看作死亡的标准，而是把死亡定义为"个体发展的终结"。从这个意义上说，原生动物也是必死的，死亡总是与生殖同时发生，只是在某种程度上被生殖现象掩盖了，因为上一代动物的全部物质可能被直接传给年幼的后代。

不久之后，人们的研究开始转向用单细胞生物进行所谓生物体不死的实验。一位美国生物学家 Woodruff 用一种纤毛虫进行了实验。纤毛虫是一种游动微生物，通过分裂生成两个个体的方式来繁殖。他的实验一直进行到第 3029 代（此时他停止了实验）。他把每次实验中分离出的一个个体放在淡

---

❶ 参见 Hartmann（1906）、Lipschütz（1914）和 Doflein（1919）的有关论述。

水中。这个第一代游动微生物的遥远后代和它的祖先一样生命力旺盛，毫无衰老或退化的迹象。因此，如果这类数字能证明什么的话，似乎原生生物的不死性是可以从实验中得到证实的。❶

但其他的实验者却得到了不同的结果。Maupas、Calkins 和其他研究者发现了与 Woodruff 完全相反的实验结果。他们发现，经过一定次数的分裂后，这些纤毛虫逐渐变弱、体型变小，由于丧失了某些部分的组织而衰竭，最终死亡，除非对它们采取某些补救措施。如果是这样的话，原生动物似乎和高等动物一样，在经历衰老阶段后便归于死亡，那就与 Weismann 的断言，即死亡是生命体后来才有的现象，发生了根本的冲突。

从这些实验的结果中，我们得出两个事实，并且似乎能为我们提供一个坚实的立足点。

第一个事实：如果两个微生物在它们显示衰老迹象之前能够彼此合并（coalesce），即"结合"（conjugate）在一起（不久之后它们再次分离），那它们就不会衰老，并恢复活力。结合，无疑是高等生物有性生殖的先驱；不过这时它与生殖无关，仅仅局限于两个个体的物质混合（Weismann 称之为"两性融合"）。然而，结合的补救作用可以被其他方法代替，比如使用某些刺激物，改变供给养料的液体的成分，提高温度或加以摇晃。我们知道 J. Loeb 所做的著名实验。他在实验中用某种化学刺激物诱导了海胆卵的分裂，而这一过程通常只有在受精后才会发生。

第二个事实：尽管如此，纤毛虫仍然有可能由于自身的生命过程而自然死亡。因为 Woodruff 的发现与其他人的发现之间的矛盾源于他为每一代纤毛虫提供了新鲜的营养液。如果他不这样做，他就会和其他实验者一样观察到那种衰老迹象。他的结论是，微生物被它们排入周围液体中的代谢产物损伤了。由此，他能够确凿地证明，对这种特殊的微生物来说，只有其自身的代谢产物才会造成致命的结果。因为，如果把同一种微生物挤在它们自己的营养液中，它们就必定会死亡，而在那种远亲物种的代谢废物过度饱和的溶液中，这种微生物却繁茂兴旺起来。因此，如果让纤毛虫自生自灭，它就会

---

❶ 关于这一点以及下文中的内容，请参见 Lipschütz（1914）[26,52ff.] 的论述。

因为自身代谢产物的不完全排出而自然死亡。（这种缺陷也许同样是所有高等动物死亡的最终原因。）

至此，我们很可能会想到这样一个问题：通过研究原生动物来试图解决自然死亡的问题，我们是否达到了某种目标？我们可能无法观察到这些生物的原始组织的某些重要条件。虽然这些条件实际上也存在于它们身上，但只有在高等动物身上才能被观察到，因为在高等动物身上它们有形态上的表现。如果我们放弃形态学的观点而采用动力学的观点，那么原生动物是否会发生自然死亡的问题，对我们来说就完全无关紧要了。那种后来被认为是不死的物质，在原生动物中还没有与那部分必死的物质分离开。那种力求引导生命走向死亡的本能力量，也许从一开始就在原生动物身上起作用了，不过，它们的作用可能被维持生命的力量完全遮蔽了，以至于我们很难找到它们存在的任何直接证据。此外，根据生物学家的观察，我们可以假设，在原生动物中也确实存在着这种导致死亡的内部过程。即使原生生物在 Weismann 的实验中被证明是不死的，但他关于"死亡是一种后来才有的现象"的断言也只适用于说明死亡的显性现象，并不能否定关于趋向死亡过程的假定。

因此，我们对于生物学将直接否定死本能存在的期待还是落空了。如果我们还有其他理由研究死本能的可能性的话，我们完全可以继续研究。Weismann 对躯体和遗传物质的区分理论，与我们将死本能与生本能加以区分的理论之间仍然存在着惊人的相似性，并持续发挥着重要意义。

我们不妨停下来对这种关于本能生命的二元论观点稍作思考。根据 E. Hering 的理论，生物体一直有两种始终在发生作用的过程。它们朝着相反的方向起作用，一种是建设性的或同化的，另一种是破坏性的或异化的。我们是否可以大胆地断言，生命过程所采取的这两个方向是我们两种本能冲动的活动，即生本能和死本能的活动？无论如何，还有另外的东西存在，我们不能视而不见。我们不知不觉地进入了 Schopenhauer 的哲学领地。在 Schopenhauer 看来，死亡是"生命真正的结果，在某种程度上也是生命的最终目的"❶，而性本能则是生存意志的体现。

---

❶ 参见 Schopenhauer 作品全集（1851）。

让我们大胆尝试再向前迈进一步。人们普遍认为，许多细胞结合形成一个生命联合体，这种生物体的多细胞结合特性已成为延长生命的一种手段。一个细胞帮助保存另一个细胞的生命，即使个别细胞必须死亡，细胞联合体也能继续存活。我们已经知道"结合"，也就是两个单细胞生物的暂时合并，对它们双方都有保全生命和恢复活力的作用。因此，我们可以尝试把精神分析学中得出的力比多理论应用于细胞之间的相互关系。我们可以假设，在每个细胞中活跃的生本能或性本能以其他细胞为对象，它们部分地中和了这些细胞中的死本能作用（即后者引发的过程），以此来维持这些细胞的生命。而其他细胞也为它们做着同样的事情。还有一些细胞为了履行这种性本能的功能而牺牲了自己。生殖细胞本身会以一种完全"自恋"的方式行事，这是我们在神经症理论中习惯使用的一个术语，用来描述一个完整的个体，他在自我中保留了他的力比多，丝毫不让力比多在对象*性贯注中消耗。生殖细胞需要有它们自己的力比多，即它们生本能的活动作为一种储备，以抵御之后重大的建设性活动。（在这个意义上，也可以把那些破坏机体的恶性肿瘤细胞描述为自恋性的。病理学准备把这种恶性肿瘤的胚芽看作内在的，并赋予其胚胎学的属性。）❶ 由此，我们所说的性本能的力比多就相当于诗人和哲学家眼中那种使一切生命体结合在一起的爱的本能。

　　在此，我们有机会回顾一下力比多理论的缓慢发展。首先，对移情神经症的分析迫使我们注意到，那些指向某个对象的性本能，与另一些我们不甚了解、临时称作"自我本能"的本能之间存在着对立。❷ 在这些本能中，为个体自我保存提供服务的本能必然占有最重要的地位。我们很难说在这些本能之间还有什么别的区别。作为真正的心理科学的基础，没有什么知识比对本能的共同特征和可能的独特特征有大致把握更具价值了。我们都是在黑暗中摸索，但也并非在心理学领域中尤其如此。每个人都可以假设有多种本能或"基本本能"存在，并用这些本能玩拼凑理论的把戏，就像古希腊自然

---

* 英文原文为 object，是与自我相对应的"对象"。在 Freud 之后的客体关系学派中，object 被翻译为"客体"，以强调与自体相对应的客体功能。——译者注

❶ 这句话是 1921 年添加的。

❷ 参见 Freud 在论视觉的心因性障碍的文章（1910i）中关于这种对立的说明。

哲学家用他们设想的四种元素（土、气、火和水）拼凑他们的哲学理论一样。精神分析学不得不对本能作一些假设，起初只限于用"饥饿和爱"这种词语来代表那种普遍的本能分类。至少，这种区分并不是武断的；而且正是借助这种区分，精神神经症的分析工作才取得了相当大的进展。事实上，"性"的概念，同时也包括性本能的概念，必须加以扩展，以便解释许多不能归入生殖功能范畴的现象。这在一个严肃的、道貌岸然或仅仅是虚伪的世界里引起了不小的骚动。

当精神分析走近心理自我时，就展开了进一步的研究工作。最初，只是把自我看作一种压抑的、审查的、能够建立保护性结构和反应结构的力量。的确，善于批判和富有远见的人们早已经反对把力比多概念局限性地理解为指向某个对象的性本能的能量。但是，他们无法解释自己是如何得出这一见识的，也无法从中推导出任何可以用于分析的东西。精神分析更谨慎地向前推进，观察了力比多从对象中撤出并转向自我（即内向过程）的规律性；并通过研究儿童早期阶段的力比多发展，得出以下的结论：自我是力比多真正的、原始的存储器❶，只有从这个存储器出发，力比多才能延伸到对象上。因此，自我在性对象中找到了自己的位置，并立即在这些对象中被赋予了最重要的位置。以这种方式存留在自我中的力比多被描述为"自恋性的"❷。从这些词语的分析意义上来说，这种自恋性的力比多当然也是性本能力量的一种表现，它必然被等同于从一开始就获得承认的"自我保存本能"。这样一来，自我本能和性本能之间最初的对立，便被证明是不恰当的。自我本能的一部分被认为是具有力比多性质的，而性本能——可能还有其他本能——是在自我中运作的。然而，我们有理由说，旧有的观点认为，精神神经症是建立在自我本能和性本能的冲突基础之上的，这放在今天依然无可辩驳。只不过，以前是把这两种本能之间的区别看作性质上的区别，而现在必须以不同的方式即从形态学上加以区分。此外，这个观点仍然是正确的：精神分析研究的基本课题——移情神经症，是自我和力比多贯注的对象之间冲突的结果。

---

❶ Freud 在他的论自恋性的论文（1914c）第 1 节中，充分地展开了对这个观点的论述。但是在他后来写的《自我与本我》（1923b）一书第 3 章篇首部分的脚注中，他纠正了这个观点，将本我描述为"力比多的大量储存器（great reservoir）"。

❷ 参见我关于自恋的论文（1914c）第 1 节。

但是，由于我们现在正进一步大胆地认识到，性本能是爱的本能，是万物的保存者，把身体细胞相互联结的力比多储存看作自我的自恋性力比多的来源，那我们就更有必要把重点放在自我保存本能的力比多的性质上。但是，我们现在突然发现还有另一个问题。如果自我保存本能也是一种力比多的本性，那么除了力比多的本能，是不是就没有别的本能了呢？无论如何，我们确实没有观察到其他本能的存在。在这种情况下，我们终究不得不同意那些从一开始就怀疑精神分析用性来解释一切的批评家，或者同意像 Jung 这样的革新者，他们草率地做出了判断，即用"力比多"一词来表示普遍的本能力量。难道不是这样吗？

无论如何，我们并不想产生这样的结论。我们的论点的出发点是在自我本能（即死本能）和性本能（即生本能）之间做出明确区分。（我们在某个阶段曾打算把所谓自我保存本能纳入死本能之中，但我们随后纠正了自己的观点。）我们的观点从一开始就是二元论的，到今天更是二元论的，因为我们现在所描述的对立不是在自我本能和性本能之间，而是在生本能和死本能之间。相反，Jung 的力比多理论是一元论的，他把他的唯一本能的力量称为"力比多"，这必定会引起混乱，但并不会对我们造成影响。❶ 我们怀疑，除了自我保存本能之外，还有其他本能在自我中起作用，我们应该能够把它们揭示出来。然而，遗憾的是，对自我的分析进展甚微，我们很难做到这一点。也有这样一种可能，自我中具有力比多特性的本能，也许以一种特殊的方式❷与另一些我们还未认识的其他自我本能联系在一起。甚至在我们还没清楚了解自恋问题之前，精神分析学家就已经在怀疑"自我"是带有力比多成分的。但这些都是非常不确定的可能性，连我们的对立派也不会在意。困难仍然在于，精神分析至今还无法让我们明确，在力比多本能之外是否还有任何"自我的"本能存在。不过，这并不是我们得出其他本能实际上不存在的结论的理由。

鉴于本能理论目前所处的模糊状态，拒绝任何有望阐明这一理论的思想

---

❶ 前面的两句话是在 1921 年添加的。

❷ 只有在第一版中还写道"——通过本能'交汇'（confluence）的方式，这里借用了 Adler 在 1908 年采用的术语——"。

都是不明智的。我们的出发点是承认生本能和死本能之间的尖锐对立。现在，对象之爱本身为我们呈现了类似两极的第二个例子，即爱（或情感）与恨（或攻击性）的两极。如果我们能成功地把这两极联系起来，并从其中一极推导出另一极，那该多好！我们从一开始就认识到，性本能中有一种施虐的成分❶。我们知道，它能使自己保持独立，能以变态的方式支配一个人的全部性活动。它还能作为一种我称作"前生殖器期"的主要本能部分出现。但是，以伤害对象为目的的施虐本能，如何能从生本能中产生，即从生命的守护者 Eros 中产生呢？假设这种施虐实际上是一种死本能，是在自恋性力比多的影响下被迫离开自我的，因而只在与对象的关系中出现，这难道不合理吗？它现在开始为性功能服务了。在性心理发展的口欲期阶段，在性方面获得对一个对象的掌控行为与对该对象的攻击是一致的。后来，施虐本能分离出来，最后在以生殖器为主导的阶段，为了繁衍而发挥了压制性对象从而实施性行为的功能。的确可以这样说，被迫离开自我的施虐倾向已经为性本能的力比多成分指明了道路，而这些成分则紧随其后到达了对象。只要原初的施虐性没有被缓和或者稀释，我们就会在情欲生活中常常发现爱和恨共存的矛盾心理。❷

如果这样的假设是允许成立的，那么我们应当有一个死本能的例子（尽管这里的死本能已经被移置）。但是，这种看待事物的方式是很难把握的，而且会给人一种神秘的印象。看起来可疑的是，我们似乎在不惜一切代价试图找到摆脱极其尴尬局面的方法。然而，我们回忆一下便知道，这类假设并没有什么新意。我们曾在更早的时候提出过一个假设，那时还没有出现任何尴尬的局面。当时的临床观察使我们得出这样的观点：受虐，作为与施虐相辅相成的本能组成部分，必须被看作一种转向受虐者自我的施虐。❸但是，本能从对象转向自我，与本能从自我转向对象，这二者在原则上并无区别。后者正是现在正在讨论的新问题。受虐，即施虐本能转向主体自我，在这种情况下，是一种本能历史上的早期阶段的回归，一种退行现象。以前

---

❶ 在《性学三论》的第一版（1905）中已经提及这点。

❷ 这预示了 Freud 在《自我与本我》（1923b）第 4 章中关于本能"结合"的讨论。

❸ 见我的《性学三论》（1905d）[158] 和《本能及其变迁》（1915c）。

我们对受虐的描述在某些方面过于笼统，因此需要加以修正：可能存在一种初级的受虐——当时我曾为这种可能性进行过争辩。❶

不过，让我们再回到自我保存的性本能上来。关于原生生物的实验已经表明，当两个个体结合后立即再分离而不导致细胞分裂，这种结合在双方都会产生加强和恢复活力的效果。❷ 在后代身上，并没有表现出退化的迹象，而且似乎能够更持久地抵抗自身新陈代谢的有害影响。我认为，可以把这个观察结果看作性结合所产生的效果的典型代表。但是，两个仅仅略有不同的细胞相结合，如何导致这种生命的更新呢？应用化学刺激甚至机械刺激来取代原生动物结合的实验（Lipschutz，1914）能使我们对这个问题做出十分肯定的答复。这个结果是由大量新鲜刺激涌入所带来的。这很符合以下假设：个体的生命过程由于内在原因导致某些化学张力的消除，也就是说，导致死亡，而与另一个个体的生命物质的结合增加了这种张力。这种结合引入了可以被称为新鲜的"活力差异"的东西，必定成为维持生命的基础。对于这种差异，当然有一个或多个理想的解释。在精神生活中，也许是在普遍的神经活动中，占优势地位的倾向是：努力减少那种因刺激而产生的内部张力，保持恒定，或将其消除。［借用 Barbara Low（1920）[73] 的术语"涅槃原则"。］这种倾向表现在快乐原则中。❸ 而我们对这一事实的认识，正是我们相信死本能存在的最有力的依据之一。

但是，我们仍然感到思路受到以下事实的阻碍：我们不能把强迫性重复的特征归因于性本能，正是这种强迫性重复首先使我们走上了探究死本能的道路。在胚胎发育过程中，这种重复现象无疑非常之多。进行有性生殖的两个生殖细胞及其生命历史本身只不过是生命体起源的重复。但是，性生活旨在达到的那个过程的本质，是两个细胞体的结合。只有这一点才能保证高等

---

❶ Sabina Spielrein（1912）在一篇有启发意义的有趣论文中已经就这点提出相当多的猜测。然而不幸的是，我并不完全理解其内容。她在那篇文章中将性本能的虐待成分描述为具有"破坏性的"。A. Starke（1914）再次试图将力比多的概念等同于一种具有死亡推动力的生物性概念（基于理论的假设）。也参见 Rank（1907）的观点。所有这些讨论，就像本文中的讨论一样，证明了本能理论还需要进一步澄清，而目前还没有实现这个目标。［Freud 本人随后在《文明及其缺憾》（1930a）的第六章对破坏性本能进行了深入讨论。］

❷ 参见 Lipschütz（1914）的解释。

❸ 整个话题在《受虐的经济学问题》（1924c）一书中得到了进一步的考虑。

生物中有生命物质是不死的。

换句话说，关于有性生殖和一般性本能起源的问题，我们还需要更多信息。这是一个可能会让门外汉望而生畏的问题，而专家们自己至今也无法解决这个问题。因此，我们将仅从许多不一致的观点和意见中，挑选出似乎与我们的思想有关的内容作最简短的概述。

在众多观点中，有一种观点试图把生殖问题看作生长的部分表现，从而消除生殖问题的神秘性（比如，通过分裂、发芽或萌芽繁殖的现象）。通过不同性别的生殖细胞进行生殖，其起源可以按照正统的达尔文路线来描述，即假设在某种情况下由两个原生生物偶然结合而获得的两性结合的优势被保留下来，并在后来的发育中得到进一步利用。❶ 按照这种观点，"性"并不是什么非常古老的现象，而以性为目的的极端强烈的本能只不过是在重复某种以前曾经偶然发生、从此由于其优点而被确立下来的过程。

这里出现了一个问题，就像在前面讨论死亡的问题时一样。当我们只是把原生生物实际表现出来的那些特征归于原生生物时，这是否正确？假定只有在高等生物中才可见的力量和过程最初起源于这些原生生物，这是否正确？我们刚才提到的关于性的观点对我们达到目的没有什么帮助。有人可能会反对这种观点，认为它假定在最简单的生物中已经存在着生本能，否则，"结合"这样一种与生命进程背道而驰并阻碍死亡发生的作用就不会被保留和阐述，而是会被避免。因此，我们不应放弃死本能的假设，我们必须假定它们从一开始就与生本能联系在一起。但必须承认，在这种情况下，我们将面临一个有两个未知量的方程难题。

除此之外，关于性的起源，科学几乎没有告诉我们太多，因此我们可以把这个问题比作一片黑暗，简直连一缕假设的光芒都无法穿透进去。诚然，在另一个完全不同的领域，我们确实遇到过这样一种假设，不过它看上去很离奇，像是神话而不是科学的解释。如果不是恰好满足了我们所渴望的一个条件，我是不会冒险在这里提出的。因为它认为本能的起源是一种恢复事物

---

❶ 尽管 Weismann（1892）[231] 也否定这种优点，他说："受精绝不等同于生命活力的恢复或更新，也不能把它看作为使生命延续而必定发生的现象；它不过是使两类不同遗传倾向能够相互混合起来的一种安排。"不过，他相信这类混合作用会增强该有机体的变异性。

早期状态的需要。

我想列举的是 Plato 在《会饮篇》（*Symposium*）中借 Aristophanes 之口提出的那个理论，它不仅涉及性本能的起源，而且还涉及性本能与其对象有关的最重要的演变。"最初的人性不是现在的样子。首先，最初有三种性别，而不是现在的两种，有男人、女人，还有两者的混合……"在这些原始人身上的一切都是双重的，他们有四只手和四只脚、两张脸、两个生殖器等等。最后，Zeus 决定把这些人切成两半，就像一个被切成两半的山梨一样。人被切成两半之后，每一半都渴望着另一半，于是他们走到一起，互相拥抱，渴望合二为一。❶

我们是否应该按照这位诗人兼哲学家给我们的启示，大胆地假设：生物体在获得生命的时候被撕裂成小碎块，这些小碎块后来通过性本能努力重新结合在一起？这些具有无生命物质的化学吸引力的本能，在经历原生生物发展阶段后，逐渐成功地克服了某种充满危险刺激的环境所带来的困难，这些刺激迫使它们形成一层保护性的皮层？这些生物体的碎块以这种方式达到了多细胞的状态，并最终以高度集中的方式把要求聚合的本能转移到生殖细胞上？但我想，在这里，中断的时刻已经到来。

---

❶ 参阅 J. Wett 英译本。这个脚注是 1921 年增加的。我必须感谢维也纳的 Heinrich Gomperz 教授，因为，以下关于 Plato 神话来源的讨论，一部分内容是引用了他的话。值得注意的是，在《奥义书》（*Upanishads*）中也可以发现内容基本类似的理论。因为我们发现在《婆哩呵陀闻兰若边奥义书》（*Brihadāranyaka-upanishad*）的第 1、4、3 章（Max-Müller 的英译本第 2 章）中，有如下的一段话，它描述了世界从自我/本我（Atman）中产生的情况："然而，他并没有感到快乐，一个孤独的人是不会感到快乐的。他希望能有第二个人出现，他作为男人和女人的组合体是显得那样庞大，结果他使他的自我一分为二，于是产生了丈夫和妻子。因而 Yagnavalkya 说，我们俩各自都像半个贝壳，所以那中部的空间就要妻子来填补。"

《婆哩呵陀闻兰若边奥义书》是所有《奥义书》中最古老的一本，根据权威机构考证，它的年代不晚于公元前 800 年。与主流观点相反，我不愿断然否认 Plato 的神话起源于印度的可能性，即使它只是间接地从印度起源，因为在轮回学说中不能排除类似的可能性。但是，即使这种推导（首先是通过毕达哥拉斯学派）得到了证实，这两种思路之间的巧合的意义也几乎不会减少。因为 Plato 不会采纳通过某些东方传统传入他视野的故事——更不用说赋予它如此重要的地位了，除非他觉得它包含真理的成分。

在一篇论文中，Ziegler（1913）对 Plato 时代之前的这一思路进行了系统的考察，将其追溯至巴比伦。

［Freud 已经在他的《性学三论》标准版（1905d）[136] 中提到了 Plato 的神话。］

然而，还需要加上一些批判性的思考。有人可能会问，我自己是否相信以及在多大程度上相信我提出的以上假设的真实性。我的回答是，我自己也不相信，我也不试图说服别人相信这些假设。或者，更准确地说，我不知道我对这些假设的相信程度。在我看来，根本没有理由把信念的情感因素掺杂到这个问题中去。当然，出于单纯的科学好奇心，人们可以投身于一条思想路线，并追随它的指引，或者，如果读者愿意的话，可以把自己当作一个不受魔鬼干扰的探索者，完全可以投身到某种思想中。我不怀疑这样一个事实：我在本能理论的进展中迈出的第三步，无法断言与前面的两步有同等程度的确定性。前两步是，将性的概念加以延伸和做出关于自恋的假设。因为这两项创新是将观察直接转化为理论的，并不比在所有这类情况下必然会产生的理论更容易出现错误。我关于本能的退行性的论断，也是基于所观察到的材料，即基于强迫性重复的事实。然而，我可能高估了它们的意义。而且除非反复地把事实材料与偏离经验观察的纯粹的推测材料结合起来，否则就不可能论证这种思想。正如我们所知，在构建理论的过程中，这样做的频率越高，最终的结果就必然越不可信。但是，不确定性的程度是无法指出的。一个人可能幸运地击中了目标，也可能可耻地误入了歧途。我认为，在这类工作中，所谓的"直觉"起不了多大作用。就我对直觉的认识而言，直觉似乎是一种理智上的不偏不倚的产物。然而不幸的是，在涉及终极问题，即科学和生活的重大问题时，人们很少是不偏不倚的。在这种情况下，我们每个人都受到根深蒂固的内在偏见的支配，我们的推测不知不觉中受到偏见的影响。既然我们有充分的理由怀疑别人，我们对自己思考结果的态度就只能是一种冷静的仁慈。然而，我要赶紧补充一点，这样的自我批评远不是让人们对不同意见采取任何特别宽容的态度。断然否定那些从一开始就与对所观察事实的分析相悖的理论，同时又意识到自己的理论的有效性只是暂时的，这样的做法是完全合理的。

在判断我们对生本能和死本能的推测时，我们不必感到非常不安，因为其中有许多令人困惑和模糊的过程，例如一种本能被另一种本能驱逐，或者一种本能从自我转向对象，等等。这不过是由于我们必须用科学的术语，即用心理学（更确切地说，是深度心理学）所特有的比喻性语言来加以研究罢了。否则，我们根本无法描述这些过程，事实上，我们也不可能认识到这些过程。如果我们已经能够用生理学或化学术语取代心理学术语，那么我们描述中的缺陷很可能就会消失。诚然，生理学或化学术语也只是比喻性语言的一部分，但是一种我们早已熟悉的语言，也许也是一种更简洁的语言。

另一方面，应当十分清楚地指出，由于必须借鉴生物学来说明问题，我们的推测观点的不确定性大大增加。生物学的确是一片充满无限可能性的领域。我们期望它能给我们提供惊人的信息，但我们无法猜测几十年后它会对我们提出的问题给出什么答案。它们可能会颠覆我们所有人为的假设结构。如果是这样，人们也许会问，为什么我要走上像现在这样的思想路线，特别是为什么我还决定把它公之于众。是的，我不能否认，在这种思想路线中所包含的一些类比、相关和联系在我看来是值得思考的。❶

7

如果寻求恢复事物的早期状态确实是本能的普遍特征，那么我们就不必感到惊讶，在精神生活中有许多过程是不依赖于快乐原则的。一切本能的组成部分都具有这样的普遍特征，对它们来说，目的就是再次回到发展过程中

---

❶ 在此我要补充几句话，来澄清我们的一些用语。在这本著作的叙述过程中，这些用语已经有了一些变化。我们一开始是从性本能与性的关系以及与生殖功能的关系来认识"性本能"的性质的。由于精神分析理论的某些发现，我们不得不使性本能与生殖功能之间的密切联系有所削弱，但我仍然保留了性本能这个名称。由于提出了自恋性力比多的假说，由于将力比多概念引申到解释个体细胞，我们就把性本能转变成了爱的本能（Eros），这种爱的本能旨在将生物体的各部分趋向一体，并且结合起来。我们把人们通常称作性本能的东西看作爱的本能的组成部分，而这一部分的目标是指向对象的。我们的看法是，爱的本能从生命一产生时便开始起作用了。它作为一种"生本能"来对抗"死本能"，而后者是随着无机物质开始获得生命而产生的。这些看法是想通过假定这两种本能一开始就相互斗争来解开生命之谜。（以下的内容是1921年增加的）也许要理解"自我的本能"这一概念所经历的转变过程并不太容易，起初，我们用这个名称表示所有与以对象为目标的性本能相区别的本能的倾向（关于这类本能的倾向，我们当时还没有更深的了解），而且我们把自我的本能与以力比多为表现形式的性本能对立起来。之后，我们对自我做了进一步的深入分析，从而认识到"自我本能"的一部分也具有力比多的特性，并且它以主体本身的自我为对象，因此这些自恋性的自我保存本能也应被包括在力比多的性本能范围内。这样一来，自我本能和性本能之间的对立转变成自我本能和对象本能之间的对立。这两种本能都具有力比多的性质。然而又出现了一种新的对立，它取代了原来的对立，这便是力比多（自我和对象）本能和其他一些本能之间的对立，据推测，后一种本能是存在于自我之中的，实际上或许可以从破坏性本能中被观察到。我们的推测已经将这种对立转变成生本能和死本能之间的对立。

的某一特定阶段。这些都是快乐原则所不能控制的，但这并不意味着它们中的任何一个必然是与快乐原则相对立的，我们仍然必须解决重复的本能过程与快乐原则的支配地位之间的关系问题。

我们已经发现，心理装置最早期和最重要的功能之一，是把冲击着它的本能冲动结合起来，用继发性过程取代占主导地位的原发性过程，把它们自由流动的能量贯注转化为大体上静止的能量状态。当这种转化发生时，我们很难注意到不快乐的发展。但这并不意味着快乐原则的中止。相反，这种转变是代表快乐原则而发生的，对本能冲动的结合是引入并保证快乐原则支配地位的预备行为。

让我们对功能和倾向做一个比以往更明确的区分。根据这种区分，快乐原则是一种为某种功能服务的倾向，这种功能的任务是使心理装置完全摆脱兴奋，或使它的兴奋程度保持不变，或使其尽可能保持在最低水平。但我们还不能肯定地赞成这些方式中的哪一种。很明显，所描述的这种功能与所有生物体最普遍的努力有关，即回到无机世界的平静状态。我们都体验过，我们所能获得的最大的快乐，即性行为的快乐，是与高度强烈的兴奋状态瞬间消失有关的。这种本能冲动的结合是一种预备性功能，目的是使兴奋做好准备，最终在释放的快感中被消除。

由此产生了一个问题：从结合的兴奋过程和未结合的兴奋过程中，是否同样都能产生快乐和不快乐的感觉？毫无疑问，游离的或原发的兴奋过程在两个方向上都比结合的或继发的兴奋过程能产生更强烈的感觉。此外，原发过程在时间上更早，在心理生活的开始阶段，我们可以推断，如果不是快乐原则在其中起作用的话，它就永远不可能在后来的过程中得以确立。这样，我们就得到了一个并不简单的结论，即在心理生活的开始阶段，寻求快乐的斗争比后来激烈得多，但也不是那么无拘无束。这种斗争不得不经常受到干扰。在后来的阶段中，快乐原则的支配地位更加稳固，但它本身同其他本能一样，也未能逃脱被驯服的过程。总之，无论是什么原因在兴奋过程中引起快乐和不快乐的感觉的出现，都必须出现在继发性过程中，就像在初级过程中一样。

这可能是新的研究的起点。我们的意识不仅从内部向我们传达快乐和不快乐的感觉，而且还传达了一种特殊的张力，这种张力反过来也可以是快乐的或不快乐的。这些感受之间的差异是否能使我们区分能量结合的和未结合的过程呢？或者，张力的感觉是否与能量贯注的绝对量有关，或者可能与水平有关，而快乐和不快乐的系列感受则表明在给定的单位时间内，能量贯注的量级发生了变化？❶ 另一个引人注目的事实是，生本能与我们的内在感知有非常密切的联系，生本能作为和平的破坏者出现，不断产生张力，其释放被视为快乐；而死本能似乎是在悄悄地发挥作用。快乐原则似乎实际上是为死本能服务的。的确，它监视着外界的刺激，而外界的刺激被两种本能视为危险。快乐原则尤其提防着来自内部的刺激的增加，因为那将使生存任务更加困难。这反过来又提出了许多我们可以关注的其他问题。对于这些问题，我们目前找不到答案。我们必须耐心等待新的研究方法和机会到来。我们也必须做好准备，放弃我们已经走了一段时间的道路，如果它看起来无法使我们获得好的结果的话。只有那些坚称科学应该取代他们已经放弃的教义的信徒，才会责备一个研究者发展甚至改变自己的观点。对于科学知识的缓慢进步，我们或许可以用诗人的话来寻得安慰：

不能飞行达之，则应跛行至之。

圣书早已言明：跛行并非罪孽。❷

---

❶ 这些问题已经在 Freud 的《计划》中提到，在第 1 部分第 8 节和第 3 部分第 1 节。

❷ "飞行不能到达的地方，我们必须一瘸一拐地到达……圣经告诉我们，一瘸一拐并不是罪。"这两行诗引自 Hariri 所著《马卡梅韵文故事》（Maqâmât）中的一首名为《双盾》（Die beiden Guldon）的诗的最后两行。Freud 在给 Fliess 的信（1895 年 10 月 20 日）中，曾经也引用过这两行诗。

第二部分

对《超越快乐原则》的讨论

彼岸与超越：教授弗洛伊德后期的作品

W. 克雷格·汤姆林森（W. Craig Tomlinson）❶

本文的标题阐述了我教授《超越快乐原则》（1920g）的经验，我的教学不是孤立的，而是将其放置在背景中，特别是将其作为了解 Freud 在其之后所有著作的入口。采用这种方法有几个原因。

首先，在 Freud 的所有著作中，这部具有分水岭意义的著作的地位在精神分析文学的经典著作中名列前茅。正如《自我与本我》（1923b）和《文明及其缺憾》（1930a），如果没有 Freud 在《超越快乐原则》中介绍的第二个本能二元论为基础，它们的出现将是不可想象的。同样，任何学习精神分析的学生，如果没有读过这些后期作品，就会对早期著作的众多缺陷予以糟糕的评价。事实上，最早由 Freud 在 20 世纪 20 年代描绘，后来由其他人继续阐述的《超越快乐原则》，具有丰碑式的意义。

第二，《超越快乐原则》不仅对 Freud 作为思想家的个人发展至关重要，对 Freud 时期新兴起的精神分析学界也同样重要。因此，教授它需要远比一般情况更强调这篇文章的来龙去脉。我们是从特定的历史有利位置来研究所有精神分析的经典著作的，我们带着从过去到现在的辩论、争议和忠告组成的偏见。最近的 Freud 学说让我们更加意识到早期精神分析界的社会、临床和科学背景在 Freud 理论发展中的重要性（Grosskurth, 1991; Jacobi, 1983; Makari, 2008; Roazen, 1975），尤其是在其后的几十年中更是如

---

❶ W. Craig Tomlinson 是哥伦比亚大学精神病学临床助理教授以及精神分析培训与研究中心教员。他曾撰写关于 20 世纪美国精神分析史和 18 世纪德国心理学发展的著作，也翻译过德国关于精神分析、艺术和音乐的著作。

此。Freud 作为一个自我进化和隔绝的思想家的片面形象已经得到了认真且非常必要的修正。我们要全面欣赏他的成就就需要了解他的著作被撰写的背景。

第三，《超越快乐原则》已被证明是精神分析的不同社会和思想历史上的一个重要分叉点。也许再没有其他的著作曾经如此影响了国际精神分析学界的紧张组织关系——这种紧张关系在其发表的时候就已经很明显了，而且持续了近一个世纪，因为它有可能凸显了欧洲、北美和南美主流精神分析学家之间的差异。许多精神分析的社会历史都可以追溯到在这篇文章写完之后的几十年里，不同的分析师是如何接受、辩论和争执这篇文章中观点的。国际精神分析领域的许多分歧——自我心理学家与克莱因学派之间、宗教激进主义者与改革者之间、欧洲与美洲之间——的重要根源都在这本书中。可以毫不夸张地说，不同精神分析方法对精神分析的丰富和多样的贡献都可以追溯到《超越快乐原则》。

最后，这一点与 Freud 和精神分析的历史无关，但与我个人相关，由于命运和日程安排的巧合让我以教师的身份花费了大量时间来教授所有 Freud 在此著作之后的作品。因此，我的教学在字面上完全超越了《超越快乐原则》。对 Freud 后期思想的教学工作会把重点自然地放在对两大领域的详细探讨上，而 Freud 的第二个本能二元论（如《超越快乐原则》中所阐述的）在这两个领域中都是至关重要的：第一，Freud 的结构理论的演变和发展，其内涵和外延；第二，Freud 将他的理论推广到更广阔的社会理论和文化背景中，这源自他在《群体心理学与自我的分析》（*Group Psychology and the Analysis of the Ego*）中对群体过程和认同的思考，以及他后来在《文明及其缺憾》和《一个幻觉的未来》（*The Future of an Illusion*）（1927c）中对社会结构的推测。对于前面两项来说，《超越快乐原则》一直是其默默存在的、关键的背景文本，人们不断地返回到该文本。此外还有第三项任务，那就是介绍 Freud 在《抑制、症状和焦虑》（1926d）中对驱力和情感之间关系的高度试探性、碎片化但具有开创性的重新定位——这一文本的重要性在精神分析课程中经常被低估，部分由于其难度和粗糙性，但这篇文章继承了 1920 年的文章中相当多的精神分析思想，而且看起来好像有所超越。

听众是谁？

对任何教师来说，一个关键但往往被低估的职责是评估他的听众，并相应地调整他的方法。碰巧的是，我大部分时间都在美国一所大学附属的精神分析研究所教授执业精神科医生和临床心理学家。因此，这些学生的背景总体上更倾向于临床而不是学术或理论研究，虽然也不全是如此。（我非常清楚先前的背景如何影响到我的课堂方法——例如，当文学教授、历史学家或科学家来访时，我就会意识到可以从很多角度来看待这些后来的著作。）我并不总能预测怎么调整最有帮助。例如，有人可能认为这些学生最欢迎穿插临床例子并讨论《超越快乐原则》丰富多样的临床来龙去脉。然而，我发现这个群体经常喜欢听到他们不太熟悉的非临床方法，包括对 Freud 文本的文学或哲学解读。此外，当用临床术语交谈时（有时尤其如此），他们渴望整合那些他们已经充分接触到但仍难以在日常实践中应用的理论。相反，我可能更倾向于向本科生或学院派的学者强调 Freud 工作的临床意义而不是仅在他们最熟悉的理论领域与他们接触，否则他们可能会错过临床工作的重要背景。例如，强迫性重复作为《超越快乐原则》中的核心问题，对于那些没有经历过这种情绪强度的人来说，就失去了本质上的共鸣。这种情绪强度是试图帮助那些遭受经常性噩梦、生动的闪回、清醒的白日梦和创伤后应激的自主神经功能亢进的人——或者，就这一点而言，需要足够耐心才可以修通那些有特别突出的强迫性性格问题的人的记忆和无尽重复。同样，如果没有对潜意识的直接临床工作和个人体验作为背景，就难以体验到《超越快乐原则》的另一个中心主题——强大的先天破坏性驱力的概念——的强度。

当然，人们试图通过举例和明晰的故事来向学生传达精神分析情境的直接强度。然而与之相反，其中一个临床问题——创伤后压力——恰好是当今临床医生受到无数理论、治疗范式和观点轰炸的领域。我们在此最希望帮助学生的事情之一，可能就是将 Freud 关于创伤和重复的新修正的理论与临床经验结合。通常情况下，理论负担过重导致学生们以一种并联电路的方式来持有不同的甚至是互相矛盾的理论和治疗范式，在他们觉得被临床状况、同行共识、智力、经济或其他考量撕扯的时候，就放弃一种而选择另一种。如果能帮助学生将一些相互竞争的范式整合到一个精神分析模型中，就有助于克服心理健康培训中实际存在的对精神分析强有力的阻抗。

在这个地方呈现简短的临床小片段是很有帮助的，还能提供一个现成的机会来呈现同时从 Freud 的本能二元论及其他角度（例如客体关系、情感理论或自体心理学的角度）思考的一些挑战。例如，我可能会呈现一位女性病人的信息，她的症状有：性方面的见诸行动、与男性一系列不稳定关系、酗酒和情绪调节不良。通过概述她早期创伤的背景历史（包括父母关系不好、父亲缺位、青少年时期遭受性虐待），我们可以从多种角度探索当前的行为和客体关系：地形学的（早期的潜意识记忆被重现了吗？）、驱力理论的（攻击性和力比多驱力的失整合，强迫性重复？）、情感理论的（什么信号情感触发了这些行为？），重新活现了不稳定的原始部分自体和客体关系，或未能整合稳定的自体表征和身份认同。使用这种方式，《超越快乐原则》也可以作为解决当前日常临床问题的一个入口：我们如何在临床环境中同时面对多种备选理论？

之后要考虑进一步的实践性问题，这些可能听起来更为平淡：不仅要确定学生的背景和取向，而且还要确定他们的学习状态。作为教师我发现学生的阅读能力随着他们当前的生活状况大有不同——这一事实可能看起来很平淡无奇，但在课堂教学中起到的作用非凡。历史或哲学专业的研究生每周的阅读时间可能是临床医生的八到十倍。虽然我可能希望在学生大量阅读相关文献的情况下来做教学工作，但这种奢望并不总是能实现：年轻医生在其职业早期阶段，往往还要支撑他们自己建立不久的家庭以及参加实际上很昂贵的夜校以获得专业培训和教育，他们从一开始就做出了巨大的牺牲，特别是在这个精神分析根本不是一种可靠的谋生手段的世界里。我的学生们生活中的外部限制也使我们不大可能要求他们更加积极地参与，比如除了每周完成阅读任务之外，还要提交简短的主题研讨会论文——我本人出于教学的原因非常喜欢这样做。作为一名教师还有一项更大的义务：我不只是授课、强调相关的评论和争议、从文献中总结出复杂的论点，同时还以此吸引学生直接参与其中，希望能激励学生自主阅读更多。更重要的是激励一个终身学习的学生，而不是充满痛苦地进行填鸭式文献教学。

另一个挑战是传授这些内容给正在执业、做个人体验并学习精神分析技术的临床工作者：我们如何从临床精神分析演变至今的过程中来理解 Freud 后期著作的含义？多年来，精神分析学家在强迫性重复和死亡驱力等诸如此类概念的临床含义和应用上有何不同观点？作为美国主流精神分析研究所的教师，我以怀疑的态度看待 Freud 在这项工作中的系统发生学历程。从科学的角度来看，诸如"所有的生命都在争取死亡"这样的推测充满了 19 世纪的哲学光环，是孕育它们的那个时代的产物。我们必须提醒自己，当 Freud 在这项工作中做出他伟大的猜想时，离 DNA 的发现还有几十年的时间。富有成效的现代进化生物学和遗传学领域对上述这些推测几乎不屑一顾，因为它们使用另外的知识和实际的工具进行工作。

死本能之争

当然，本文的中心问题涉及对死本能概念的争议。和今天的大多数美国分析家一样，我认为 Freud 在这里的探索是一个非常早期的尝试，试图解决攻击性的问题，而这些问题后来才被诸如 Hartmann、C. Brenner 和 Kernberg 等理论家继续发展。Brenner 特有的简洁总结对于聚焦这个辩论很有用（C. Brenner，1982）。Brenner 指出：①Freud 最初的观点是，攻击性超越了快乐原则，只有当与（性欲的）力比多融合并指向外部时攻击性才导致快乐；②自 Hartmann 及其同事以来，攻击性与快乐/不快乐的关系和力比多（与快乐/不快乐的关系）是一样的，因此释放攻击性导致快乐，而缺乏释放和积累攻击性导致不快乐；③因此没有必要假设存在强迫性重复或死亡驱力（C. Brenner，1982）[30-31]。但是作为教师我们还希望传达针对这个主题的不同观点，并认识到欧洲、南美和世界其他地区的不同理论家对这个工作接受度也有不同。此外，教师们必须传达由过去和现代几代克莱因学派分析家进行的临床和理论工作的重要传统，他们受 Freud 的死亡驱力概念启发，在精神分析工作中认真探讨攻击性和原始攻击性，并扩展了我们对其表现的临床理解。美国精神分析专业的学生通常可以通过 Kernberg 的著作来了解这一传统。很高兴看到，他们既看到 Freud 早期将攻击性纳入精神分析理论时的挣扎，也看到 Kernberg 半个多世纪后的成就，并把二者联系起来。这就让他们可能把自我心理学和克莱因学派关于攻击性的概念整合到精神分析对边缘、自恋心理病理和原始防御的理解中。

尽管 Freud 在《超越快乐原则》的第 5 章中尝试解释强迫性重复给人的"印象"好像只是一些恶魔力量，但他在第 3 章中抱怨说如果把正常人的强迫性重复都称为"恶魔力量"的话，这就是个错误的概念了（掩盖了那些被童年经验预先安排好的东西）。他的这种抱怨很可能在某种程度上被忽视了——在其关于死本能的形而上学的探索中以及此作品的后续演变中。我用这个例子来说明当 Freud 承认他在这部著作中的观点是临时的，不完全是由研究得出的，是为了引起争议而不是已经解决了争议时，学生们应该认真对待他的态度。重要的是要强调 Freud 在这部著作中自己承认的探索的试探性（这点在第 6 章中最清楚）。和所有伟大的艺术著作一样，在阅读和教授一部公认的经典著作时，很容易忘记 1920 年它被它的作者理解为初步的和试验性的著作：这是 Freud 在 20 世纪前十年对性概念的阐述和在第二个十年对自恋地位的假说之后的"第三步"的开端。

正如从这个讨论中得出的，我发现即使是对初学 Freud 的学生来说，从历史的观点教授 Freud 的思想也是绝对必要的。所谓历史，我指的不仅仅是在历史背景中理解 Freud，或者在科学和精神分析发展了 90 年之后如何评价这篇文章，而且包括特殊的历史重要性——从内部看是 Freud 自己的生命周期历程，从外部看则是他自身的精神分析运动在蓬勃发展的过程中，这个运动既具有创造性，但又一直处于动荡不安中。用编年史思维和历史参考框架进行教学不仅有助于避免把 Freud 当作精神分析的福音来传授，而且符合一种更广泛的智性和历史学原则，有助于向学生们说明，经典著作不过是由创作它们的特定时代所塑造和形成的。我们也是从我们自身特有的历史优势来理解它们。否则我们就无法真正读懂它。

在《超越快乐原则》中，还有一个附加的历史诱感：正如 Makari（2008）引人注目地详细描述的那样，这个作品的社会历史代表了精神分析的社会史和组织史上的一个关键时刻。这篇文章被证明其重要的根源源于二十世纪初 Adler、Stekel 和 Spielrein 等人的评论，这些评论聚焦攻击性，Freud 不同程度地认可这些评论并将它们纳入其文章中。Eros（爱欲本能）与死亡驱力的对立有直接的精神分析来源：早在 1911 年，Withelm Stekel 和 Withelm Reik 在维也纳精神分析学会上的发言（Nunberg et al.，1962—1975）；以及 Spielrein 甚至更早构思并最终发表于 1912 年的论文（Makari，2008）。有趣的是要提醒学生们，Freud 从未在出版物中使用过我们现在熟悉的精神分析术语 Thanatos（死本能），尽管他的前辈们在维也纳精神分析学会中使用过这个术语。Freud 明显地将死亡驱力视为"没有名字的驱力"（Land，1991）。这些来源是《超越快乐原则》一文产生的更重要的来源，比 Freud 在《自我和本我》中引用 Groddeck 和 Nietzsche 的术语"das Es"（本我）更为重要，虽然后者更常被人们提起。它们之所以如此重要，是因为在《超越快乐原则》发表的十多年前，它们记录了在 Freud 的内心激发的对攻击性在本能理论中的重要性的活跃讨论。但这种讨论后来被主动抹除了，维也纳精神分析学会的会议纪要（Nunberg et al.，1962—1975）中记载了这一点。在这篇文章中，我们也可以见到那个年代对精神分析思想演变的英雄式神话的编撰，包括《标准版》*的出现也是如此，这也成为《超越快乐原则》后续演变的核心的一部分。这个神话被用来巩固精神分析组织的理论和制度化的力量。这个精神分析时代具有正统观念，不允许异议，它的影响在很大程度上延续至今，很多精神分析研究所的受训者在思维、临床和个人的多个面向都感受到压力。我尝试尽可能多地在教学同时传递这段社会历史，因为这样做让文本变得更生动、更令人兴奋、更具有即时性和启发性。著作并不全是（甚至可能经常不是）在书房里孤立地被创造出来的，环境对《超越快乐原则》一文的出现产生很大的影响。我在这里想起来（我以前曾使用过这个类比）：当我们读 Homer 的作品时，很重要的是要知道学者们已经从他的作品内找到证据再现了一个事实，即这些故事都是一个久远的、非书面的传统口述诗歌的产物，这个诗歌具有多种公式化的措辞指令，这样可以部分用来巩固故事讲述者的记忆。它并不是在维多利亚时代对一些古希腊版本的研究中被安静地创作出来的。

---

* 指《标准版西格蒙德·弗洛伊德心理学著作全集》。——译者注。

与翻译相关的问题

我也许与美国的学院传统相反,有时也有可能会有被指责在教学中把基本概念弄得太过复杂的风险,但我发现一些我称之为"时代文化"的关于翻译问题的讨论,对理解 Freud 的文本,特别是他后期的著作是有用的,甚至是至关重要的。《标准版》的语言在讲英语的精神分析师中已经获得了权威,并且已经在他们的口语传统中固着下来,以至于如果完全以临床实践为目的的话,学生们甚至意识不到他们读的是翻译版。因此,就这一话题进行反思本身就是教育上的当务之急,其重要性不亚于在宗教入门课中提醒学生《圣经》最初实际上并不是用伊丽莎白时代的英语写成的。

但在 Freud 的后期著作中,翻译 Freud 的术语也面临着更具体的挑战:《超越快乐原则》中的第一个和最明显的例子是把 *Trieb* 翻译成 instinct(本能),这在我看来是《标准版》中更彻底,或许也是最严重的错误之一。其实不仅是 drive(驱力)这个词在字面上更正确、更容易理解,而且早在 Freud 时代之前,术语 *Trieb* 和 *Instinkt* 已经在德语中存在,并被很清晰地区分开使用。因此,选择错误的术语在这里具有双重误导性。我在其他地方讨论过,这个错误的第二个后果是切断了重要背景语境,这个背景语境至少可以追溯到 18 世纪的文学和哲学讨论的整个鲜活传统(Tomlinson,1992)。当然,在教授《性学三论》(1905d)时,drive 的错误译法与这里的情况类似,而这一事实也提供机会让我们对 Freud 两种本能理论的讨论更活跃。它为我们打开了一扇窗,让我们得以了解美国精神分析史上的 Freud 第一个和第二个本能二元论的后续发展,其中包括对 drive(驱力)概念的元心理学的具体化(有人可能会说是神圣化),同时还赋予 instinct(本能)理论全面的优势,超过了动机中的情感,超过了客体关系以及战后精神分析中的自体理论,同时更新对 *Trieb* 的译法,例如在 Hartmann 的时代,将 Freud 的此术语改为更烦琐的 instinctual drive(本能驱力)。

我也试图让学生们意识到 Freud 后期著作中其他一些翻译问题,它们有些很微妙，有些则不然。当然，由 id、ego 和 superego［对应于 *Es*（本我）、*Ich*（自我）和 *Überich*（超我）］产生的众多问题现在已经众所周知，但由于这些术语已经是美国精神分析学院口头教学传统的重要组成部分，并且几乎仍然是普遍使用的，因此老师们需要做一个更微妙的工作，邀请学生们在试图理解 Freud 的结构理论时，重新考虑这些术语最原始的、日常的用法。《群体心理学和自我分析》中当然也遇到了同样的挑战，还有一个问题是在英语版本中将德文 *Masse* 错误地翻译为 group（群体）而产生的。该术语的翻译不仅低估了人群的规模，也忽视了原词语内含的贬义。它难以避免地使今天的学生和临床工作者联想到他们在当代团体心理治疗中的一些经验，而它们本来是并不相干的事情。更微妙的翻译问题通常可以用来帮助学生掌握困难的概念：如果把所有 *Verdrängung*、*Urverdrängung* 和 *Nachverdrängung* 翻译成 repression（压抑）、primal repression（原初压抑）和 after-pressure（压力后），则会忽略它们之间的简单的共同起源*［显然，除此之外，还有一个把 *Verdrängung* 翻译为 repression（压抑），把 *Abwehr* 翻译为 defence（防御）所产生的众所周知的问题］。

其中有多少是很重要的？我认为有很多。我希望我能有更多的时间离题，谈谈在 Herder 和 Goethe 时代的德国知识分子苦苦追寻的 *Urphänomene*（原始现象），这是 Freud 创造的 *Urverdrängung*（原初压抑）这一术语在诗歌和知识上很重要的参考。但这种区别在实践中是有好处的。《标准版》中 Freud 在《抑制、症状和焦虑》中对"症状"的严格定义是"一个仍处于悬而未决中的本能满足的标记或替代"，这个定义的笨拙性，使整个过程变得神秘莫测；而原来的、非常简单的表述 *unterbliebene Triebbefriedigung*（未发生的本能满足）却并非如此（德语中形容词 *unterbliebene* 有更简单的意思，即"未发生"，当然还有其他细微差别）。我发现，解释差异有时能帮助学生掌握关键的概念。（为了调节气氛，我偶尔会在此引用滚石乐队的歌曲，暗示人们可能更容易把症状记忆为在驱力"无法得到满足"时产生的东西。）

显然，这些仅仅是人们可以在 Freud 的后期著作中讨论的翻译和概念定

---

* 词汇的起源。——译者注。

义的一小部分，还有更多的问题存在，但是我确实发现提到另外一个额外的词很有必要：*Jenseits*（本文标题中的第一个词），翻译成英语正确的表达可能是 the other side（彼岸）——或者就此而言，甚至可以翻译成 the far side（远方）。Freud 的标题引用了德国传统哲学和神学的一个典故，即 *diesseits* 和 *jenseits* 分别代表 this-worldly（此世界）和 other-worldly（彼世界），后者直接暗示了宗教的来世（afterlife）。因此，这个词不仅充斥着宗教典故，而且也充斥着 Novalis、Hölderlin 甚至 Goethe（Freud 的伟大英雄之一）时代的德国浪漫主义。这些联想并不像它们听起来那么牵强，因为任何受过教育的德国读者在看到 Freud 这篇文章的标题时，都马上会引发这些联想，但对那些只知道 beyond 这种更平常的英语类同词的学生来说却是非常陌生的（这些学生也不熟悉 19 世纪德国思想和文化传统的巨大影响和力量）。Freud 是不是意图在这里含蓄地抨击宗教？还是非常微妙地承认元心理学和关于本能的精神分析理论有可能被神话学的阴影笼罩，就像他在别处所承认的那样？对我来说，学生们至少应该得到邀请和获得工具来自己思考这些问题。

结束时的几点思考

在 Freud 的《超越快乐原则》中，有许多重要的科学问题需要解决。比如在当代神经科学的背景下，第 4 章可能比死本能的概念更成问题。例如，Freud 认为大脑的坚韧保护层硬脑膜具有重要的心理功能，对此我们该怎么办呢？除了在隐喻层面之外，这种说法是荒谬的——但是，为什么不用颅骨甚至浓密的头发做比喻？以及为什么 Freud 突然需要这种字面主义来处理我们长久以来的不安：我们的主体心灵世界内部及其连接之间、主观心理体验及其所包含的各种心理表征与主观体验不可避免地依赖于物理世界（包括身体、大脑、神经元、突触和神经传递化学物质）之间的不安？类似地，Freud 在第 5 章开头提出的主张"接受刺激的皮层对来自内部的刺激没有任何保护屏障，这一事实必然导致这些内部刺激的传送具有某种实际的优势，并且这类传送会经常导致类似于创伤性神经症的实际紊乱"听起来像神经科学,但并不适合 21 世纪。事实上,人们甚至会怀疑它是否是一致的隐喻。如果不是"来自内部的投射",那么什么是潜意识过程和防御?Freud 的意思是不是将潜意识明确定位在大脑皮质中(现代读者可能会问:"那边缘系统呢?")?这是否意味着 Freud 这位至少在 19 世纪末杰出而具有先进的神经科学背景的人士,在这里强烈地转向隐喻?我相信如果不邀请学生们在阅读《超越快乐原则》同时努力解决这些问题,就会强化他们学习精神分析的某种倾向,以致其更像是神话甚至神学,而不是心理科学。

同样,在 21 世纪进化生物学的背景下,如何教授 Freud 关于原生动物的冗长论证?这些论据曾被引入从"进化生物学"到"'死亡驱力'和'生命驱力'的必要性"的推理。21 世纪生物学中关于 DNA 和遗传的重大发现发生在 1920 年之后几十年,虽然 Freud 的一些推测对我们来说并不比 Ptolemaic 的宇宙理论更流行,但当 Freud 推测生命中什么是必死的(躯体)和什么是不朽的(从现代的角度来看,DNA)时,我们可以欣赏到隐喻与伟大进化的惊人结合。用"自恋"来形容生殖细胞或恶性肿瘤细胞是多么伟大的比喻啊!因为它们像一个自恋的人一样"在自我中保留了他的力比多,丝毫不让力比多在对象性贯注中消耗"。人们不需要接受 Freud 此处的推测细节在 21 世纪是科学的;无论是它们的内容、它们对于构成生物证据的假设,还是它们的结论,都让人惊叹于 Freud 对人类状况的思考范围,因为他自觉地进入了 Schopenhaver、Plato 和 Upanishads 曾经涉足的哲学领域。如果学生们能够在不放弃理性和科学证据原则的情况下分享这种推测的奇妙之处,他们就会拥有一种获益终身的智力成就。

弗洛伊德元心理学中的生命与死亡：
重新评价第二个本能二元论❶

法蒂玛·卡罗普雷索（Fátima Caropreso）❷
理查德·泰森·斯曼克（Richard Theisen Simanke）❸

在《超越快乐原则》一书中，Freud（1920g）提出了他的第二个本能二元论假说。在此之前，他一直主张自我保存和性本能的二元论。这种二元论受到了挑战，尤其是在他明确提出了自恋的概念之后。1920年的这篇著作中，性本能和自我保存本能一劳永逸地成为同一种本能——生本能的一部

---

❶ 原稿由 Arthur Brakel 译为英文。

❷ Fátima Caropreso 是巴西茹伊斯迪福拉联邦大学历史和心理学哲学教授。她也是这所大学心理学研究生项目的教授和硕士生导师。她的主要著作包括《元心理学的诞生：弗洛伊德早期作品中的表征与意识》（O nascimento da metapsicologia：Representação e consciência na obra inicial de Freud）（2008）、《弗洛伊德与心理的本质》（Freud e a natureza do psíquico）（2010）、《在身体与意识之间：弗洛伊德元心理学论文集》（Entre o corpo e a consciência：Enaios de interpretação da metapsicologia freudiana）（2011，与 Richard Theisen Simanke 合著），以及许多关于精神分析的认识论的文章。

❸ Richard Theisen Simanke 是巴西圣卡洛斯联邦大学的教授。他自1997年起成为该大学哲学研究生项目的教授和导师，自2009年起成为该大学心理学研究生研究计划的教授和导师。他的主要出版物包括书籍：《弗洛伊德精神病理论的发展》（A formação da teoria freudiana das Psicoses）（1994，2009）、《拉康元心理学：早期阶段》（Metapsicologia lacaniana：Os anos de formação）（2002）、《弗洛伊德元心理学开始时的心灵、脑和意识》（Mente, cérebro e consciência nos primórdios da metapsicologia freudiana）（2007）、《身体和意识之间：弗洛伊德元心理学论文集》（Entre o corpo e a consciência：Ensaios de interpretação da metapsicologia freudiana）（2011，与 Fatima Caropreso 合作）、《科学、理论和隐喻：精神分析哲学研究》（Ciência teoria e metáfora：Estudos em filosofia da psicanálise）（即将出版），以及其他许多在巴西和其它国家发表的文章。他还是下面这些书的共同编辑：《巴西哲学中的弗洛伊德》（Freud na filosofia brasileira）（2005）、《精神分析的视角》（Perspectivas em Psicanálise）（2009）和《精神分析哲学：作者、对话、问题》（Filosofia da psicanálise：Autores, diálogos, problemas）（2010）。

分。Freud 建立了另一种对立——生本能和死本能的对立。

Ernest Jones（1957）坚持认为，尽管 Freud 在精神分析学家中享有巨大声望，但很少有人准备接受《超越快乐原则》中提出的新论点。事实上，死本能的概念在精神分析学家中引发了许多争论。Monzani（1989）[147] 观察到：" （人们）对这篇论文的反应是不同的，然而大多数人有一个共同点：一种'理论上的颤抖'、不安和直白的拒绝。"不仅 Fenichel、Reich、Brun 等人，甚至 Ernest Jones 也是那些宣称自己明确反对死本能概念的人中的一员。这些精神分析学家对这一概念的反应表明了他们把这看作 Freud 著作中全新的东西。它似乎与 Freud 理论的其余部分并不一致。事实上，它看起来既不合理，也没有必要。正如 Monzani（1989）所说，这可能是一个失误，是 Freud 的个人特质或一种哲学观、形而上学的倾向，与精神分析的本质无关。从更近代作者们的文献中也能发现类似的立场。

Laplanche（1970）坚持认为，死本能是 Freud 著作中最引人注目的观点之一，它是弗洛伊德学派思想的基础。对于 Laplanche 来说，这是一个全新的、从 Freud 的早期工作中没法预见的发展，这个发展超越了 Freud 1915 年的元心理学考虑及其即将施行改革的系统。Laplanche 还说 Freud 提出的死本能概念偏离了他研究自恋时的概念，因为死本能概念的提出不是为了强化自恋这个概念，而是为了削弱它。

我们本文的目的是提出 Freud 在《超越快乐原则》中发展出的争议，特别是关于生本能与死本能概念的争议。随后我们将探讨在之后的元心理学文本中发展起来的一些观点。我们认为，如果我们记得 Freud 的元心理学理论的发展始于他的《科学心理学计划》（*Project for a Scientific Psychology*）（Freud，1950 [1895]），考虑到 Freud 到那时为止的工作，则死本能不是一个新的和超出理论之外的想法，而似乎是以这样或那样的方式明确了他之前的所有理论工作中隐含的东西。换句话说，死本能就像它从一开始就被呈现出来的那样，是一个满足精神分析元心理学的内在需求的概念。Sulloway 是认识到这种联系的少数作者之一，他将其与 Freud 在心理学论文中提出的生物基础联系起来。Sulloway（1979）[395] 说：Freud 的"死本能理论在其自己的心理生物学术语体系中有完全合理的理性逻辑"。实际上，Eros（爱欲本能）或生本能的概念很少受到激烈的反对，也没有像死本能那样备受评论家的关注。

然而，当我们仔细考虑始于1920年的理论化时，认为生本能是与死本能对立的假设看起来不是那么容易与Freud在此时发展起来的思想保持和谐。而这也说明生本能在Freud的心理学中可能并没有一个很确定的位置。换句话说，当人们思考《超越快乐原则》和其他元心理学著作中提出的主题时，很难避免这样的印象：对于Freud来说，死亡的倾向潜伏在所有重要生命现象的背后，包括那些看起来在努力保存生命的现象背后。鉴于死本能和精神分析思想的基础之间出现的这种联系，正如Freud所设想的那样，人们没办法在拒绝这一概念的同时保留Freud的部分思想框架。再换句话说，我们不要第一反应就拒绝承认死本能概念是Freud框架的本质，以后讨论到这一问题时也要保持这种态度（Yorke，1986）。

死本能

在《超越快乐原则》一书中，Freud（1920g）构想了一个假设，即人的心理装置中可能存在一种功能，该功能将优先于受快乐原则控制的功能存在。这个功能就是"强迫性重复"，它用来把任何刺激与人的心理装置联系起来，随后它才允许快乐原则占主导地位。Freud在认真思考强迫性重复和本能活动之间的关系时偶然发现了死本能的概念。他的结论是，强迫性重复必须是所有本能中最重要的要素：

因此，似乎可以说，本能是有机体生命中固有的一种恢复事物早先状态的冲动，而这些状态是生物体在外界干扰力量的逼迫下被迫放弃的东西。也就是说，本能是有机体的一种弹性表现，或者换句话说，是有机体生命固有的惰性表现。（Freud，1920g）[36]

在此情况下，Freud似乎从他早期的观点扩展了他的本能概念。在此之前，本能一直被认为是内源性刺激在心理上的表达或内源性刺激本身（这种刺激本身在某种程度上在心灵中找到了其表达）。在他 1915 年至 1917 年间发表的元心理学文章中，Freud 用两种方式定义了本能，并在两个概念之间摇摆不定（Strachey，1957）。尽管如此，本能的特征反复地被定义为是只与心理装置有关的概念。然而，在《超越快乐原则》中，本能成为一个更加包容的概念，不再局限于心灵，而是固有地存在于生命体的整体之中。在上面的引文中，Freud 将其定义为一种"有机体生命固有的"急迫冲动，以返回到事物的早期状态。这样，本能就变成了生命体的一种迫切或固有的倾向，其本质上是一种强迫性重复。这种强迫不再只是心理生活专属的过程或机制；毋宁说，它是一种先于心理生活而存在的现象。它是生命本身中的冲动，是再现一种更久远、更原始的先前状态的冲动。

但 Freud 在《超越快乐原则》中想知道：这种所有本能都不可避免地渴望返回的先验的、原始的状态是什么？换句话说，一切生命的最终目标是什么？ Freud 的回答是："一切生命的目的都是死亡，回顾历史可以发现，无生命的东西是先于有生命的东西而存在的。"（Freud，1920g）[38] 那么，从它的起源来看，生命被认为包含着回归到无机状态的倾向。在这种情况下，回到无机状态意味着将自己从所有刺激和紧张中解放出来，即实现死亡。将该原则扩展到心理装置，我们得出这样的假设：支配这一框架的原始倾向是一种消除所有刺激的倾向。得到这个观点以后，Freud 似乎挽救了他在《科学心理学计划》（Freud，1950［1895］）中提出的"惰性原则"（inertia principle）。在这篇文章中，Freud 曾提出，心理装置的原始趋势就是使自己摆脱所有刺激，因此所有已经到达心理装置的刺激将通过最直接的途径被排泄掉，这种排泄就是反射性的释放。但是，来自体内的刺激是不可能通过反射运动来抑制的，例如饥饿（其出现后就必须在现实生活中进行获取食物的特定行为），这就导致恒常性原则（constancy principle）必须进行第一个修改。神经框架将不得不保留少量的刺激，以便能够执行满足食物需求和其他身体需求所需的动作。因此，惰性原则将让位于"趋向恒定的倾向"。这种倾向不会与惰性原则对立，相反，它会代表惰性原则行动，创造条件使内源性刺激能够被有效地释放出来。

在《梦的解析》(1900a)第七章中，尽管 Freud 没有明确提到惰性原则，但他清楚地提出了心理装置最初包含以可能最直接的方式释放刺激的趋势的想法；不过他坚持认为这种倾向最终会被修改，因为需要消除内源性刺激：

> 首先，该装置努力的方向是使其自身尽可能地免受刺激；因此，其第一种结构类似于一个反射装置，从而让任何到达它的感官刺激都可以沿着（肌肉）运动路线迅速被释放。但是生命的迫切需要干扰了这个简单的功能，也正是因为它们，这个装置才有了进一步发展的动力。(Freud, 1900a)[565]

Freud 在他 1915 年的元心理学文章中，再次提出了关于心理装置的原始倾向的假设。例如，他在《本能及其变迁》(Freud, 1915c)[120] 一书中宣称：

> 神经系统是一种具有去除到达它的刺激或将它们降至最低可能水平的功能的装置；或者如果可行的话，神经系统将自身保持在完全不受刺激的状态下。

因此，从《科学心理学计划》(1950 [1895])开始，Freud 猜测心理装置被某种原始的趋势掌控，这成为他的心理装置理论不可分割的一部分。这种倾向致力于消除所有的刺激，并使任何刺激的增加无效。然而，在《超越快乐原则》中，Freud 让一些迄今为止仅仅是隐含的东西明确起来：尽可能多地释放刺激的原始倾向是一种死亡倾向的表达。正如 Monzani (1989) 所观察到的，Freud 一旦引入了死本能的概念，就清楚地阐明了在他所有理论中都或多或少隐含的某种东西，它最开始出现在《科学心理学计划》一文中。

然而，在《科学心理学计划》中，惰性倾向被认为只是一种调节神经和心理活动的原则。到了 1920 年，Freud 认为这种倾向是固有地存在于生命体的整体之中。当生命开始时，同时也开始有一种回到早期完全没有刺激的状态的倾向，或者说，回到无生命的状态。换句话说，当生命的属性从无生命的物质中产生时，第一个本能——回到无生命状态的本能——必然出现了。Freud 推测，一开始死亡一定很容易，只需要走一条短暂的生命路线；因此，生命一定被创造和再创造了无数次。然而，外部条件的改变将使生命的原始道路出现越来越多的迂回。因此，这些外部刺激会导致生命的过程变得越来越复杂。因此，到目前为止提出的假设导致了这样的观点：死亡是生命的原始趋势，生命的保存是由于生命本身之外的因素造成的。在这个意义上，死本能存在的假设是合理的，但谈及生本能仍然没有根据。鉴于以上所有这些，讨论到此还没有任何证据表明有机体有一种固有的使自己保持有生命状态的冲动，或者说，看起来不存在保存生命的内在冲动。

但是，Freud 问，"自我保存本能难道不与本能活动只会导致死亡的假设相矛盾吗？"他的回答从一开始就是不矛盾：我们要时刻记住死本能假设，而自我保存本能只是注定要保护每个有机体独特的死亡之路的部分本能。这些想法在一定程度上也是《科学心理学计划》中曾假设过的。根据其中曾经推进的理论构想，有一种以最直接的方式消除所有刺激的基本趋势，即通过使用反射性运动反应。但是，这种初级的应对方式并不能使内源性刺激停止。只有通过对外部世界的直接作用才有可能消除内源性兴奋。这种（直接）作用的第一个条件是，如果这个装置要参与比简单的反射反应更复杂的过程，先要学会忍受一定程度的刺激。如前所述，这样的话整个过程虽然除了最有效的释放刺激外别无所求，但在过程中还是会做保存生命的事。生命继续和进化演变，然而，这种继续和演变将只是出现在生命进展道路上的一个花招，其最终目标将是尽最大可能消除刺激，并以这种方式满足自 1920 年以来由死本能概念明确表达的需求。

从这个角度来看，表面看起来好像只以保护生命为目标的自我保存本能也会为死本能服务。既然压制内源性刺激无法仅通过反射来完成，那么刺激释放的延迟以及学习其他消除刺激的方法，最终将导致生命状态持续更长的时间。Freud 在《科学心理学计划》中宣称，一个有机体最初的无助是所有心理发展的"本能春天"。但是，这种心理发展之所以会发生只是因为在最初的无助状态中，有机体无法实现其完全消除刺激的目标，必须要在特定的抑制和具备新技能的条件下才能去实现其目标。从这个意义上说，在所有心理发展的背后，回归到零刺激的原始状态的最初目标似乎总是存在的。

在《超越快乐原则》中，Freud 很早就得出这样的结论：生命现象的图景只不过是达到每个有机体特定死亡的一个迂回过程，并且那些看起来似乎是为了保存生命的冲动（即生命保存本能的表现）只不过是每个有机体达到死亡的特殊方式而已。正如 Freud 所言，生物体只想以自己特有的方式死亡，这让我们得出结论：生命保存的表现与死本能假说是相容的。然而，在本能活动中，似乎有一种现象能避开死亡的倾向，这个现象就是性驱力。Freud 试图用性本能来证明他的主张，即以此人们可以继续谈论本能的二元性。

生本能

Freud 一开始在《超越快乐原则》中认为，并不是与性驱力相关的活动整体上逃避了朝向死亡的一般倾向，死亡仅在性活动的细胞水平上被逃避了。因此，至少在最初阶段，只有涉及生殖的部分性行为（即仅由性本能推动的活动的一小部分）才会对抗死本能。然而，他后来进一步声称有一些东西将他导向这样的结论：性本能的整体是倾向保存生命，而不是趋向回到无生命状态。

Freud 很早就主张性本能会确保生殖细胞之间的结合。因此，这些本能将是与死本能相反的真正的生本能。因此他说：

> 有机体生命的运动仿佛是一种摇摆的节奏运动。一组本能向前冲，以便尽快达到生命的最终目标，而当前进到某一特定阶段时，另一组本能就会突然返回到某一特定点，重新开始，从而延长整个生命历程。(Freud, 1920g)[40-41]

通过这种方式，Freud 打算将任何可能反对死本能的东西限制为通过性本能产生的两个生殖细胞的融合。因此，他可以在死本能（到目前为止似乎也包括自我保存本能）和性本能（真正的生本能）之间建立一种对立。然而，到了此刻就面临下面的挑战。如果一般的本能被定义为一种渴望回到生命固有的早期状态的冲动，那么强迫性重复将是所有本能而不仅仅是死本能的纯粹表现。但是，如果是这种情况，我们必须明确性本能重复的是什么。换句话说，它们渴望达到的最初和最原始的状态是什么？正如我们所看到的，死本能将使有机体回到其最初的无生命状态，那就是说，在生命的起源时刻这种回到以前的无生命状态的冲动就已经形成了。但是生本能呢？它将寻求返回到什么先前状态？为了找到这个问题的答案，Freud 问了另一个问题：有性生殖，甚至是两个原生生物之间的交配（有性生殖的前身），是在寻求回到哪里？

Freud 尝试进入生物学研究的领域找到解决这一问题的线索。有生物学数据表明两种原生生物之间的交配会对双方参与者产生返老还少的效果。此外，其他形式的刺激也会对生物体产生相同的作用。例如，更换生物体所生活的营养液成分将使生物体产生与交配同样的恢复活力的效果。从另一个角度来看，如果原生生物留在自己产生的废物中，它们就会经历进行性退化。从这些观察中必然可以得出以下结论：实际上具有更新生命的能力的是刺激的增加。因此，不仅两个生殖细胞的融合并产生新的生命可以对抗死亡的趋势，两个躯体之间的接触所产生的刺激以及其他类型的刺激也能对抗死亡的趋势。从这个角度来看，不只是导致两个生殖细胞融合的性活动，一般的性表现（两个身体之间的接触将增加有机体的刺激）也可以作为对抗死亡的东西。据此，Freud 得出以下结论：

> 我们可以假设，在每个细胞中活跃的生本能或性本能以其他细胞为对象，它们部分地中和了这些细胞中的死本能作用（即后者引发的过程），以此来维持这些细胞的生命。（Freud，1920g）[50]

增加刺激能增强生命的说法完全符合 Freud 的假设，即生命的过程由于内在原因导致化学张力的找平。从这个角度，可以假设死本能会朝着削弱刺激的方向发展，而生本能会朝着增加刺激的方向发展。尽管如此，我们还是可以提出以下问题。性本能最终不也会导致刺激的释放吗？两个身体之间的接触不也不过是性驱力的一个中间目标，即由性驱力引起的阶段性过程，并且其最终目标将继续是刺激的释放吗？Freud 在《性学三论》（1905d）和他的元心理学文章《本能及其变迁》（1915c）中提供的本能的定义似乎支持了这些质疑。在这些著作中，Freud 认为，所有的本能都有一个"目标"、一个"客体"和一个"来源"，并且"本能的目标（Ziel）在每一种情况下都是为了获得满足，这只有通过去除本能来源处的刺激状态来获得"（Freud，1915c）[122]。因此，消除刺激将是所有本能的真正目标。然而，Freud 争辩说，消除的途径可能是多种多样的。鉴于此，如前所述，两个身体之间接触的过程（它会增强彼此的生命力）受到释放刺激的需要的推动，但最终来说，这个过程的最终目标仍然是死亡，接触只不过是此过程的一个次要结果，是这个过程的副作用。

这样的想法只能在这里存在，因为尽管在 Freud 的著作中有支持它们的元素，但他从未真正明确将它们表达出来。然而，在《超越快乐原则》中，生本能寻求回到何种原始状态似乎是一个开放的问题。Freud 援引的生物学数据尽管给出了答案的线索，但并没有为这个问题提供一个明确的答案。如果性本能确实具有促进两个身体之间的接触的原始目标，那么它们寻求回到的原始状态应该是两个身体的融合。既然这种状态一定和死本能所追求的状态一样是原始的（并且这两种本能都被认为从生命开始就同时存在并同等原始的话），那么我们就可以得出这样的结论：无生命的物质一旦有了生命，就分成了不同的部分，从那时起，这些部分就渴望重新结合。随着生命的出现，必然会出现两种回归的倾向：一种要回到无生命状态（死本能），一种要回到先前的未分化状态（生本能）。尽管这是 Freud 的假设所暗示的，但生物学中似乎没有任何东西能充分地支持这些假设。

有鉴于此，Freud 说：

我们是否应该按照这位诗人兼哲学家给我们的启示，大胆地假设：生物体在获得生命的时候被撕裂成小碎块，这些小碎块后来通过性本能努力重新结合在一起？这些性本能由无生命物质的化学吸引力所维持，在经历原生生物发展阶段后，逐渐成功地克服了某种充满危险刺激的环境所带来的困难，这些刺激迫使它们形成一层保护性的皮层？这些生物体的碎块以这种方式达到了多细胞的状态，并最终以高度集中的方式把要求聚合的本能转移到生殖细胞上？但我想，在这里，中断的时刻已经到来。(Freud, 1920g)[58]

Freud 接着提到了 Plato 在《宴会》(The Banquet) 中让 Aristophanes 讲述的神话。这一哲学观陈述了 Freud 正在费尽心思思考的观点：这些观点让他从需要获得更早、更原始状态的需求中得出了性本能的观点。然而，这些只是建议和隐喻，对 Freud 的假说几乎没有科学上的重要支持。就《超越快乐原则》而言，我们必须认识到，上述问题（即生本能寻求恢复什么原始状态）只是被提出，然后保持开放，还没有明确的答案。

从 Freud 提出的这些假设开始，我们现在可以提出以下问题。如果生本能的最初目标是返回到原始的、融合的状态，那么这种原始的状态难道不是死亡吗（因为这将同时也是一种无生命的状态）？被追求的状态会不会失去张力，也就是失去生命？即使两个身体之间的接触带来了刺激的增加，从而增强了生命，这难道不是一个次要的结果，使性本能仍处于所有死本能后面的次要位置？

《超越快乐原则》给我们留下的印象是，无论 Freud 多么努力地试图赋予生本能与死本能同样的地位，似乎都难以避免死亡潜伏在所有生命背后的结论。

第一个与第二个本能二元论

正如我们所坚持的，在《超越快乐原则》中，Freud 首先将生命保存本能（life-preserving instincts）置于死本能之中。然后，他提出了一种生命保存本能和性本能之间的对立——前者朝着死亡工作，后者朝着更长远的生命工作。但是，与自恋相关的现象已经证明很难在生命保存本能和性本能之间保持清楚区分。在此之前的一段时间里，Freud 已经理解自我必须是力比多真正和原始的储存库。因此，自我本身成为性欲客体之一，这使我们有必要认识到，自我的某一部分本能是具有力比多性质的。考虑到这一点，Freud 在《超越快乐原则》中提到了第二个观点。他根据"生命保存本能将是死本能"的假设试图纠正他的第一个假设：

> 但是，由于我们现在正进一步大胆地认识到，性本能是爱的本能，是万物的保存者，把身体细胞相互联结的力比多储存看作自我的自恋性力比多的来源，那我们就更有必要把重点放在自我保存本能的力比多的性质上。但是，我们现在突然发现还有另一个问题。如果自我保存本能也是一种力比多的本性，那么除了力比多的本能，是不是就没有别的本能了呢？（Freud，1920g）[52]

如果生命保存本能也是力比多本能，那么死本能的位置又会在哪里呢？本能二元论应该被抛弃吗？众所周知，Freud 是无法接受这种结果的。他主张维持这一假设：在自我内部除了力比多本能之外还会有其他本能——即使这些本能无法被识别。他提出，也许攻击性可以是死本能的一种表现。这样，爱与恨之间就会存在对立，这是他在 1915 年就已经提出的伟大的精神极性之一。

然而，攻击是死本能表现之一的假设呈现出一系列的复杂性，因为正如 Freud 自己认识到的，在其它方面性与攻击之间存在密切关系。

但是，让我们来研究这个问题的另一个方面。自恋的概念在自我保存和性本能之间至少施加了部分的密切联系，并且 Freud 在《超越快乐原则》的一开始，提到了自我保存本能也是死本能。实际上，自从 Freud 的《科学心理学计划》（1950［1895］）以来，人们已经确定，生物体的发育和保存源自通过反射实现消除内源性刺激的不可能性。因此，在生命的维持和发展过程中发生的任何事情，总是以彻底消除心理和生命的紧张为最终目标。自我保存本能的存在是为了服务于死本能。如 Freud 所见，生命将是通往死亡之路上的一段支流或迂回路途。

但是，正如我们所看到的那样，我们不能完全维持性本能和自我保存本能之间的对立——后者中至少有一些被证明是力比多本能。因此，有两个方面需要考虑。一方面，自我保存本能与死本能的假设及其目标完全相容。最重要的是，哪怕自我保存本能继续下去其保存生命的目标，它也只是次要的目标，这样一种观点似乎是有机体存在一种原始的、普遍的、消除所有张力的倾向这一假设的必然结果。因此，自我保存本能背后的主要冲动也将是死亡的冲动。然而，另一方面，性本能和自我保存本能之间的对立不能维持，因为后者中的一些本能也是性的。

面对这一点，Freud 抛弃了他所设想的自我保存本能和死本能之间的关系，提出自我保存本能实际上应该被包括在生本能中。但是这样的事实没有办法被忽视：自我保存本能也会导致我们的死亡倾向，这些本能通过一条更漫长、更曲折的路线寻求死亡，这是与生命本身的历史相一致的，似乎没有什么能反驳这一观点。如果我们鉴于此得出"至少某些性本能也是死本能"的结论，它是否也是合理的？换句话说，把生命保存本能性欲化难道不是好像用生命保存本能的终极目标——死亡——污染了性本能吗？

生死本能的二元性的正确性太难被证明了。尽管难以找到足够的理由来支撑 Freud 的立场，但他仍坚持这种新的本能二元论。他问自己是否不应该抛弃死本能假说，然后自答：

> 在精神生活中，也许是在普遍的神经活动中，占优势地位的倾向是：努力减少那种因刺激而产生的内部张力，保持恒定，或将其消除，借用 Barbara Low（1920）[73] 的术语可称之为"涅槃原则"。这种倾向表现在快乐原则中。而我们对这一事实的认识，正是我们相信死本能存在的最有力的依据之一。（Freud，1920g）[55-56]

根据 Freud 的假设，心灵生活存在一种原始的趋势，就是他在 1920 年所称的"涅槃原则",根据此假说必然会推导出死本能这个概念。请记住Freud在《科学心理学计划》中提出惰性原则时所说的。那时他说,临床的病理学观察,特别是对于癔症和强迫的观察,提示他神经性兴奋是一种流动变化的量,基于这个观察,有可能把惰性原则确立为神经系统活动的基础。正如我们之前所讨论的,心理装置释放所有刺激的原始趋势,暗含了死本能的假说。根据Freud在《科学心理学计划》中所说的,如果临床数据也能得出神经系统基本趋势的构想,则死本能概念也可以在临床数据中被锚定,因此就有理由坚持这个观念。

考虑到Freud理论的最基本前提,即使有更明显的表现,生本能仍似乎比死本能更难以证明。看起来明显反对死本能的唯一证据就是生殖细胞的融合现象。然而,以性为基础的生殖在发展上相对较晚,这影响了人们将其归因为生本能的原始特征。基于这些考虑,假设性本能的原始目标是两个身体联合的倾向(并且只有在这之后,这种倾向才会转移到生殖细胞)似乎在一定程度上减弱了生死本能之间的对立。正如我们所争论的,人们可以假设两个身体接触的动机终究可能是寻求性刺激的释放。因此,这种释放将是性本能的首要目标,并且这也将削弱Freud试图在生死本能之间建立的对立。

Freud在《超越快乐原则》中认识到,这种新的本能二元论不能提供与他早期的本能理论相同程度的确定性。他在后来的著作中提出的一些假设,似乎使生死本能的二元论更成问题,并且加强了这两种本能之间实际上没有差异的印象。

《超越快乐原则》后的本能二元论

Freud(1924c)在《受虐的经济学问题》一书中相当清楚地确立了支配心理活动的各种原则之间的关系,以及这些原则和他在1920年提出的两种类型的本能之间的关系。在《超越快乐原则》一书中,他区分了快乐原则[它必然会与刺激相结合(Freud所说的德文 *Bindung*)]和涅槃原则,他认为后者将先于前者,因为快乐原则只有在依附于由强迫性重复决定的过程中所产生的刺激时才能被激活。即 Bindung（与刺激相结合）是快乐原则的必要条件，快乐原则在涅槃原则之后出现，它只有通过 Bindung 才会产生，而 Bindung 则源自强迫性重复决定的过程。

Freud 在 1920 年还提出，快乐原则将是服务于一种"功能"（涅槃原则）的"倾向"，并且两者都将参与到所有生物一路返回到无机世界的休止状态的最普遍愿望中。总之，这两种原则都会直接促成死本能。然而，在《自我与本我》中，Freud（1923b）并没有特别清楚地区分快乐原则和涅槃原则；事实上，他在提到它们时，好像它们是同一个原则。但是他在《受虐的经济学问题》中讨论说必须再次区分它们，并尝试阐明两者之间的关系是什么：

> 无论如何，我们必须意识到好像是属于死本能的涅槃原则在有机体中经历了一种修改，它通过这种改变变成了快乐原则；我们从此要避免把这两种原则视为一体。如果我们愿意沿着这条思路继续，就不难猜测这种修改的来源力量是什么。它只能是生本能、力比多，它由此与死本能一道在生命过程的调节中占有了一席之地。这样，我们就得到了一组小而有趣的联系。"涅槃"原则表达了死本能的倾向；"快乐"原则代表了力比多的要求；而对快乐原则的修改，也就是"现实"原则，则代表了外部世界的影响。（Freud，1924c）[160]

因此，涅槃原则作为一个原始的原则将代表死本能起作用。生本能会对这一原则进行修改，导致快乐原则的出现，而外部世界会对这一原则进行第二次修改，从而产生现实原则。Freud 进一步澄清说，这些原则中没有一个完全被其他原则消灭。所有原则都在继续存在，有时和平相处，有时互相冲突。然而，Freud 在他提出的各种原则和本能之间建立的关系似乎清楚地暗示了死本能优先于生本能。心理过程最初由涅槃原则支配，而涅槃原则将直接为死本能服务。生本能将在稍后开始，因此这将是对涅槃原则的修改并转化为快乐原则。如果这是真的，则死本能应该被视为比生本能更原始，这将意味着这两种本能之间的对称性不再能够维持。除此之外，Freud 在《超越快乐原则》一书中明确地宣称，快乐原则会像涅槃原则一样，促成死本能。

事实上，如果这两种本能之间存在对立，就不应该这样看待快乐原则，因为这样的话最多只能把生本能归类为死本能的次级修改，而不能把其看作同样原始的独立原则。

Freud（1940a［1938］）在《精神分析纲要》（*An Outline of Psychoanalysis*）中似乎进一步强调了死本能相对早于生本能出现；同时，拒绝了他在《超越快乐原则》中尝试提出的假说：假设所有的本能都有退行的特质。在《精神分析纲要》的第二部分中，他再次谈到了这种新的本能二元论，但在其中他最终拒绝了将保守倾向归因于生本能的可能性。文章的一开始他只是重复了他在1920年提出的观点，似乎又一次接受了所有本能都具有保守的性质的假设：

> 我们假定存在于本我的需要所引起的紧张的背后力量叫作本能。它们代表了身体对心灵的要求。虽然它们是一切活动的最终原因，但它们具有保守的性质；一个有机体达到一种状态后（无论它可能是什么状态）都会引起一种趋势，即一旦这种状态被放弃就又会立即重新建立该状态。(Freud, 1940a［1938］)[148]

不过，Freud 在此之后马上又提出这种保守的本性实际上可能是死本能的一个特征。应该不可能将其归于生本能，因为这种保守的本性意味着生命物质一旦出现就会分裂，并且从那一刻起，它就开始渴望回到它以前的合一的状态：

> 如果我们假设有生命的东西比无生命的东西来得晚，并由无生命的东西产生，那么死本能就符合我们提出的公式，即本能倾向于回到早期的状态。但 Eros（或爱的本能）的情况不能应用该公式。要应用该公式我们需要假设生命曾经是一个统一体，后来被撕碎，现在正努力重新结合。(Freud, 1940a［1938］)[148-149]

Freud 承认在生命物质的历史中，没有实例显示生本能具有保守的性质。鉴于这个结论，这一理论的含义是什么？

如果只有死本能旨在返回到先前状态，则强迫性重复将必须是死本能的特征，而不是像 Freud 在《超越快乐原则》中所设想的那样，是所有本能的普遍特征。如果是这样的话，只有死本能会在这个完全由涅槃原则或原始的精神功能——强迫性重复控制的功能中发挥作用。在这种情况下，死本能将先于生本能出现，而生本能只会在心理装置的后期运作阶段出现。Freud 在《受虐的经济学问题》（1924c）一书中似乎在为这一假设辩护。正如我们所看到的，在其中他坚持认为涅槃原则表达了死本能的倾向；而快乐原则，即"修改"了的涅槃原则，代表了力比多的要求。根据这个观点，人们可以假设死本能首先开始，由涅槃原则推动，然后生本能才会带着快乐原则出现。所有这一切似乎都导致了一个假设，即死本能构成了所有心理过程的基础；这给我们带来了一个问题：既然存在这种原始的死亡倾向，且没有与死本能相反的原始原则，那为什么生命会崛起？

然而，Freud 还是不愿意承认死本能优先于生本能。在《精神分析纲要》（1940a［1938］）中，尽管他否认生本能的保守性，但他仍试图坚持两种本能是同样原始的假设：

> 我们可以描绘出一个初始状态，在其中 Eros 的全部可用能量，也就是我们以后将会说的"力比多"，存在于仍然未分化的自我-本我中，并且用来中和同时存在的破坏性倾向。（Freud，1940a［1938］）[149-150]

虽然如此，但在理论上似乎有一个基本的僵局。涅槃原则将变成最基本的，其存在是由死本能驱动的。强迫性重复将仅是死本能的表现，并将先于快乐原则的运作。而快乐原则会在生本能的推动下开始运作。但如果快乐原则源于生本能的作用，而生本能起源于一种修改的涅槃原则，则死本能必然先于生本能出现在心理装置中。然而，尽管 Freud 所有的论点都指向相反的方向，他仍然坚持两种本能的对等假设，认为这两种本能同样原始。并且这一矛盾在 Freud 的精神分析理论中一直没有得到解决。

最后的考虑

因为 Freud 在以《受虐的经济学问题》(1924c) 为例的文献中坚持认为快乐原则是对涅槃原则的修改，这就让两种类型的本能之间很难维持明确的对立。这是因为 Freud 在《超越快乐原则》中主张快乐原则像涅槃原则一样为死本能服务。如果还需要保持这两种本能之间的完全对立，Freud 需要在我们讨论过的两个原则之间也有一个等价的对立。但这将与 Freud 在前面讨论的文献中提出的假设相悖。

Freud 提到的另一种假说似乎削弱了生死本能之间存在着对立的理论。性本能会促进两个身体之间的接触。如果我们考虑到早先对本能的定义，并以性本能为例，我们会发现性本能的目标实际上是促进性刺激的释放。由于两个身体接触而导致的刺激增加将是最终目的总是消除紧张的过程的次要结果，所以它在一定程度上与死本能的目标是一致的。因此，如果想维持"性本能的首要目的是促进身体之间的接触，从而使它们成为'生'本能"这一假设，人们就必须重新定义性本能的概念。

该理论中的另一个僵局源于如下事实：正如 Freud 明确断定的那样，自我保存本能与死本能假说完全相容。的确，至少在饥饿这一典型案例中，生命保存本能看起来与死本能的亲近度比与生本能更近。如果以饥饿为例，它说明保存生命的方式是增加刺激，那么至少如 Freud 在《科学心理学计划》(1950 [1895]) 中所提出的那样，让刺激保持恒定不变就只能通向生命结束，就是压制内源性刺激，这种压制如果到了极端的程度就会抑制生命本身*。

基于这些原因，我们曾试图论证第二个本能二元论假说自 1920 年首次提出以来就似乎与弗洛伊德学派的元心理学不太吻合。从《超越快乐原则》开始到 Freud 后来的著作给人们留下的印象是：无论 Freud 多么努力地试图坚持生死本能之间的对立，他也永远无法将这种对立建立在任何坚实的基础

---

* 即饥饿感的丧失。——译者注。

上，也无法以完全令人信服的方式证明它。尽管死本能概念被有保留地接受，尽管它被认为是弗洛伊德学派的元心理学的最后阶段中最有问题的点，但死本能这一概念似乎对该理论有内在必然性。它在逻辑上可从理论的前提推导出来，而生本能却似乎没有自然的位置；生本能似乎是 Freud 引入的并且不能抛弃的假设，但实际上它似乎是一种缺失理论依据的沉积物。

这两种本能之间的不对称，构成了 Freud 关于本能的第二个二元论，使死本能优先于生本能或 Eros。尽管 Eros 包含了那些形成早期二元论的本能——性本能和自我保存本能。死本能概念的提法似乎更像是对这些本能的"重新定义"，而不是提出（或发现）第三种与现在被称为生本能的与原始本能相反的本能。这种重新定义将强调本能作为一个整体的死亡性质。而这种强调，非但不是一种新思想，实际上反而是明确了本能的基本属性之一，这种性质在逻辑上源自本能这个概念本身，在 1920 年以前的理论中只是隐含存在的。Caropresso 和 Simanke（2006）表明，强迫性重复也是如此，它从 Freud 的理论化发展之初就隐含其中，但直到 1920 年才明确。就像死本能在某种程度上是从强迫性重复"推导出的"，Freud 应该用死本能概念再澄清另一个他早期思想中已经存在的观点，这一点也不奇怪。

这样考虑的话需要强调两个后果。第一，人们必须认识到，在这个新的本能二元论之下，存在着一个一元论，即所有的本能最终都被证明是死本能。其中仍然有些令人惊讶的是：Freud 通过生物学得出的结论与 Lacan 在对弗洛伊德学派理论进行广泛修订后得出的结论相同。众所周知，这一修订是基于人文科学、人类学和语言学以及哲学中提供的理论概念而来。

Lacan 首先将主体构想为一种由语言的结构决定，并因此由语言的形式和组合方面决定的事物。这被浓缩在他的"纯粹能指"（pure signifier）或"能指本身"（signifier as such）的概念中。他运用"词是物品之死"（the word is the item's death）的辩证原则，把神经症的症状，特别是癔症，看作能指或"字母"（letter）在身体上所起的致命作用的结果，这将使它从一开始就被死亡渗透。然后，他认为"字母"终有一死，即使这种致命特征只是存在于语言本身中；这使他得出结论：所有的本能实际上并且终究都是死本能（Lacan，1966）[848]。

第二个后果导致我们需要重新思考 Freud 的新二元论。许多学者（Figueiredo，1999；Lifton，1976；Sulloway，1979）已经指出二元论问题不是《超越快乐原则》的核心问题，也不是 Freud 的第二个本能二元论假说的核心问题。事实上，考虑到不对称性和死本能的优先性，以及将强迫性重复的特征定义为具有本能的迫切性，那么这种二元论只能构建在所有本能的保守性和最终必死性的本质的共同基础之上。

那么显然，1920 年提出的本能二元论不可能与之前的二元论相提并论，第一个二元论中性本能和自我保存本能源自不同的生物学基础——分别是物种和个体的保存。从另一个角度来看，生死本能之间的对立，似乎代表了一般本能需求的两个相互冲突的方面。这些需求基于生命固有的张力：一种朝向复杂性和组织，另一种倾向于消除紧张并回到无生命状态。这因此可以更清楚地说明"所有的本能都是死本能"的论点。每一种单独的本能都可以同时既是生本能也是死本能，这取决于人们如何看待它；然而，有些本能可以更清楚地表现出其中一个或另一个方面，例如攻击本能和死本能之间的关系。实际上，Freud 在各种场合都坚持这些本能中没有一个仅仅作为"一种"（one）而出现：它们永远是一部分表现为这个，另一部分表现为那个。因此，Freud 的第二个本能理论将赋予本能一种自身固有的二元性，严格地说，它不会假设不同的本能之间存在生物学上的区别。

考虑到死本能与理论整体的共性，似乎不可能接受 Freud 的元心理学而同时拒绝死本能。Sulloway（1979）[408-409] 在分析 Freud 的著作时强调且严谨地断言："他关于死本能的概念是一个逻辑上的杰作，很少被正确地理解。"但是，这个概念的问题在哪里？它会不会其实只是一种与所有生物学原理相矛盾的思辨性的幻想和科学上的愚蠢之举（Brun，1953；Sulloway，1979）？但攻击性具有本能性的基础（Lorenz，1963a）以及有机体的死亡在某种程度上是基因编码（Dawkins，1976）的观点从当代生物学研究来看并非异想天开。这些问题不能在这里展开，但我们提到它们只是为了表明，也许充分认识 Freud 关于这些问题的理论化，特别是关于死本能的理论化，需要通过生物学和精神分析之间的对话和系统互动来建立和指引方向。实际上，就本能而言，Freud 反复坚持要整合它们。

创伤病人不寻常的强迫性重复表现

艾拉·布伦纳（Ira Brenner）❶

> 只有那些坚称科学应该取代他们已经放弃的教义的信徒，才会责备一个研究者发展甚至改变自己的观点。（Freud，1920g）[64]

Sigmund Freud 由于受到世界大战的震动，在 1919 年布达佩斯大会的开幕致辞中谈到了与战争神经症相关的精神分析知识是不完整的。由于不满意将这种难以想象的杀戮归咎于性压抑或肛门施虐，他不得不重新考虑诸如 Adler（1910）、Stekel（1911）、Spielrein（1912）和 Reik（1911）等同事已经提出的关于人类心理中的攻击性的观点。他需要扩展他的理论，因此"相当令人难以置信的是，他假定一个'像战争一样的''我'产生了破坏性的欲望"（Makari，2008）[315]。这个思路演变成"本能理论的进展中迈出

---

❶ Ira Brenner 是托马斯·杰斐逊大学的临床精神病学教授，也是费城精神分析中心的培训和督导分析师及该中心成人心理治疗培训项目的主任，他在精神分析和心理治疗课程中为学生讲授关于"创伤"的内容。他在国际上发表演讲，撰写了大量关于心理创伤、解离以及大屠杀对幸存者及其后代造成的长期破坏性影响的文章。他出版的作品包括四本书：与 Judith Kestenberg 合著的《最后的目击者：大屠杀中的儿童幸存者》（*The Last Witness：The Child Survivor of the Holocaust*）（1996）、《创伤的解离：理论、现象学与技术》（*Dissociation of Trauma：Theory, Phenomenology, and Technique*）（2001）、《精神创伤：动力学、症状与治疗》（*Psychic Trauma：Dynamics, Symptoms, and Treatment*）（2004），以及格拉迪瓦奖（Gradiva Award）获奖作品《受伤的男人：创伤、疗愈与男性自我》（*Injured Men：Trauma, Healing, and the Masculine Self*）（2009）。他在 2001 年出版的书中对解离的研究获得了国际学会颁发的皮埃尔·珍妮特（Pierre Janet Writing Prize）写作奖，他 2004 年的书籍被授予格拉迪瓦荣誉奖（Gradiva Award Honorable Mention）。他一直在费城郊区私人执业。

的第三步，无法断言与前面的两步（性欲概念的扩展和自恋假说）有同等程度的确定性"（Freud，1920g）[59]。

Freud 在发表了他与"狼人"（Wolf Man）（Freud，1918b［1914］）有关的施虐受虐的思想后不久，也是在他即将完成关于受虐的著作《一个被打的小孩》（A Child is Being Beaten）（Freud，1919e）时，以一个"神秘"的标题开始写作一篇新文章：《超越快乐原则》［Freud 给 Ferenczi 的信，写于 1919 年 3 月 17 日（Falzeder et al.，1996）[355]］。他如此做似乎是违背了自己的观点，削弱了力比多理论和快乐原则的首要地位，极大地干扰了他的忠实后继者。这种激进的转变是由一种不符合愿望满足理论的梦所激发的，士兵们在这种反复出现的创伤性的梦中不断重温战场的恐怖经历。为了解释这种现象，他参考了 Fechner 的恒常性原则，并概念化地认为，追求稳定和恒常性需要能够掌控过于压倒性的刺激，这不仅是一个合理的动机，还"超越"了快乐原则。他之前所描述的主要原则，即强迫性重复（Freud，1914g，1950［1895］），因此是由一种与生俱来的驱力激励的，这种驱力追求掌控、一致性、减少紧张和走向最终平静（死后的长眠）的行动。因此，由 Barbara Low（1920b）创造的术语"涅槃原则"可以解释我们这个物种如何发动战争并带来难以言喻的破坏；现在，Freud 推测这是一种出于潜意识的驱力，它走向永久的内在平静。

这一理论似乎是许多分析师的终极悖论，比如那些赞成"现代冲突理论"（Abend，2007）的人一直认为这一理论既难以接受，对临床工作也没有必要（I. Brenner，2001）。但是值得注意的是，克莱因学派和一些与受创伤个体一起工作的分析师并不反对这一理论（Laub et al.，2003）。然而，即使是那些赞同这一概念的人，常常也不是那么维护这个理论，不把其作为心理的最基本方面。例如，Kernberg（2009）[1018] 最近说："我推测死亡驱力不是一种原始驱力，而是代表了作为主要动机系统的攻击性的一个重要伴生现象，在严重心理病理学的治疗工作中处于中心地位，因此它作为一个临床领域的概念非常有用。"

近一个世纪后，当代的分析师可能无法完全理解 Freud 拆解自己的正统学说所引起的困惑和骚动。力比多理论的忠实后继者们陷入了巨大的困境。也许今天从事精神分析工作的人也都在经历这种现象的回响：Charles Brenner 把他的职业生涯都奉献给了冲突理论的研究和 Freud 学说的传播，之后他开始质疑结构理论的价值（C. Brenner，2003）。有趣的是，在他最近出版的回忆录（C. Brenner，2009a）和他与 Robert Michaels（2009b）的访谈中，Brenner 对他几十年来支持的理论的挑战没有被讨论。然而，在他的讣告中，Jacobs 强调了 Brenner 所拥有的特立独行的品质，尽管他被视为经典精神分析学的旗手（Jacobs，2009）。Brenner 早年对普遍的精神病观点的挑战（因为它们不符合临床经验的数据）为他在年长者中赢得了这样的声誉。有趣的是，他当时和 Freud 提出死亡（*Thanatos*）理论的年龄差不多。我们现在还不知道 Brenner 提出的修订是否会被他的后继者们遗忘，甚至当作异想天开的幻想而被摒弃，就像今天许多忠实的弗洛伊德学派人士不认可 Freud 试图提出的"死本能"概念一样，他们认为这个概念过于理论化，或者可能只是受 Freud 个人生活经历的影响而被创造。尽管 Freud 自己也表示他对这些激进观点并不确定，但读者仍能感受到他隐隐地在享受作为一个具有启发性的"魔鬼代言人"的角色（Freud，1920g）[59]。

在过去的 30 年里治疗创伤病人的临床工作中，我自己也有过一些与流行理论不一致的临床经验，并且我觉得有必要修改并最终扩展一些关于淹没性的生活经验对心理的影响的观点（Akhtar et al.，1979；I. Brenner，2001，2004，2009a；Kestenberg et al.，1996）。最新的神经生物学、遗传学、认知心理学和创伤研究的发展加深了我们对心灵-大脑-身体-环境问题的理解，外部现实和内部心理现实的相互影响仍然是问题的中心。正是在这种非常激动人心的氛围下，在咨询室之外的新发现可能会威胁到从精神分析情境中收集到的洞见，除非我们重新回顾并整合这些洞见，使其成为一种通往深度心理学（depth psychology）的多学科方法。正是在这种背景下，我想强调强迫性重复的临床重要性，这是 Freud 在《超越快乐原则》中非常仔细地解释过的。尽管对强迫性重复的元心理学和神经生理学的广泛讨论仍在继续，但它的存在和它与治疗的相关性是毋庸置疑的。事实上，对其存在的欣赏，尤其是在涉及创伤的时候，帮助作者理解了目前被称为分离性障碍，特别是"多重人格"的情况。这种领域的问题传统上被认为，往好了说，是"非精神分析的"，往坏了说，是过度狂热的治疗师所创造的医源性的产物

（I. Brenner，2001）。

梦与"清醒的梦"的序列

在儿童时期受到严重创伤的人的心理生活中可能会观察到强迫性重复的不同寻常的表现。它可能只有在分析工作中才能被观察到，因为病人的遗忘程度使他们自己看不到它，也因为在其他形式的治疗中，没有机会检查梦和意识状态改变之间的重复出现的关系。典型的情况如下：病人可能会报告一个令人不安的或反复出现的梦，在梦中他/她看着另一个人——通常是一个孩子——被以某种特定的方式伤害。病人常常会被这样的梦唤醒，对梦的显意（manifest content）感到震惊和困惑。做梦者可能模模糊糊地认出（梦中）被他人伤害的孩子，或者也可能觉得他完全是个陌生人。此外，（做梦者）难受的程度也是千变万化的，从轻微的担心（这可能是由于唤起了屏幕记忆）到彻底的恐慌。根据众所周知的经典原理，如果病人有能力联想的话，对梦的联想想到的可能是日间残留：根据众所周知的经典原理可以得出初步结论，即一些可以被辨别出来的日间残留的沉淀物刺激了梦的产生，而这个梦也包含了对童年的关键影响因素。

到目前为止，一切都很好。此时此刻，分析者感觉自己站在了一块被几代释梦者同样走过的坚实土地上，重新发现了 Freud 的构想，最终，在"足够好"的分析中，早年的材料会出现，这将使构建童年的幻想/记忆成为可能。然而，在我们所考虑到的情况中，还有另外一个令人烦恼的部分，许多临床工作者可能更愿意忽略或淡化它，或者他们可能根本没有意识到其深远意义。因为如果他们真的认真对待它，那么一系列令人不舒服的问题可能会随之而来，这些问题甚至可能挑战我们关于心理结构的基本假设，以及压抑作为主要防御机制的中心地位（I. Brenner，2009a）。

这个序列的第二部分通常发生在做这个梦后的几天内。可能是在接下来的分析会面中，也可能是再过一周后的会面中。此时，病人要么呈现出一种不同的意识状态，要么在会面期间经历自我功能或自体状态的改变。这个变化可能是突然的、戏剧性的，也可能是微妙的、难以察觉的，特别是当病人躺在沙发上，而分析师没有意识到这种现象的时候。用那些专长于治疗分离性障碍的人的行话来说，这被称为"转换"（switching）。在这种转换之前，移情中可能会有焦虑或有一个充满焦虑情绪的话题（I. Brenner，2004）。此时，病人可能以不同的方式说话，即使用不同的词语，或用不同的方式使用词语，使用不同的音调、语法或节奏。其声音本身听起来可能也不一样——也许像是更年轻的人或者是异性在说话。此外，在自我催眠状态下可能眼睫毛颤动，或者由于使用了不同的面部肌肉组织导致面部表情的戏剧性变化。肢体语言也可能不同，例如手势和动作似乎与原来的性格不符。甚至可能会迷路或有一种对周围环境的不熟悉感，病人就像第一次来分析师的诊室一样。

在病人举止的这种转变过程中，他/她可能会回忆起自己曾经历过的可怕情景，这种情景听起来与梦中的痛苦经历非常相似甚至完全相同。这种表达似乎是对"夜间残留物"（Leveton，1961）的阐述；根据 Morris 的假说（Akhtar，2009a），显梦在清醒状态下被活化出来。然而，回忆与梦相反的是，回忆是以第一人称发生的，并非在梦中观察到的发生在别人身上的事。它可能带有一种对创伤的淹没性的叙述或创伤在心理上复活的质感（Laub et al.，1993），因为创伤体验和相关情感的迫近性让其在这个过程中可能带有一种情感发泄的性质。此外，当病人处于这种心理状态时，如果分析师碰巧在这个时候询问上面的梦，或试图以任何方式建立或邀请病人建立这两种现象之间的联系，病人通常会回答说他对做梦的过程没有任何知识、记忆，甚至与梦没有任何可能的联系。就好像是别人做了这个梦并负责那个心理功能领域，而这与病人无关。有人甚至会说，病人缺乏好奇心，这具有一种漠不关心的品质，与被归因于癔症的"美丽的冷漠"（*la belle indifference*）没什么不同。

如果在不远的未来的某些时刻重新讨论这个梦，我们会更加困惑是什么导致了对这种明显的"失关联"的罕见而深度的压抑。如果问起病人在异常心理状态下的情绪发泄的表现，他/她会否认自己有过这样的童年记忆，更不用说在治疗过程中揭露这个记忆了。这种否认看起来很真诚。此时分析师可能会对自己记忆的准确性产生短暂的怀疑，并且可能会进一步询问病人，也可能只是把其作为分析的时空连续体中另一个无法解释的时刻而简单地跳过。然而，我认为这个临床事件是一种解离（disassociation）现象，并且有最重要的含义，因为它掩饰了一种遗忘或防御性的不知道（not knowing），它超越了压抑，甚至可能在压抑发展之前就已经出现（I. Brenner，1994，2009a，2009b）。值得注意的是，这个次序也可以翻转，比如意识状态被改变的状态下描述的直接材料先于梦的报告出现。

Reiser（1994）的一个临床案例呈现了这种翻转的情况。一名接受分析的女性在多年前曾有一次"癔症性解离"发作，解离发生在她弟弟被意外烧伤之后，那时她十一二岁。她被派到药房去给弟弟买药，却迷了路，失去了好几个小时的记忆，几个小时后在公园里被发现，精神恍惚。她从那以后一直被这种心理失误困扰着，执着地试图记起她没买到的烧伤药的药名。当这些材料被带入治疗中，她做了一个梦：梦中她去一家旅行社咨询，因为她想去德国旅游，但想不起想去的城市的名字。另外，有些人奇怪地赞美她的"棕黑色皮肤"（tan）。分析师共情地倾听了病人的自由联想后，病人开始回忆起这个烧伤药有个难记的名字——"鞣酸"（tannic acid），这也正是Reiser医生当时曾猜测的药名*。重要的是，梦中的旅行社（分析师）没法帮她计划在德国的行程（德语是Freud的母语），这似乎象征性地暗示了她在分析中遇到的挫折，因为她无法回忆起多年前她在神游状态下脑子里在想什么。在分析的催化下，她的解离发作和那个梦之间的联系在这位敏锐而调谐的分析师那里变得很明显，分析师帮助病人记起，多年前她被创伤性地诱导到另一种意识状态，并帮她整合它们。这个临床小片段中的心理学素材看起来包含在一个更复杂的次序当中，其中出现了相互遗忘（Janet，1907）和身份认同障碍。

案例报告

有一个这样的案例，一位正在接受分析的病人对即将面临的外科大手术

---

* 这个药名是 *tan* 的关联词。——译者注。

(手术针对让其非常痛苦的病症)非常焦虑(I. Brenner,2001)。

病人名叫 Cindy。外科医生在她签署手术同意书时问她允不允许拍照。因为这是一家教学医院,而且手术是探查性的,尚不清楚她体内的何种病因导致现有病症。她非常渴望得到缓解,注意力很自然地集中在手术风险方面,并没有在意拍照的要求。然而,当她在治疗过程中提到这件事时,她似乎犹豫了一下,好像不知道是不是有什么在困扰着她。接下来的一个小时中,她说起头天晚上做了一个莫名其妙的梦,让她莫名地不安。在那个梦里,她看到一个年轻女孩被大人们带着去谷仓看动物,但女孩一到那里就觉得很奇怪,还有很多灯光也很诡异。她(Cindy)醒来后被这些画面弄得心烦意乱,但没法详细说清楚。几天后的一次治疗中,病人自发地经历了精神转变,她"转换"了,开始用一种更年轻、更富有情感、更"妖艳"的声音说话。

治疗中当我对这些转换有些熟悉后,我意识到,在这些时候她坚持说自己不是另一个"无聊"的 Cindy,Cindy 每天只知道去上班、付账单,并且太过认真。她自己与 Cindy 截然不同,喜欢晚上出门、跳舞、参加派对。她甚至坚持要我承认她是一个独立的人,叫她 Candy。事实上,Candy 喜欢讲述她最近如何"骗"Cindy 为一次非常昂贵的度假旅行做计划。Cindy 安排了所有事、收拾行李、上了飞机,但直到坐飞机回家,她才想起度假的事。从 Candy 的视角看,她"接管"了这段生活时光。然而,从 Cindy 的视角看,她基本上是在神游。

然而,Candy 并不都是在找乐子和游戏:她有一项重要的心理工作要执行。Candy 是那个保护 Cindy 免受糟糕记忆困扰的人,这一次治疗中她想告诉我另一次 Cindy 被骗的事。那是很久以前的事了,那时"她们"还小,她跟她卑鄙的叔叔以及他的朋友(她们并不认识)一起进了谷仓。他们问她是否想看看农场里的动物,甚至可以摸摸它们。Cindy 很兴奋,就跟他们一起走了,但到那儿后,事情根本不像她预想的。Cindy 吓坏了,把自己"藏"在心里的某处;然后 Candy 接管了身体。谷仓里灯光亮眼,那个人让她脱了衣服,并拍了她触摸动物私处的照片。他们还让动物们也碰了她的私处,这让她非常痛苦。尽管 Candy 也很害怕，一点也不喜欢这样，但她知道 Cindy 无法处理这一切，所以当这些不好的事情发生时，Candy 是经常"出来"接管的人。在 Candy 的心理状态下，Candy 作为病人对 Cindy 的梦毫不知情。然后，当 Cindy"返回"会面时，Cindy 也不记得 Candy 曾出来接管并曾讲述这个备受折磨的故事。

在这段时间里，Cindy 对即将到来的手术越来越焦虑，她的疼痛也越来越剧烈。作为 Candy，她无法理解手术的医疗必要性，并且害怕再次被"坏人们"欺骗。Cindy 经历了另一个同样顺序的梦，随后又做了一个似乎清醒的梦。伴随着 Cindy 对身体损毁的恐惧浮出水面，她报告了一个令人不安的梦，梦见一个十几岁的女孩被压在桌子上。女孩赤身裸体被一个陌生女人压着，而一个陌生的男人野蛮地切割着女孩的身体。女孩痛苦地尖叫着，而这些人却笑着，对她的痛苦完全无动于衷。

几天后，Candy 在会面中再次出现。这次她看起来很偏执，说如果她告诉任何人发生了什么，那些"坏人们"就要彻底切开她了。因为她"听说"了这次手术，她担心"他们"是幕后黑手，这次真的要来惩罚她了。看起来她害怕他们再找她是因为她跟我说话了。然后她讲述了有一次她被她叔叔的刻薄女友抱到厨房的桌子上，而他把一把刀插入她的阴道并割她。回想起这个情景让她害怕、不知所措、痛苦地蜷缩起来，她确信他会兑现当初说的话，回来伤害她。在"Candy"的心智中，似乎时间感崩溃了，以至于她无法理解时间已经流逝，还在害怕着多年前的童年作恶者仍有可能伤害到她。此外，就像前面提到的序列一样，Candy 不知道 Cindy 做了一个惊人的相似的梦，与此同时 Cindy 对 Candy 接管会面的那部分记忆也缺失了。

众所周知，这类病人在解离发作的时候似乎处于"清醒的梦"中（Mark，2009；Marmer，1980，1991）。我在对这种梦样状态的观察中（I. Brenner，1995，2001），开始意识到所谓的"功能性现象"（functional phenomenon）（Silberer，1909）的重要性，这是一种理解梦的意象所伴随的一些象征意义的机制。尽管 Freud（1900a）曾提到过它，Rapaport（1949）对此也进行了阐述，后来 Silber（1970，1979）又重新发现了这

点，但梦的这个方面在很大程度上被愿望满足的经典理论掩盖。这个被低估的现象指的是自我创造意象的能力，以隐喻的、（通常是）拟人化的术语来象征自己的各种意识状态。换句话说，这种自动化象征功能可以导致人们创造性地表征自己不同的警觉性或意识水平。Kohut（1977）显然认识到了人类心智的某种难以捉摸的特质的重要性，并将其应用到自恋病人的"自体状态梦"（self-state dreams）的概念中。此处梦表征着精神试图抵御失去凝聚力的威胁的努力。甚至在更早的时候，Fairbairn（1944）发现了心灵的内在心理结构——自我和内在客体——与梦中人物之间的联系。然而，由于许多原因，功能性现象，Fairbairn 的"事件状态"（state of affairs）梦和自体状态梦在文献中受到的关注有限（Slap et al., 1987），并且也不清楚其与强迫性重复之间的可能联系。

自动化象征——一个自我报告

Silberer（1909）描述了他在努力保持清醒以便思考和完成工作时，他内心所创造的产物。这些创造包括对其他人的意象。例如，他对集中注意力的内心冲突曾被表征成图书馆里一个不友好的、无视他求助的秘书。而另一次则被表征为一个乐于助人的、听命于他的助手。根据我自己的经验，我最近在一个清晨醒来前做的梦进一步说明了这种现象，这种现象经常发生在催眠状态下：为了在截止日期前完成一篇论文，我熬夜到很晚，担心第二天早上能否准时醒来。闹钟响起后，我迷迷糊糊地又睡了一会儿，梦见自己正在跨越边境回到美国。边防警卫问我是否有东西要申报。我说："没有。"然后他问我是否接触过任何具有传染性的疾病（如猪流感）的传染源，如果我回来的话可能传染其他人。我再次说："没有。"他似乎很满意，要让我通关。就在我前行的时候，他突然向我的眼睛喷一种液体，他说，这是一种针对（传染病）大流行的新程序。我感到惊讶和恼火，因为我不知道这个新程序。我还担心消毒液会灼伤我的眼睛，但好像没有感觉到灼伤。我松了一口气，注意力转回被允许通关的事上，准备继续走，因为我要去一个地方，而且日程安排很紧。然后，就在我通过检查站的时候，我醒了，眼睛刺痛。

我立刻意识到我的梦，把自己逗乐了，因为梦似乎象征了我陷入浅睡眠但知道我必须起床的困境。我的意识状态的冲突显然被化身成边防警卫，他不慌不忙地做着他的工作（"守护"我的睡眠，让我多休息一会儿），但最终让我通关回到美国领土，回到祖国，然后在家中醒来。然后，警卫突然向我喷消毒剂的举动被我认为是要灼伤我的眼睛，但这似乎代表了我突然醒来时由于睡眠不足而眼睛疼痛的体验，而我真希望这不要发生。

这个时候更大范围的现实是，全球对流感/H1N1大流行的焦虑以及正在实施的预防措施，这些似乎作为日间残留的一部分影响了我对情景的选择。在我对这个梦进行自我分析时，我也想到了童年时的一个决定因素。有一个关于我祖先移民美国的（可能是杜撰的）故事，讲的是我的一个叔祖父在孩童时代挤在一艘拥挤不堪的船上，艰难地跨过大西洋，结果却因为眼睛是红色的而被拒绝进入埃利斯岛。移民当局担心他的红眼是一种非常具有传染性的疾病的体征，所以他不得不和他的父亲回到东欧，而他的母亲和兄弟姐妹则被允许入境。在我的成长过程中，被允许越过边境前往安全地带的不确定性成了一个警世故事。因此，梦形成的经典元素，如愿望满足、日间残留和童年因素，在这个类型的梦中也起着作用，这象征着我经历了不同的意识状态——从睡眠到清醒。

尽管有这种"困倦状态下的人格化身"（personification of drowsiness）（Rapaport，1949）[200]，Rapaport报告说，在一般情况下"我和非我的区分是可以推测的……而在其他意识状态下，自体的某些部分可能无法推测。多重人格……就是常见的例子"。因此，在某些特定情况下，这种普遍现象*可能有助于产生或加强多重自体的感觉。因此，分析师如果能向病人指出梦和意识改变状态的内容的共同来源，将获得非常重要的临床机会。对病人来说，能够意识到这种强迫性重复的表现可能是一个决定性的时刻，此时他开始接受以前不为自己所承认的心灵方面。被记得的梦和解离的自体状态可能有共同的起源，当面质这种可能性时，病人可能会觉得这种干预是一种适时的诠释。

---

* 即困倦状态下的人格化身。——译者注。

梦中的防御性状态改变

　　病人针对创伤经历所采取的防御性状态改变在创伤后的梦中被表征出来，这个表征就是我们这里所审视的强迫性重复中难以言说清楚的那一面。对病人 Karen 的分析说明了这一点。 Karen 小时候曾经被姨妈照顾过，姨妈是她最信赖的亲戚。 Karen 拼命否认自己曾被姨妈性侵，她强调说，她没有任何关于性侵的记忆，因此无法在心中证实它。然而，她极度难以治愈的症状包括失忆、意识水平的波动、心因性疼痛、生殖器幻觉、自残、饮食失调症状、酗酒、性早熟以及反复梦见被信赖的女性性侵，这些都提示她之前的许多治疗师们想到的关于虐待的问题。此外，她还描述了一些幻觉体验，关于她心灵中有"其他人们"存在，这些人可以接管她的心灵一段时间，过了这段时间后，她又会在某个活动中"醒过来"。

　　有一次她在治疗中体验到了危机性的痛苦，同时她在我身上也引起了一种类似于她经常感到的无助感。她报告了一个梦，梦见她的姨妈突然从窗帘后跳出来，并说一位著名的医学专家最终诊断她有激素紊乱。病人回答说，没人真的相信情况是这样的。然后姨妈宣称她知道是什么造成了她的问题。病人有些难为情，说是否可以换个地方更谨慎地谈论这件事，因为周围有其他人在场。然而，姨妈坚持并声称这是因为病人想要超越别人，但她其实在家庭中不重要也不起眼。病人哭了起来并反驳姨妈，说这个解释本不应该如此刺痛她，但她疼到就像骨头刺穿了皮肤、穿出了身体。然后姨妈变得很愤怒，就像恐怖电影中的人物一样气势汹汹又呆板地靠近病人。病人动弹不得，然后发现自己坐在房间另一头的椅子上。姨妈继续逼近病人，说病人是不是不相信她（姨妈）能做出这样的事。当下姨妈坐在病人身上，双腿缠着她。当姨妈的胸部像一件危险而恶心的武器一样紧紧贴在 Karen 脸旁时，Karen 被惊恐淹没了。有些话在她的脑海中闪过："这是真的！真的！我不能这么做！我要怎么熬过去？！"

　　突然，场景变得非常朦胧，所有的东西都变得模糊起来，她的身体和心灵都一下子感觉很好。然后,她好像暂时失去了意识。Karen 说她醒来了,什么都不记得了,身体因为巨大的疼痛而无法移动,但又痛得躺不住。这种疼痛的程度也解释了她长久以来的一种感觉:她觉得自己处在一种必输无疑的境地中。

值得注意的是,病人所体验到的栖息在她心灵深处的"自体"之一被她感知为"阴影",它是生活在黑暗中的人格化身。被呈现出来的这个"部分"的她保有糟糕事件的记忆,同时也通过破坏病人的记忆和诱发身体疼痛来保护她自己,以防止她思考和回忆太多。因此,梦似乎代表了她防御性的意识状态改变,以应对她姨妈步步逼近的过度刺激。这些朦胧、模糊的梦的意象,以及身体和心理痛苦的缓解,暗示了一种自我催眠式的逃离——逃离可能浓缩在这一场景中的单一或多种创伤体验。

讨论

在严重的解离性精神病理中,病人可能在清醒时在不同的意识水平之间转换,这种机制似乎也是有效的。在这种情况下,他们还可能使用"假性的外化移置"(pseudo-externalized displacement),以达到否认的目的。在这样做的过程中,他们发展出一种类似妄想的洞察力,使他们能够说:"我没有那样想、那样说、那样做、那样感觉或做那样的梦——是别人做的!"因此,作为功能性现象的自我催眠的赋人格化、梦样状态、催眠状态和半觉醒状态,似乎是这种心理状态的一个促成因素。在强迫性重复的影响下,虽然这些主题不断重复,但这些解离状态和创伤后的梦之间的相互遗忘可能会进一步强化这种"不认为拥有心灵中的东西"的过程。因此,这种复杂的否定形式不是仅仅通过简单的诠释来解除压抑就能逆转的。虽然在任何诠释中,尝试诠释的时机都是至关重要的,但帮助病人识别和拥有这些心理内容尤其重要。在理解这种防御/症状的妥协形成(compromise formation)时,有必要先认识个体应对早年严重创伤时的复杂操作机制,对移情的分析可以促进这种理解(I. Brenner,2001,2004,2009b)。当治疗成功时,随着时间的推移,这些最初对早年创伤没有有意识记忆的病人可能会变得能够找回他们内心深处的某些东西，即病人"内心深处"知道但并未真正意识到它其实一直在那里的东西（I. Brenner，1997）。就像一名濒临记忆突破的病人曾非常简明扼要和富有见地地评论："我无法思考我记得的东西！"

我与数百名有严重解离性病理的病人工作的经验表明，从这个角度审视他们反复出现的梦和转变的自我状态是有临床价值的。如上所述，在这种情况下，创伤性的梦的显意和对人格化身的第一手的描述之间惊人的相似性表明两者有共同的心理起源（Barrett，1995；I. Brenner，2001）。这些发现似乎说明了这些被改变的意识状态在心理的命运轨迹：其最初是对严重早年创伤的反应，之后可以在创伤后的梦中被表征和重复，随后再次并入到重复的意识状态改变之中。

从"催眠状态"到心理能量的桥梁以及超越快乐原则

《超越快乐原则》一书的主要理论贡献之一是基于 Freud（1895d）对 Breuer 的束缚和非束缚能量（bound and unbound energy）假说的阐述，即前者是静止的，后者是自由的和可移动的。而意识将包含具有自由释放潜力的能量，这种能量源于心理活动的性质和在那里发生的刺激过程。然而，为了避免过度刺激，心理发展出了一种特殊的功能，导致出现了心理的保护层，"它的最外层不再具有生命物质特有的结构，在某种程度上变成了无机物结构，此后它就变成一个特殊的包膜，它的作用是抵御刺激"（Freud，1920g）[27]。因此，"最外层以牺牲自己的方式保护了所有更深层的部分，使后者免受同样的命运。除非出现一种例外情况，那就是到达外层的刺激太过强烈，使保护层被突破"（Freud，1920g）[27]。Freud 接着说，"任何来自外部的、强大到足以突破保护层的刺激都被描述为'创伤性的'……（它们）在有机体能量的运作中引起大规模的紊乱，并启动一切可能的防御措施"（Freud，1920g）[29]。在这种情况下，防御性的意识状态改变就是绝望的防御性措施的一个例子。此时，快乐原则不再起作用，心理的主要任务是掌控、束缚和处理过多的能量。这种处理模式类似于肝脏的代谢功能，处理进入消化系统的有毒物质的一种方法是将某些分子附着在入侵物质上使其可溶于水，这个化学束缚的过程被称为结合（conjugation），然后使毒素作为废物在粪便中被安全排出体外。用Freud的话来说"这种对本能冲动的结合是一种预备性功能，目的是使兴奋做好准备，最终在释放的快感中被消除"（Freud，1920g）[62]。

令人痛苦的外部刺激入侵破坏了保护壳，这导致了能量的大量调动，"构成了一种大规模的'反精神贯注'，它的目的是把侵入的外部刺激转化为静态的精神贯注，也就是在精神上将其束缚起来"（Freud，1920g）[30]。在这里，Freud（1917d）的"对非贯注系统的刺激不敏感的原理"指出，静态的精神贯注数量与心灵的束缚能力成正比。因此，"……重视惊恐这一因素。这是由于缺乏对焦虑的准备……（导致）那些系统不能有效地束缚外界涌入的刺激"（Freud，1920g）[31]。因此，"为应对焦虑而做的准备和接受刺激系统的高能量贯注，构成了抵御刺激的最后一道防线……"（Freud，1920g）[31]。因此，"通过发展焦虑来回溯性地控制刺激，而焦虑的缺失正是创伤性神经症的病因……（创伤性的梦的发生）服从于强迫性重复"（Freud，1920g）[32]。所以，"如果存在'超越快乐原则'，那么我们就要承认，在梦的目的是满足愿望这种情况发生之前，还存在着某段时间具有另外的功能，只有这样才不会前后矛盾……（例如）与创伤性印象（场景）相结合……（其）服从强迫性重复"（Freud，1920g）[33]。

Strachey注意到，Freud（1895d）[xxvii]令人惊讶且重复地"出乎意料地认为是Breuer区分了束缚和非束缚心理能量，也区分了初级和次级过程"。最初，Freud没有详细阐述这些观点，但很清楚他受到了Breuer的影响（Holt，1962）。有趣的是，Breuer紧随他对能量的评论之后，做出了关于催眠状态的论述，Freud却从未对此完全赞同（I. Brenner，2009）。Breuer对这些被精神分析学家遗忘的意识改变状态的观察，与这里的讨论特别相关，并为通往理解的另一条途径提供了起点。Breuer推测，"如果分裂的心灵处于恒定的兴奋状态，就像Janet所说的半麻醉病人那样……只有很少的大脑功能是留给清醒的思想的，那么心灵虚弱（Janet将其描述为天生的）就可以被充分解释了"（Freud，1895d）[238]。此外，他想知道，是否在自我催眠状态下，在"这样一种自我专注状态下，思维流动被抑制，一组被情感渲染的想法活跃起来，产生一种高水平的脑内刺激，而这种刺激不是用于常规心灵工作，而是用于处理非正常功能，例如转换性症状"（Freud，1895d）[218]。虽然 Breuer 的想法（比起心理学）仍然更多地处于生理学领域，但是与 Freud 后来想法的相似性是非常明显的。是催眠状态先于创伤性兴奋，还是创伤性兴奋引起了催眠状态？关于这个问题，Freud 总结道："情感性自体创造了催眠状态……"，而 Breuer 认为，"可以说，自体催眠创建了潜意识的心理活动的空间或区域，那些被意识避开的观念被放逐到该空间或区域中"。因此，Freud 虽喜欢对催眠性癔症和防御性癔症之间进行严格区分，但这两者之间其实可能没有那么泾渭分明，Freud 的这种区分更多是为了证明他思想的原创性。无论如何，Breuer 描述了"致病性自我催眠似乎会在一些人中发生——通过将情感引入习惯性的遐想……（并且）一旦发生这种情况，当出现相同的环境时，催眠样状态就会一次又一次地重复"。Breuer 接着提出，"重新回忆起这些被不断更新的情感观念，有助于重新建立一种心理状态：'催眠性的惊吓'……（它是）'创伤性癔症'的潜伏期"。Breuer 解释强迫性重复的方式也是基于能量学的考虑，例如"惊吓抑制了思维流动，与此同时，（关于危险的）情感性的思维却非常活跃……（并）与充满情感的遐想并行不悖"。

因此，Breuer 通过临床观察和推理似乎得出了这样的结论：催眠状态也是一种与自我催眠状态相似的意识改变状态，是我们现在所认为的一种妥协形成，其可以是病理性的或防御性的，但能够允许一种冲动被部分满足。这种冲动被他描述为一种重复性的充满情感的观念。此外，它是一种自我虚弱（ego-weakening）的心理状态，这种状态不能束缚进入心灵的过度刺激，用他经常引用的话来说，"心理活动的分裂在那些表现出'双重意识'现象的著名案例中如此明显，这种分裂在每一种严重癔症患者中都基本存在，这种解离的可能性和倾向是癔症性神经症的基本表现"（Freud，1895d）[227]。

也许是因为不堪重负的自我试图束缚这种所谓的心理能量（Breuer 和 Freud 先后对其进行了描述），受到严重创伤的孩子在夜间反复做梦，梦到自己白天防御性地改变意识状态，他们可能对这些不同状态之间的相互影响感到困惑不解。这个结果可能就是形成了多个解离的假性身份，它们试图保持心理内容之间的分离并束缚心理能量。

这类病人心灵上的分离似乎与力比多和攻击性驱使的自我和客体表征缺乏整合有关，但还不仅如此。这是缺乏自我恒定性的典型表现，而这种自我恒定性的缺失通过主观体验到各自为政的不同自体而得到增强。这些人格化身似乎是在许多所谓的"结构性影响"（如变态的性行为、与攻击者认同的创伤的代际传递、攻击本身的分裂效应、濒死体验，以及这些梦样和"癔症性"机制的运用）的帮助下产生的（I. Brenner，2001）。

Cindy 有神游症的人格化身（Janet，1907）和她的梦之间存在着相互遗忘，这似乎象征着她在原始创伤期间的意识障碍的拟人化（Silberer，1909）。换句话说，当 Cindy 转换为她的化身者时，她不记得她的梦；而作为 Cindy 时，她记得她的梦却不记得她的化身者知道的事。通过伪外化的移置，她把自己的冲动、情感、幻想和记忆归于她骨子里的"内在的人们"。这样，她就能不拥有那些无法忍受的东西，从而将她的内心冲突体验成人际冲突。她对分离的自体们的自恋性投资（Kluft，1987）本身就构成了最强大的阻抗，如果过早面质的话，可能会导致自杀风险。

Cindy 医学上的症状发作在移情非常强烈的时候发展起来，导致进一步的解离症状和缺席以及退行性僵局。这个时候她反复做的梦与她作为另一个自己所报告的关于童年性创伤的第一手资料有着不可否认的相似之处。在治疗的帮助下，病人最终意识到这些描述的内在一致性使她能够"从骨子里感觉到这一点"，并使她确信她自己确实是那个受害者。同样，另一个病人 Karen 也从骨子里感觉到这一点。她梦到骨头撕开了血肉，这太痛苦了，以至于她也不得不承认一定曾发生了什么不可思议的事情，才造成了这样的痛苦。

总结评论

为了帮助病人实现和接受其对自己心灵的所有权，看起来至关重要的一点是：帮助病人认识到在这种难以忍受的经历中心灵是如何运作的。通过这样做，Cindy可以开始考虑，她的化身者们的产生可能确实部分是由于一些东西的溢出，这些东西通常保留在创伤后梦的领域中。在梦中，防御性状态改变的象征性表征在最初创伤发生时表现为一个孩子被侵犯，与此同时病人进入一种自我催眠状态并"离开"她的身体或体验到"停电"。在这里似乎存在着梦、自我觉知和身份认同间的互相影响，因为这个循环可以明显地重复多年。然后，该现象可以通过"转换"到其他解离的自体而表现出来。在这种情况下，容纳和对她的心灵如何运作进行诠释工作，可能会使她的心理裂痕朝着愈合的方向发展。因此，创伤、重复的梦和防御性状态改变之间的相互关系呈现出强迫性重复的不寻常表现。

Freud难以通过地形理论解释潜意识的内疚，这让他重新修订自己的思想，并设计出结构理论（Freud，1923b）。然后，重复的创伤性梦的问题要求他"超越快乐原则"（Freud，1920g），并假设死本能的存在。同样，类似地，我认为面对很多现象，诸如梦和失忆性的自我状态之间的关系等，都需要我们重新考虑解离在心理功能中的作用。因此，具有讽刺意味且令人费解〔正如Fleiss（1953）所说的〕的是，Freud在他的《精神分析新论》（*New Introductory Lectures*）的"梦的理论的修订"（Freud，1933a）[28-30]一讲中遗漏了死本能。虽然他在之后的"焦虑与本能生活"（Freud，1933a）[107-108]一讲中确实讨论了强迫性重复中死本能的作用，但他仅仅陈述了梦作为睡眠阶段的守护人的功能失效了，并且肯定已经发生了精神超负荷。这种超负荷的命运是我们本篇探索的主题。不管死本能的观点本身最终有无合理性，强迫性重复确实强有力地影响着心理生活，理解了这种影响，会使精神分析师能够帮助某些病人去面对那些最令人不安的创伤性经历。

《超越快乐原则》中的梦理论及对它的超越

乔舒亚·利维（Joshua Levy）❶

本篇将 Freud 在《超越快乐原则》（1920g）中提出的创伤性梦理论与他在《梦的解析》（1900a）中提出的理论进行了比较。Freud 认为这两个梦理论是"独立的"。为了找到它们共存的基础，我们重新审视了四个梦的假设［显意和隐意（latent content）、日间残留、梦的动机和梦的运作（dream-work）］以及它们在 Freud 每一个梦理论中的地位，并用临床资料阐述了这两个理论之间的关系。

Freud 的两个梦理论

在《超越快乐原则》中，Freud 关注的是他的病人对创伤状态的固着的临床表现、重复的梦和强迫的行为，它们导致了反复的失败。第二个理论的发展从根本上"独立"于他的原始理论。尽管 Freud 在他的第一个理论中说"梦是（被压抑或被潜抑的）愿望的伪装满足（disguised fulfilment）"（Freud，1900a）[160]，但在他的第二个梦理论中说：

创伤性神经症患者所做的梦有一个特点，就是反复把患者带回事故发生

---

❶ Joshua Levy 是加拿大精神分析研究所的培训和督导分析师，也是多伦多当代精神分析研究所的教员。他的著作聚焦于分析治疗和分析督导的各个阶段中对梦的理解和解析。他是深受欢迎的督导和教师，教授梦理论等主题。

时的场景中,令其在再一次惊吓中醒来。(Freud,1920g)[13]

Freud继续阐释:

……梦在这里是在帮助执行另一项任务,这项任务必须在快乐原则发挥主导作用之前完成。这些梦试图通过发展焦虑来回溯性地控制刺激,而焦虑的缺失正是创伤性神经症的病因。因此,这种对梦的研究为我们提供了一种观点,即心理装置存在一种功能,虽然与快乐原则并不矛盾,但它是独立于快乐原则的,而且似乎比获得快乐和避免不快乐的目标更为基本。(Freud,1920g)[32]

Freud的两个梦理论在结构和功能上大不相同。Freud在1900年认为显梦产生于日间残留的背景中,显梦具有防御性功能,用以掩盖显梦中表征的隐意,显梦是梦者被压抑和潜抑的愿望的伪装满足。这种伪装是由梦的运作[凝缩(condensation)、移置(displacement)和表征(representation)方式]产生的,这是"做梦的本质"(1900a)[506]。然而,在1920年,Freud认为显梦显示了所发生的创伤事件。通过重新体验痛苦的经历,做梦者释放了被压抑的紧张,并延迟地控制了创伤。在第二个理论中,没有提及日间残留、隐意或梦的运作的角色。相反,创伤带来的心理平衡的破坏被不断重复的梦束缚住。因此,梦的动机不是希望获得快乐,而是由"强迫性重复——一些似乎比快乐原则更原始、更基本、更本能的东西"所激发的(Freud,1920g)[20-23]。

Freud为他的两个梦理论提供的临床证据存在巨大差异:在1900年Freud提供了推理充分的临床证据,可以据此评估最初的梦理论的发展和概念清晰度;相比之下,他在1920年提出的理论则缺乏临床证据,因此不便对第二个理论的基础进行评估。

已经有很多研究评估了Freud在1920年提出的梦理论。例如,经典学派的分析师Loewenstein(1949)呈现了一个在分析过程中出现的创伤后的梦，并得出结论说它不是创伤事件的精确复制。他说它有双重功能：既能控制受到威胁的现实，又能满足愿望。以下三位作者从不同的角度研究了这些问题并得出了相似的结论，为我尝试找到Freud两个梦理论共存的证据奠定了基础。

Adams-Silvan和Silvan（1990）提供的案例是心理治疗处理创伤后噩梦的极少数的临床案例之一。他们把分析中的梦视为一个带有隐意的"真正的梦"。Brenneis（1994，1997，2002）深入研究了关于通过梦来再现创伤事件的现有文献。简要来说他得出的结论是：创伤性记忆会在治疗过程中被回忆起来；但在他看来，这些文献的作者们并没有研究病人和治疗师之间的潜意识交流如何影响创伤性记忆恢复的过程，这个记忆的恢复会体现在病人的梦中。他呈现了他自己与一名有创伤的病人的心理治疗工作，揭示了基于他自己的反移情的巧妙暗示的力量，这种暗示显著地影响了治疗过程。在"重建"的背景下回想Freud的宣言是很有趣的。Freud（1937d）[262]说："我可以毫不自夸地宣称，在我的实践中从来没有发生过滥用'暗示'的事。"他怎么能如此肯定？ Freud的宣称与本研究的目的相矛盾，本研究的目的是找到Freud的两个梦理论共存的基础，检查分析过程中分析双方潜意识交流的相互影响，并试图理解这种相互影响如何通过梦的运作影响病人对梦的构建。

Lansky（1995）和他的合作者研究了越南战争退伍老兵的梦，发现噩梦中的场景和创伤事件之间有显著的区别。这些梦并不是创伤的复制品，显意充当了屏幕功能，抵御了潜意识愿望的满足。这些创伤后的噩梦被日常经历激发，这些日常经历唤起了诸如丢脸、羞辱、对自我凝聚力的威胁和自恋的暴怒等使人联想起当初创伤的情感痛苦。他们的发现挑战了Freud的第二个梦理论。然而，他们忽略了Freud持续地挣扎于两个梦理论中的取舍。他在《精神分析新论》中重新审视了他的两个梦理论（Freud，1933a）[28-29]，在其中他考虑了梦的愿望满足的作用，"经历了严重的心理创伤的个体……在梦中被带回到了创伤性的情境中"。Freud由此得出结论，在这些梦中，因愿望与压倒性的恐惧和痛苦联系在一起，所以梦的运作未能实现其愿望满足的功能。

同样，Freud 的结论没有临床数据的支持，他的两个梦理论仍然没有整合。直到 1933 年，Freud 才承认在第二个梦理论中有梦的运作的位置，不过梦的运作并没有起作用。为什么会出现这种情况呢？是否因为 Freud 的结论只是建立在短程的分析会晤或咨询的基础上呢？这种分析会阻碍他更深入地分析研究他的两个梦理论，即对它们进行更进一步的比较然后对两者进行整合。再次强调，本篇的重点是研究这种整合的基础。

自体心理学和 Freud 的两个梦理论

在当前精神分析的关于梦的观点中，自体心理学与 Freud 的《超越快乐原则》最为相似。其他的精神分析观点要么忽略了 Freud 的第二个梦理论，要么含蓄地否认了它。Kohut（1971）和他的同事们将自恋型人格障碍病人的梦的结构和功能概念化，认为这种梦是基于病人因潜在的创伤情况而产生的脆弱性。他们根据梦的显意来理解这些梦。Kohut（1971）[5]描述了如下的梦："病人在秋千上，前后摆荡，越荡越高——但不会有使病人飞出去，或者秋千无法控制地三百六十度转圈的严重危险。"他认为这种"自体状态梦"（self-state dream）是"自恋型人格障碍"病人的典型表现。Kohut（1977）[18-19]从梦的显意中推断出病人潜在的创伤情况，并声称梦的首要功能不是作为潜意识过程的最终产物去满足伪装的愿望（disguised wishes）（这种满足是 Freud 的第一个梦理论），而是调节、维持、发展、恢复甚至创造性地重新组织做梦者的内在现实。对于 Kohut 和 Freud（1920g）[13,32]来说，梦的首要功能是通过控制和束缚潜在的压倒性张力来恢复自体。Kohut 认为，显梦和隐梦之间的区分是站不住脚的。因此，没有必要像 Freud 的第一个梦理论中的那样，借助病人的自由联想来解码梦。Kohut 事实上在警告我们，坚持自由联想可能会导致自恋型人格障碍的二次创伤。以批判性的眼光来看：无论是 Freud 还是 Kohut，他们提出理论假说和临床结论时都没有临床数据的支持，所以也难以对其进行有效性评估。

Ornstein（1987）赞同 Kohut 的观点，并呈现了他在和受分析者工作中的梦和特别互动。从这些数据中，我们可以了解梦、梦的日间残留（周末治疗间隔）以及移情。他说"代表病人自体状态的梦刻画了做梦者对他/她的急性或慢性自我紊乱的内在体验，通过用言语描述梦中的意象，病人试图束缚住创伤状态中产生的非言语紧张"。因此，他的目的是证明受到分裂威胁的自体既失去了一种内在平衡，但又在努力地恢复自体整合。Ornstein（1987）[93-94]的临床数据促使自体心理学根据Freud的第二个梦理论来理解被分析者的梦。

在赞同Freud（1920g）和Kohut的观点的基础上，Ornstein明确说他在对病人的梦进行工作中不依赖自由联想，因为梦的显意和隐意之间的区别是站不住脚的：病人的显梦已经揭示了其主要担忧。他的病人的自恋脆弱（narcissistic vulnerabilities）来自早年镜映的缺乏以及对理想化父母形象的需要没有得到满足，这些仅仅从显梦中就能提取出来。自由联想不会导致对梦的理解更深入，因为联想提供的是与显意相同水平的意象。Ornstein强调，自体状态梦的结构和功能不同于经典的梦，因此他拒绝"显梦是隐意的伪装"的观点。他并没有提到通过Freud的第一个理论中的梦的运作机制来理解梦。Ornstein认为梦的运作是从梦的显意中推断出来的：梦中的意象被看作是从比喻和主题式的角度揭露了一些东西，而不是隐藏了一些东西。除非分析师直接出现在梦中，或者做梦者立即联想到分析师，否则Ornstein并不认为梦与移情有关。对分析师来说，梦中的形象不一定是伪装的替身。Ornstein仔细聆听了在他的病人的创伤状态之下的细微差别，这些创伤被嵌入（embedded）在病人的梦的显意中。Ornstein利用梦来诠释病人的主观体验及其自体-客体需要，并将他的方法与旨在揭示压抑的潜意识愿望的方法*进行了对比。Ornstein声称，他所采用的方法使病人能够接受和整合其否认的感受。Ornstein理解梦的自体心理学方法类似于Freud的第二个梦理论。

是否有可能在分析师的头脑中找到一个空间，让Freud的两个梦理论共存？这两个理论是互斥的吗？

这就把我们带到了对梦的运作的角色的探讨。如前所述，Ornstein认为

---

* Freud早期的经典的精神分析治疗，与自体心理学的方法形成对比。——译者注

没有必要依赖于凝缩和移置的操作，因为他认为病人的精神结构、病人与创伤情况相关的脆弱自体直接表征在显梦中。当然，Ornstein 在诠释他的病人的梦的过程中注意到，这种方法创造了一种舒缓的气氛，鼓励了自体-客体移情的发展。然而，他的方法是否让他偏离，以致无法在移情中倾听其他主题？病人回忆起曾有一次见过分析师"冷漠如石的脸"，由此沉淀出了梦的元素之一：石头。"石头脸"可以被理解为一种凝缩，这是 Freud 第一个梦理论的必要组成部分，也是关于病人对分析师的潜意识感知的一种探索。另外，也许"石头脸"是分析师和他的病人都没有意识到的一种微妙的感知。Ornstein 的方法是否阻止了对可能会扰乱分析师和病人的潜在攻击性主题的探索？根据 Freud 的第一个梦理论来解读梦的运作是否有破坏病人脆弱心理组织的风险？或者，病人显梦中的形象（石头）背后可能隐藏了一些伤害和创伤情境，这些形象是否可以被理解为一种凝缩和移置，它们包含了病人对分析师明确的观察立场的潜意识交流？Ornstein 看起来并不是非常关注他的理论视角是如何完全依赖 Freud 的第二个梦理论并影响了他与病人的梦的工作。在理解和诠释病人的梦时，一味地坚持单一的观点似乎存在不可避免的局限性。要整合 Freud 的两个梦理论，分析师需要倾听病人对梦的自由联想，整合可能引发梦的多种潜在日间残留，并依靠梦的运作来处理临床材料。这就是接下来两个部分的任务。

Freud 的两个梦理论中的日间残留

Freud 把白天发生的事情称为日间残留，它会引发心理问题并刺激夜晚的梦。这一最具创新性的梦假说得到了不同分析性观点的支持，导致分析师对所有的梦都提出这样的问题：为什么是现在梦到？

日间残留最初可能被认为是偶然的和无关紧要的事情，但 Freud 在《梦的解析》（1900a）中将其与他所报告的梦联系，使人们能够理解他潜在的冲突和心理现实。在对初学者和高阶候选人进行梦的分析的教学中（Levy，1996，2009），要特别注意识别病人联想中出现的多种日间残留的意识和潜意识来源。Freud 的第一个梦理论及其丰富的引言，使我们能够强调日间残留的复杂性。相比之下，Freud 的第二个梦理论忽略了所有的日间残留数据，并没有说明他如何利用这些复杂的数据来分析创伤性的梦。然而，Lansky（1995，1997）清楚地证明，创伤后的噩梦是由日常经历唤起了使人联想到原初创伤的情感而产生的。

在这里，用 Freud 的三个广为人知的梦——"Irma 梦""R 是我的叔叔"和"植物学论著"——说明日间残留与创伤性和非创伤性梦之间的关系。

Lansky（2004）认为，Freud 与失去职业地位有关的日常经历激起了隐藏的羞耻感，激活了自我理想冲突。他的竞争野心更是明显地揭示了其被屏蔽的深刻羞耻感。例如，在"R 是我的叔叔"中，因为他是犹太人，他的教授任命没有得到认定；在"植物学论著"中，Freud 对可卡因的贡献被忽略了，这激发了羞耻感，而且，在 Lansky 看来加重了 Freud 的失败感和丢脸的感觉。

Lansky 提到的这些日间残留当然有现实证据支持。然而，我的观点很不一样。我认为这些梦与 Freud 的创伤处境密切相关。他收入微薄，渐渐不够养活他不断扩大的家庭，这些威胁感被对生存的担忧激活。由痛苦现实激发的潜在毁灭焦虑，唤醒了他自身不同发展水平之间的冲突，危险的梦思维被梦的运作转化了。他在"Irma 梦"中的失败激起了破坏性的攻击和死亡的愿望，它们指向他那令人沮丧的病人以及他的资深同事 M，是 M（Breuer）医生把这个病人转诊给了 Freud，也指向 Freud 的六个孩子的儿科医生（Otto）。Freud 的破坏性攻击可能被认为是梦背后的创伤情境。Freud 在努力掌控创伤状态（他的第二个梦理论）的过程中，采取心理生存策略来增强他的自尊，他指责 Irma、贬低 M 医生，并把 Otto 描绘成一个破坏性的、不负责任的内科医生，是 Otto 用不干净的注射器给 Irma 注射，导致了她的严重躯体疾病。

在"R 是我的叔叔"的梦里，当 Freud 把他尊敬的朋友和他的叔叔联想在一起，而他的叔叔是那样一个"无赖"和"傻瓜"时，羞耻的体验就被激发起来了。Freud 认为他的朋友是他成为教授的障碍，希望把他弄走。死的愿望再一次唤起绝望的心理现实，需要梦的功能来控制它。

"植物学论著"梦里的日间残留是他白天看到的植物学论著。他最初把"植物学"和"花"与他的"妻子"联系在一起,并自责"很少记得带花给她"。他接着回忆起一个故事:一个女人意识到她丈夫没有在她生日那天给她送花(他往常会送花给她),这表明"她在他心中的地位不如以前了"。故事里的这位女士曾是 Freud 的病人,两天前曾和他的妻子说过话并问起他的情况。Freud 的联想和这个"故事"会让任何分析师怀疑他与妻子的关系正在给他带来巨大的痛苦。

另一个促成"植物学论著"的日间残留是见到并"恭贺一位朋友和他的妻子容光焕发"。Freud 有没有把这个女人的美丽外表和他妻子相比?这多种日间残留让我们怀疑这个梦是否以一种伪装的方式触及 Freud 日益恶化的婚姻关系。 Schur(1972)[159] 将 Freud 忘记一个亲密朋友的生日与他们关系的"死亡"联系起来。Freud 的"植物学论著"的梦的触发点是否触及他希望妻子死掉的愿望?Schur(1972)[153-198] 注意到在整个《梦的解析》(1900a)中,Freud 的梦和死亡之间的联系相当普遍。

Freud 的三个梦和他的联想提供的数据表明,在这些无意义的图像背后隐藏着多个层次——包括一个创伤性的情况。这些诱因触及了 Freud 的"潜意识的目的",而这些目的对 Freud 的生存是有威胁的。日常事件的深层含义被梦的运作转化和伪装,形成了他的意识所能容忍的凝缩和移置的意象。直接诠释梦,而不去关联多重触发因素的暗含影响,有可能造成危险(即绕过了梦的显意背后可能存在的创伤情况),导致 Freud 的两个梦理论互不相干。

在临床分析中,日间残留可能有一个或多个混合来源——移情、分析师前一天的干预,或分析情境的复杂性(Lewin,1955)。分析师需要将他们的反移情看作强大的日间残留,其在病人的梦中被间接和象征性地描绘。反移情对病人的影响有可能是有益的,但当它与病人的创伤情况相关时,也可能是具有攻击性的。为了保持至关重要的分析关系,病人可能会防御性地歪曲这种攻击性的含义。病人潜意识地传递出一种屈服的信息,这种信息存在于其梦和联想当中,它需要被理解为由分析师的干预而引发的伪装的、间接的、混乱的心理产物。在 Freud 的两个梦理论中寻找梦的运作是必要的。忽视分析师对日间残留的贡献可能会导致病人和分析师之间的误解，导致 Ferenczi 所说的"语言混乱"（confusion of tongues）*（Ferenczi，1933）[349]。

梦的运作在 Freud 的两个梦理论中的位置

Freud 在 1920 年重新评估了 1900 年的梦的假说，将其应用于创伤性的梦，开启了关于梦的显意价值的辩论。在 1900 年，梦的显意是一种变形，隐藏了隐意；在 1920 年，显梦揭示了创伤本身。然而，Freud 从未在分析过程中检验他的修订。虽然早期的精神分析的贡献者们强调了 Freud 的修订（例如：Nunberg，1932；Waelder，1930），但争论后来仍然存在。争论的核心问题是如何在理解创伤性的梦的过程中找到梦的运作的位置。

1925 年，Freud 为他 1900 年的梦的理论增加了一个精练的脚注，这个脚注之后经常被他引用，它有助于我们理解其梦的理论。虽然 Freud 在努力地维护其在《梦的解析》中的核心发现，但他后来也意识到虽然梦的运作被认为是梦的本质，但仍然被许多分析师误解。在分析治疗中，梦的运作在促进对梦的深入理解方面的功能常常被完全忽视、遗漏或很少被使用。Levy 1996 年研究了候选分析师或分析师和他们的病人之间的相互作用，重复证实了在梦的临床工作中并没有充分整合凝缩、移置和表征方式的复杂性。与之相反，分析师们经常将梦整体看作对病人解决问题的独特方式的描画。Freud 可能会对这种情况感到失望。关注 Freud 的脚注让我们思考下面一些问题。

1. Freud 最初很满意分析师们认可了 1900 年对梦的显意和隐意的区分。他很少怀疑这种区分有问题。这种极性对立的激进区分是否部分导致 Freud 的发现被误解——即使是他那一代的分析学家也误解了梦的运作（他认为其是"梦的核心"）？

---

* 巴别塔的隐喻。——译者注。

2. Freud 在脚注的第二部分表达了他担忧分析师忽视和混淆了梦的隐意和梦的运作之间的其他关键区别，这导致忽视了另一个重要的发现："……归根结底，梦只不过是一种可能是在某种睡眠状态下形成的特殊的思维形式。正是梦的运作创造了这种思维形式，梦的运作就是做梦的本质，做梦就是在说明梦的运作的特异性。"（1900a）[313] 基于对梦的真实本质的这种概念化，如果如 Freud 所认为的那样，创伤性梦的显意就是创伤本身，那么这样的梦是否就不是一个"真正的梦"呢？而"真正的梦"在构建时又怎么会缺少梦的运作——也就是"梦的本质"的运行呢？

3. Freud 在脚注的第三部分承认，至少部分梦是有"预期目的"的，是与解决问题有关的。然而，他并没有以此来探究梦的运作是否对处理做梦者意识上的担忧有作用。

Freud 在这个脚注中表达了三种不同的情绪，同时评估了与梦的理解有关的最基本问题。他开始很乐观但后来感到失望，这是因为分析师们对梦理论中梦的运作的独特地位感到困惑，并最终觉得其对梦的解决问题的功能来说是无关紧要的。的确，Freud 提出了与理解梦相关的基本问题，但没有在分析过程中对其进行评估。分析师们被留在二分法中：显意相对于隐意，梦的运作相对于梦的隐意，梦的运作相对于非梦的运作以及问题解决（后者与梦的其他可能的功能没有关系）。创伤性的梦如何被理解为"真正的梦"——与愿望满足的梦既相似但又不同？这需要在分析病人的创伤性的梦的适当位置和时机来探究梦的运作。

Erikson（1954）在开创性文章中的一个批判性研究为理解梦（包括创伤性的梦）的结构和功能提供了一个全面的框架。Erikson 得出的三个结论有助于找到梦的运作在理解创伤性的梦中的位置。重点是梦的运作及其与下面三者的关系：①梦的多重功能；②显梦和隐梦之间的关系；③防御。

1. Erikson 通过对 Freud 自己的联想、意象和经历进行透彻分析，论证了梦的复杂意义、多层次和多样化功能。他认为 Freud 的经典陈述和他的第一个梦理论的基础（"梦是愿望的伪装满足"）是梦的功能之一，因为 Freud 对自己梦的解析反映了人类动机的复杂性和丰富性。事实上，Freud（1917d）[223] 已经声称梦有多种功能："一个人必须把梦的多种功能之一看作一种投射，一种内部情况的外化。"我们可以发现创伤性的梦的原始功能存在于梦的多种功能中。正如他在 1920 年所述，反复试图控制创伤情况与梦的其他功能（即伪装的"愿望满足"、"外化"等等）共存。所有这些功能都推动着梦的运作，它发生在所有梦（包括创伤性的梦）的构建中。

2. Freud 认为梦的显意和隐意是两极对立的，而 Erikson 则证明了它们共存于一个连续体中，允许从显意逐步过渡到隐意，反之亦然。从对梦的元素的联想中，Erikson 提取了与做梦者藏在表面之下的冲突相关的主题。这些主题之后与梦的隐意、做梦者潜意识的愿望和冲突，以及假设的移情联系起来。如果梦的显意和隐意之间的这种关系在当前的分析实践中成立，Freud 对它们的清晰区分就站不住脚了。那么就有可能探讨在创伤性的梦的构建过程中，梦的运作是如何同时实现防御和合成功能的。

3. 分析做梦者的感知、感受、幻想以及与梦中人物的关系，有助于评估梦的运作在梦的构建和功能中的具体作用。做梦者的自由联想可能表明做梦者在意识和潜意识层面上是如何体验梦中人物的。做梦者是感觉亲近并认同某个特定的人物（我），还是感觉想要疏远甚至厌恶某个特定的人物（非我）（这个特定人物也包括精神分析师）？分析师之后能否对梦中"我"和"非我"人物之间的动力振荡进行工作？对梦的运作的微妙操作，可能带来梦中人物的互相融合和投射，以努力掩盖做梦者对意识层面反感的人物的认同，这样的操作机制需要被注意。一不留神，做梦者就与梦中人物混在一起，之后又迅速重新建立意识边界，转变为之前熟悉的感知并远离正在浮现的梦的隐意的威胁，这些不经意的时刻对分析梦很重要。

1923 年，Freud（1923）[120] 已经开始注意到他所说的"多重自我"，但他在讨论创伤性的梦时没有提及这个概念。他说："做梦者的自我可以在同一个梦中出现不止一次——作为真身出现以及隐藏在其他人物后面。"基于这一假设和他之前所做的关于梦的运作的类似假设（Freud，1900a）[322-323]，其他分析师们（Fairbairn，1952；Segal，1991；Winnicott，1971）随后详细阐明了这一假说。

Erikson 对 Freud 的"Irma 梦"的细致观察教给我们，创伤性的梦和非创伤性的梦有多种功能；它们的显意和隐意可以共存于一个连续体中；做梦者可以被直接表征，或由一个或多个模糊的甚至被排斥的人物形象来表征；并且梦中的人物有可能不断交替或转换地进行融合或分化。因此，创伤性的梦就像其他梦一样，可以被理解为是通过梦的运作构建的。为了深入研究 Freud 的两个梦理论提出的问题，并说明对创伤性的梦的分析工作，我们现在将呈现丰富的临床材料。

在分析过程中运用 Freud 的两个梦理论

……我们曾遇到过这样一些人，他们所有的人际关系都有着相同的结果。比如……在恋爱关系中，总是经历同样的阶段，面对同样的结局……在心灵中确实存在一种强迫性的重复冲动，这种重复的冲动压倒了快乐原则。(Freud，1920g)[22]

案例报告

John 在 32 岁时寻求精神分析。他的病史显示他有过两次失败的婚姻，和女人的关系也屡次失败。他对女人很有吸引力，是一位聪明、机敏的专业人士，但当一个女人对他变得"浪漫"起来，他就像被攻击到一样变得易怒、焦虑、一触就燃。这种行为导致了关系结束，并引发了压倒性的后悔、自责、孤独和"崩溃"。他以前的治疗师们已经帮助他缓解了症状，但这些治疗都戛然而止。

在治疗的早期，John 的抑郁症状减轻了，对工作的信心增加了，但他对女性的焦虑却只是被粗浅地提到。分析师感到警惕、疲惫，有时受阻甚至气馁。他们的互动似乎是机械的、重复的，分析师也在担心 John 是否会离开。

一次分析会面

John 进来时显得又激动又生气，他截头去尾、节奏时断时续地说，在周末的时候他"把这一切都弄明白了"。他对亲密的恐惧源于他父亲的冷漠和抑郁，而他母亲的"逻辑性、现实性和权威主义"又加剧了这种恐惧。他绝望地说，他现在必须克服自己的困难了。他突然从沙发上站起来，打开门要离开。分析师请他留下来，说很想知道周末发生了什么。John 犹豫了一下，抓住门把手，然后默许并坐了下来。

John 显然被吓坏了，他的身体在颤抖。他报告了一个生动的噩梦——这让他惊醒，这个梦在白天一直萦绕着他。"这是个奇怪的梦，"他说，"但梦总是奇怪的，为什么这个梦让我害怕呢？"他接着说："梦是关于 Diane 的。她和 George 有外遇。"（在梦中）我对她说："这是你的生活，但如果我看到他和你在一起，我就要揍他了。"

分析师鼓励 John 自由联想，John 说 Diane 是他的一个前女友，分手后他就开始接受治疗了。上个周日下午，他们俩见了一面，很快乐。

病人："我想我还是在乎她的……我告诉过你 Diane 和 George 有可能有外遇……我嫉妒……这太奇怪了；George 是我最好的朋友……所以如果他们真有外遇，我是真的不想再看到他们。"

（这个梦似乎是日间痛苦感受的副本，但他感到惊讶。）

病人："为什么我仍然害怕这个梦？为什么我现在还在恐慌？"

（随之而来的沉默伴随着绝望和恐惧的表情。）

分析师："这是你开始分析以来第一个做过并还记得告诉我的梦。"

病人："不，不是这样的。我告诉过你另一个梦。"

分析师："是的，你告诉过我另一个梦，那是你几年前的梦。"

病人："是的……（非常难过）……你确实记得我告诉你的……也许我开始相信你了，我知道我想对你更开放，但我很害怕……（停顿）……我做着疯狂的梦……我以前从未告诉你任何一个梦,因为我想如果我开始谈梦的话,我就会永远留在这里了……上次离开的时候,我觉得我离你越来越近了。"

分析师:"你开始感觉靠近我并信任我。信任我让你害怕,你今天试图通过离开房间以避免这种害怕。"

病人:"我还是很害怕……(沉默,看向别处……然后惊讶和兴奋起来)……你知道这种可怕的感觉是怎样的吗?这个梦让我想起了和Joan分手后的感觉。我那会都要疯了;我勃然大怒并开始了心理治疗。之后我感觉好多了,但很快就对我的治疗师感到失望,并离开了那个城镇。"

John为他被Diane和Joan欺骗、背叛和抛弃哭泣。即使他对每个人都很体贴,他一发脾气她们就走了。他在眼泪和愤怒中记起Diane答应过爱他——然而现在她却不想和他有任何瓜葛。或许她还想?他还是无法确定。

分析师说,John担心当他最需要分析师,也是他开始感觉与分析师亲近的时候,分析师也会突然退出,让他孤立无援。John对被遗弃的恐惧是否引发了他的愤怒爆发,并试图离开?分析师说,John虽然开始依赖分析师,但同时觉得有必要压抑任何负面情绪——因为如果他不这样做,那么分析师可能会退出,就像他的母亲经常做的那样,那他就会像以前一样孤独、绝望和恐慌。两天后的会面,John迟到了五分钟。尽管在治疗前的两个小时,他的精神状态大体上很好,但他对以前的治疗师们感到愤怒。还没坐下,他就开始"炮轰"他们。

病人:"他们欺骗了我……他们不关心我……他们告诉我该做什么,却不听我的……你们都在玩游戏,你们都在玩'信托号码'(trust number)……为什么你会和其他治疗师不同?"

分析师:"上一节治疗你觉得很亲密、很信任我。这种感觉让你产生了巨大的恐惧,你觉得我会让你相信我会照顾你,但突然之间就会像你之前的治疗师们一样,让你感到失望和孤独。你今天对我的愤怒攻击是在考验我、挑衅我、把我推开、破坏我们之间的亲密关系。"

病人(啜泣):"我很高兴在上次治疗中,我感到自由,可以起身打算离开。如果你没把我叫回来，我应该已经放弃治疗了……谢谢你。"

反思

分析师通过请 John 留下并表示感兴趣，回应 John 想要离开的冲动，试图阻止治疗突然结束的再次发生。John 是否认为分析师表达的关切是意图继续维持分析关系？John 是否把这种干预体验为分析师需要抓着他不放，并限制了他的独立性？或者 John 是否觉得分析师的这种干预方式是在传递分析师希望摆脱掉 John 的愿望，因为 John 的创伤情况唤起了分析师自己的冲突？病人是否与分析师的防御同调，并试图通过终止治疗来拯救治疗师？最重要的是，这些对精神分析关系的考虑是否有助于理解梦？

背叛和暴怒的主题是梦的显意的一部分，但分析师在此不是直接回应它们，而是考虑分析关系的哪些方面可能是刺激源。分析师说"这是第一个梦……"似乎凸显了一个治疗进程。然而，John 的回答"你确实记得我告诉你的……"，以及他随后的情感和联想，提供了分析师对病人心理现实的共情理解的证据，这是后续对梦的谈话能够有成效的必要条件。John 的联想——"我做着疯狂的梦……我以前从未告诉你任何一个梦，因为我想如果我开始谈梦的话，我就会永远留在这里了……"，是不是可以被认为证明了这种干预的价值呢？

分析师并没有追求一种共同理解（这种理解是：梦是潜意识过程的伪装），而是关注与 John 重复结束亲密关系相关的潜在创伤体验。与许多病人一样，需要先注意嵌入在分析关系中的梦的人际方面，然后才能有效地共同探索梦的内在心理结构。

分析师理解，对 John 来说，亲密的接触激起了他无法信任他人和预期会被背叛的淹没性焦虑——所有这些都潜意识地源自他经历中的抑郁的母亲的反复退缩，这让他不得不应对恐慌、混乱和爆炸式暴怒的内心状态。分析师想知道这种动力是否在会面中被活现并隐藏在梦中，以及在分析关系中被感知为背叛。分析师反思了自己在与 John 的谈话中的感受："他把害怕倾倒给我，并让我也害怕崩溃，害怕独自一人。"

与分析相关的梦的出现有很多目的。这些梦是在内外因素的动力作用下发生的。John 对这些梦感到严重焦虑是因为它们被体验为突破性的威胁力量，唤起了面对创伤性情境的压倒性痛苦。在 John 依次探索他自己由不良判断力而带来的羞耻、悔恨以及相关的抑郁的过程中，他也在挑战分析师，分析师需要接受挑战，在梦中找到 John 的创造潜力并利用它来促进治疗。过于草率的解释可能会阻碍这种获益。相反，分析师的做法是在考虑到治疗情境的安全性的同时，尝试碰触 John 那些可怕的、羞耻的和暴怒的情感经历。当 John 的心理冲突和梦的共同潜在动力在治疗过程中得到发展时，分析师通过行为和语言向病人传达，如果病人失控的话，他（分析师）也不会抛弃病人，从而在分析关系中建立了足够的容纳。之后才可能回来进一步分析这个梦。

分析师也试图觉察他的反移情，好奇于"病人在他的行为和梦中试图告诉我哪些关于我自己未觉察的方面？病人对我们互动的感知是否刺激了他的梦？我是否在共享一种潜在的抑郁-强迫结构，而这阻碍了治疗进展？"

在这个阶段，即在分析师认识到他对病人动力的潜在贡献之前，将梦的材料诠释为移情或自体表征都是不成熟的。

John 对分析师干预的意识和潜意识反应十分复杂。他变得更加平静和放松，但也非常生气和多疑。他要求分析师停止心理探索，并告诉他如何解决与女性之间的困境。John 被理解了，这种经验为他建立了一个空间，去思考他行为的后果；但这也干扰了他见诸行动的倾向，这种干扰也导致了被剥夺的紧张感。分析师确信保持分析框架，即最大限度地减少安慰、建议、劝告和随意的谈话，将进一步确保分析情境的安全性，并促进真正的梦的对话。

最终，病人又回到了那个梦，因为其中有他不理解的个人意义。他敦促分析师告诉他这意味着什么，但并没有坚持这一要求，而是开始合作，并开始对梦的联想。他开始明白，关于 Diane 的这个显梦中的意象唤起了他对女人的记忆。Diane 是凝缩的象征，说明了他与多名女性相处的相似情感体验,这些体验存在于他生命的不同层面(包括他童年与母亲生活的经历中)。愤怒在他的显梦中非常重要,现在被理解为是为了掩饰他对前几次背叛的绝望。他的愤怒不仅被修改了,而且从 Diane 身上移置到了 George 身上。John 对 Diane 和 George 的记忆、情感和联想,引起了他对分析师的焦虑情绪和幻想。在治疗的后期,梦的隐意与其对修通移情-反移情的作用被相互关联起来。

这些凝缩和移置的例子是 Freud 第一个梦理论中梦的本质。当释梦的时机和强度都合适时,病人就会在情感上参与进来,并有兴趣在梦的对话中应用他的新理解。当分析师和病人共同努力理解梦的复杂性时,就会培养病人对分析师理解梦的运作的方式的认同。在我们讨论的这个案例中,这样的过程发生了——随后又进行了长期的分析治疗,当然这种过程并不总是能出现。

三年后的两个梦

在随后的三年里,当 John 预期自己会被分析师利用和抛弃时,他就会反复表达强烈的暴怒情绪。对他冲动地想要结束的修通工作会跟随其后。分析师经常感到沮丧,有时觉得帮助 John 管理他目前的创伤体验和所有被过去激发的东西似乎超出了他们的能力。然而,随着分析的继续,John 的工作稳定下来,他和一个女人的亲密关系从去年开始,并一直在持续。

John 还有一个十几岁的女儿,他对亲密的愿望激起了他的焦虑,担心自己不适合成为父亲。他害怕失去对乱伦冲动的控制。他需要为女儿准备一个房间,却因为她想留下来过夜而过度紧张。

病人:"我昨天早上离开这里……我感到肩上的重担消失了。我突然意识到我生活中关于我女儿的问题……我不能回到过去改变历史……(但)有一些事情我可以做,用油漆刷完房间……我可以告诉她欢迎她来。这好可怕……

"我昨晚做了一个有关你的梦。梦中我和你面对面坐着交谈。我告诉你,我是一个非常普通的人，不是一个危险人物。

"在第二个梦中，我的朋友Bill开车来到我旁边。他开着一辆漂亮的白色本田，我开着我的旧达特桑，他看着我的车，好像我的车比他的更好似的。

"我的研究成果昨天被发表了……一个朋友告诉我，我对自己太苛刻了……Bill总是羡慕我……我父亲会给我任何我要的东西……但是Bill的衣服比我多……这些梦给我带来正面的感受，就好像Bill正在欣赏我的日常品位一样……关于咱们俩的梦是与平等有关的。我不喜欢平庸……但对此的诠释是你不会威胁到你的女儿……不必害怕你的男子气概……我把计算机课搞砸了，现在真后悔……对于梦中的你的看法不断在改变。有时我觉得就像打开了一扇窗，看得更清楚了；其他时候窗是关着的，我感觉离你很远……我和Nancy（他的伴侣）提到我要来这里。Nancy说她不知道今天晚上回家的会是谁。"

分析师："我想到的是你不确定我是如何看待你的积极情绪的。你妈妈把你的热情解释为失控……就像一个男人在猥亵一个孩子。"

[在这里，分析师提到了（病人的）一个早年记忆，一个老人在沙坑里摸一个男孩。病人曾这样谈到这件事："那儿发生了严重的错误，直到今天我都觉得我应该为袖手旁观而受到惩罚。"]

病人："对于学校的巡逻队来说，他们会选择那些本能被最大程度压制的孩子加入。"

分析师："你认为自己的冲动很危险，会给别人带来各种痛苦，你认为精神分析应该压制住你、控制你。"

……

病人："可怕的冲动……可怕的事情可能会发生在你我身上……是我造成我父母与我妹妹打架……我觉得我伤害了别人……或者也许我杀了我的母亲……我生活中最大的恐惧就是感到难堪……我违背母亲，拒绝陪她去邻居家。她扑倒在沙发上，哭着说我变得像我父亲一样了……真是难堪到家了……"

反思

John 的联想表明,他已经准备好继续修通与施虐和乱伦的母性内在形象有关的创伤性冲突,这是最近分析的一个重点。分析师解释了 John 的投射,John 把"被看见"视为"被控制"和对积极成就及自发性的破坏。John 害怕失去对性和攻击性冲动的控制,这是其创伤情况的必要组成部分,如果 John 所期待的(对他与分析师交谈的梦的)诠释只是"……你不是危险人物",那是不够充分的。

此次会面结束后,分析师认识到父亲移情的迹象可能与母亲移情结合在一起。在此之前,分析师一直被 John 体验为在促进他的自主性,这也许也唤醒了婴儿对与关爱的父母亲密接触的渴望。John 对自己的研究成果被发表的热情和胜利感,可以被看作希望分析师能加强他的积极自尊。在此背景下,John 曾说:"有时我觉得就像打开了一扇窗,看得更清楚了。"

分析师回忆起,John 仍然清楚地记得童年时他父亲和他一起玩,给他买玩具。John 四岁时,父母的关系恶化了——父亲经常离开和抛弃他的儿子,在母亲攻击 John 的自主性和自发性时没有保护他。

John 的这些历史暗示了梦的运作的操作方式。关于是谁在嫉妒、谁能被看见是矛盾和不确定的。John 的朋友 Bill 嫉妒他,是否因为他父亲会给他"任何东西"?然而 Bill 有一辆"漂亮的白色本田",John 只有"旧达特桑"。这是否是一种逆转作用,是为了保护他不再去体验与父亲之间痛苦的关系?病人是否正在移情过程中体验着对与父亲/分析师亲近的焦虑?他是否在恐惧再次被抛弃,而这会破坏他们之间渴望已久的亲密感?这是否激起了愿望满足的幻想,幻想 Bill 在嫉妒 John?

分析师好奇为什么自己在会面结束后才意识到父亲移情的重要性。当他解释母亲移情时,根本没意识到病人的热情和快乐所具有的移情意义。如果分析师在之前的治疗中理解了梦的日间残留,并注意到梦的运作如何表征了病人对分析师的积极感受,他就可能已经找到了一种与病人就此进行沟通的方法。分析师的反思凸显了修通病人创伤情境的多重成分和反移情影响的复杂性。对梦的分析永远都无法完整,但 Freud 提供了指导方针:"当一个尝试性的诠释可以揭示一个病理性的渴望冲动，我们就应该满足了。"

讨论

Freud 提出了他的创伤性的梦的显意理论，但没有临床证据，也没有参考他早期梦理论的关键概念——隐意、梦的运作和潜意识的愿望满足。因此，没有依据来评估他的第二个梦理论的有效性，也没有概念基础来整合他最初的梦理论。于是，精神分析学留下了两种独立的、看似无关的梦理论。

Freud 关于创伤性的梦的主要结论之一仍然是有价值的，"这些梦通过发展焦虑来致力于回溯性地管理刺激，而焦虑的缺失正是创伤性神经症的原因"（Freud，1900a）[32]。在这里 Freud 专注于这种创伤性的梦的恢复功能，而没有提及在他的第一个梦理论中被理解为梦的触发物的日间残留。然而，他的结论为两个梦理论的整合提供了基础，如上面的临床例子所说明的。

临床实践中，Freud 的第二个梦理论强调与创伤性的梦的显意工作，以减轻重新被唤醒的痛苦情感。然而，虽然聚焦于显意有助于加强病人脆弱的自我，但这种聚焦可能会绕过梦的运作所隐藏的更深层次的问题。

此外，必须考虑到分析师对病人创伤性梦的结构和功能所产生的影响。病人可能会将对分析师的反移情所产生的移情感知活现（enact）出来；而可以理解的是，分析师却可能会在创伤性的梦的诠释工作中弱化这个活现过程。认识到分析师在创伤性的梦中的表征，可以丰富对梦的隐意的修通。

Freud（1900）[219] 提出："……对梦的解析就像一扇窗户，通过它我们可以看到那个器官，即病人的心理装置。"他接着解释说，梦的含义通常不止一种，他在 1914 年补充脚注——"梦是由不同的内容按层叠加而成的……"。关联到目前的研究，Freud 的"窗户"就像一个棱镜，反映了在探索做梦者的心理现实的过程中可能被揭示的多个成分的各个方面——这些方面在梦中被符号化和隐喻地编码。这个"窗户"让我们可以（从不同意识水平和病人生命的不同阶段）瞥见创伤体验和相关的冲突表征、潜意识愿望、内部客体关系。也会瞥见梦的运作过程（包括其伪装和揭示做梦者的创伤经历、冲突、愿望和客体关系的工作）。在梦的多种日间残留、童年记忆、幻想和身体刺激的激发下，梦通过梦的运作得以表达，并可能与做梦者当前活跃的想象有一种独特的关系。窗户的比喻提供了一种视角去看做梦者的内心世界，同时也提供了视角去看待分析师的心理结构和动力。梦可能反映了分析师的干预，因为做梦者潜意识地察觉到了这些干预——不管这些干预被认为是有帮助的，还是创伤性的。

你可能还记得 John 谈论一个梦时说到了"窗户"："有时我觉得就像打开了一扇窗，看得更清楚了；其他时候窗是关着的，我感觉离你很远……我和 Nancy 提到我要来这里。Nancy 说她不知道今天晚上回家的会是谁。"

这与分析师的体验产生了共鸣：John 对分析情境的亲密和信任摇摆不定，只是偶尔提供一扇窗让人们瞥见他内心生活被伪装的部分。然而，这个窗户很快就会关闭，留下的主要是 John 杂乱无章的情感。这些动力的循环成为分析的焦点。通过倾听 John 在互动时所伴随的情感，分析师听到 John 可以感受到分析师在表达关心和耐心的接纳——在等待他情感风暴的平息或者退缩行为的减少。

John 开始意识到，他经常被老板或同事的"错误的眼神"或"错误的语气"阻碍。他会钻牛角尖，相信自己要丢了工作，并萌生报复性谋杀的念头和梦。分析的一个核心主题是发展出对 John 最初的创伤情况和这个不断重复的循环之间的关系的理解。此外，体验到成功会使 John 产生淹没性的、混乱的、膨胀的幻想，即换了一个又一个伴侣——这证明存在一种潜意识的自我破坏的冲动，这种冲动也正在干扰分析师。

John 的创伤经历所产生的恐惧感使分析师意识到，他必须做好"不知道谁会来参加治疗"的准备，并必须预料到他的干预会产生矛盾的效果。随着时间的推移，分析师和 John 待在一起，分析他的感觉、幻想、感受和意象，这减少了 John 的冲动和末日般的感觉。三年分析后得到的分析数据，以及上面报告的部分对梦的分析，表明 John 在精神紊乱周期之间建立积极关系的能力增强了，修通他的创伤情境的成分的能力也增强了。

结论

在分析治疗中，Freud 的两个梦理论是否可以共存于分析师的心智中，需要继续被探索，而这一探索需要对我们目前的各个梦理论和 Freud 的理论进行系统的比较。希望这一扩展的探索能够为一个全面的梦理论奠定基础，以满足病人在分析治疗中的需要。它将结合 Freud 的梦理论，并超越它们。

以死本能为基础的攻击性理论是否仍然成立?

亨利·帕伦斯（Henri Parens）❶

许多人谈到 Freud 时都认为他是一个教条主义者；他们不相信他的谨慎，也不相信他偶尔会意识到他所宣称的东西在他自己的头脑中并不是确定的，而且临床发现时常会在他心中激起难以忽视的猜测。他在极具争议性的《性别解剖学差异的一些心理后果》(Some Psychical Consequences of the

---

❶ Henri Parens 是托马斯·杰斐逊大学的精神病学教授，也是费城精神分析中心的培训和督导分析师。他是 200 多项科学和非专业出版物和多媒体节目的作者，包括《人的依赖性》(Dependence in Man)(1971)、《幼儿攻击行为的发展》(The Development of Aggression in Early Childhood)(1979 [2008])、《儿童的攻击性》(Aggression in Our Children)(1987/1994/1997)、四卷本的《情感成长的养育》(Parenting for Emotional Growth)(1995—1997)、《新的生活？从大屠杀中治愈》(Renewal of Life? Healing from the Holocaust)(2004/2007/2010)、《建设性地处理儿童的攻击性：驯服人类的破坏性》(Handling Children's Aggression Constructively: Toward Taming Human Destructiveness)(2010)，以及与他人合著的《精神卫生的预防》(Prevention in Mental Health)(1993；与 S. Kramer 合著)、《偏见的未来：精神分析与防止偏见》(The Future of Prejudice: Psychoanalysis and the Prevention of Prejudice)(2000；与 A. Mahfouz、S. W. Twemlow、D. Scharff 合著)、《坚不可摧的灵魂：悲剧、创伤和人类的韧性》(The Unbroken Soul: Tragedy, Trauma and Human Resilience)(2008；与 H. Blum、S. Akhtar 合著)。他还制作了五部科学电影，一部名为《父母教育的迫切需要》(The Urgent Need for Parenting Education)的纪录片，以及一部为哥伦比亚广播公司(CBS)制作的 39 集电视系列节目，名为《父母：爱与更多》(Parenting: Love and Much More)。他获得了许多荣誉和奖项，包括米里亚姆·布朗儿童世界奖(Miriam Brown World of the Child Award)(1993)、费城精神病学协会终身成就奖(Lifetime Achievement Award, Philadelphia Psychiatric Association)(1999)、宾夕法尼亚精神病学会主席奖(Pennsylvania Psychiatric Society's Presidential Award)(2000)、杰佛逊医学院对教育进步作出重大贡献的院长奖(Dean's Citation for Significant Contributions to the Advancement of Education at Jefferson Medical College)(2004)、儿童和青少年精神病学区域理事会终身成就奖(Lifetime Achievement Award, Regional Council of Child and Adolescent Psychiatry)(2005)、阿诺德·卢修斯·格塞尔奖(Arnold Lucius Gesell Preis)(2008)。他的主要研究工作包括育儿方法，以及预防儿童早期的攻击性、暴力、恶性偏见、由经历引起的(experience-derived)情感障碍。Parens 博士还是一名大屠杀幸存者。

Anatomical Distinction between the Sexes）（1925j） ❶ 中两次这样说明，在其五年前的《超越快乐原则》（1920g）[24]中也说明："接下来的部分是推测的内容，这些推测通常是有些牵强附会的，读者可以根据个人喜好采纳或摒弃它们。"在这段话之前（1920g）[16]，他驳斥了一种貌似非常合理的可能性：强迫性重复源自将被动变为主动的努力，这反过来可能反映了一种掌控的本能。他想知道：为什么孩子会反复地重复一个导致他痛苦或焦虑的事情？是什么让他去寻求这样的痛苦或被他体验为危险的情境？我们只能做出推测［正如Max Schur（1972）所做的关于Freud几乎一生都在关注死亡的推测那样］：Freud在1920年提出了一个引人注目的迂回论点，主张强迫性重复反映了一个人恢复到其无机状态的内在需要。有必要强调的是，Freud的攻击性理论使破坏他人成为次要的需求，首要的需求是破坏自己，在死本能的推动下寻求回归到个人最初的无机状态。

正如我在1979年对Freud的本能驱力理论的逐渐进化的评论中所写的："尽管Freud在1920年才试探性地提出了死本能，但到1930年，'即使在精神分析界'遇到了阻力，他注意到死本能已经'对我产生了如此大的影响，以至于我不再能以任何其他方式思考'（Freud，1930）[119]。"（Paren，1979）[55]众所周知，在美国，杰出的精神分析理论家们挑战了攻击性的死本能基础，主张精神分析无法确定，更不用说证明我们人类是由死本能驱动的。

作为一名坚信Freud大部分著作观点的精神分析学家，让我先说说我是如何开始怀疑他基于死本能的攻击性理论的有效性的。

---

❶　69岁的Freud在《性别解剖学差异的一些心理后果》的第三段中写道："生命有限。我不再把全部时间花在工作上，因此我进行新的观察的机会就不多了。如果我看到一些新的东西，我不确定我是否可以等到它被确认……因此，在这种情况下我觉得有理由发表一些迫切需要确认的东西，其价值需要之后再来决定。"（1925j）[249]然后，在同一篇论文的倒数第二段，Freud又说："我倾向于认为（这些）考虑是有一些价值的……然而，我意识到，只有当我的发现……具有普遍的有效性和典型性时，才能保持这种观点。如若不然，它们将仅仅是对我们了解性生活发展的不同路径的一种贡献。"（1925j）[258]

我为何开始怀疑攻击性的死本能基础

1973 年，我报告了一个令我感觉惊讶的偶然发现，也就是"对一个有问题的观察的简短连续评论……这个观察常常是在 3~5 个月大的正常、受到良好照顾的婴儿中进行的"（Parens，1973）[35]。

Jane15 周大，小睡 25 分钟后醒来，我们用胶片记录（Parens et al.，1974）了她"在连续 30 分钟中活动的节选"（Parens，1973）[35]，我觉得这个记录对基于死本能的攻击性理论提出了严峻的挑战。

醒来几分钟后，Jane 开始看着客体们——她的母亲和观察者们。她笑得很开心，已经……专注看着她的母亲。然后她环顾了一下地板上的物品，简单浏览的同时仔细地观察了几个物品。她现在把注意力转向了一组系在绳子上的塑料环，忙着探索它们。她先把它们拉散开，然后放到嘴里咬它们。从她的脸上可以看到她在努力发挥嘴部的感觉和运动（sensorimotor）功能；伴随着这种努力，我们很快听到她嘴里开始发出声音。她一边看一边来回移动塑料环，脸上的表情很严肃，从她似乎在"工作"的方式可以推断出她正面临相当大的压力。她挥舞着手臂，试图去够被她无意中推到自己够不到的地方的塑料环。而她的母亲在我们的指示下把塑料环向前推，这样她就能再够到它们了，Jane 很快就够到了，她的注意力继续集中在那些塑料环上。她努力地把塑料环送到嘴边、努力推拉它们时的情感，说明这种压力是为吸收（assimilating）它们服务的。这种活动当然会受到生理需求和社交的干扰。她环顾四周，微笑地看着妈妈。然后她的注意力又回到了塑料环上。她这种如同专注于工作的情感、不断探索这些塑料环的努力，和这种行为的内在驱力都引人瞩目。她的很多精力都似乎投入在了对这些塑料环探索式的嘴部运动和推拉运动中。她探索这些塑料环时不再吮吸拇指。她再三地用嘴叼着塑料环，有时她会同时用手臂拉着、抬起身体，她的腿也活动起来，实际上她的整个身体都参与了努力。她的面部表情和整个身体姿势都表

明她在那漫长的活动中的紧张和投入的巨大努力。经过 18 分钟几乎不间断的努力，她停了下来，躺在垫子上。看得出她累了。她停顿了大约 15 秒，抬头看了看母亲，温柔地笑了笑，然后回到玩塑料环上，马上又变得非常忙碌。很快她又停了下来，她的脸上开始出现不高兴的表情。她哭了起来，好像很生气，也停止了探索活动，塑料环被拿在手里；在 20 分钟的时间里，她现在第一次把拇指放进嘴里，静静地躺着。（短暂停顿后）她回到玩塑料环上……从此开始，她在探索塑料环和吮吸拇指之间来回交替……给人的印象是她正在从疲劳和无法解释的挫败中恢复过来……她哭了一会儿，抬头看着她的母亲……她吐了一点口水。妈妈把她抱起来安慰她。Jane 已经醒了大约 25 分钟了，并且一直在忙碌。

我们（当时）在八九名 8～16 周的婴儿的清醒期以及其生理和精神舒适的时期中观察到这种……类型的有压力的、被驱动的"探索性"活动。在 Jane 身上，这种从她九周大的时候开始的探索活动的强大压力和持续时间令人印象深刻……这种探索性活动……的持续具有不可抗拒性；Jane 和我们研究中别的孩子们一样，都不是随意地去看东西；反而看起来像是被内心什么驱使着向外看。虽然我的思考方式可能冒着目的论的风险，但我还是想补充一句，这种内部的驱力是为了满足 Jane 内部想要吸收、控制和掌握其视觉体验的需求（Parens，1973）[37]。

这种行为挑战了我过去一直以来试图理解我的病人和生命活动中攻击性变迁的攻击性模型。为什么这种行为会挑战这个模型呢？

我最开始接受的攻击性模型直接源自 Freud 的基于死本能的攻击性理论。1949 年，Hartmann、Kris 和 Loewenstein 等人的争论支持了攻击性模型，但拒绝接受它是以死本能为基础的，也就是说，他们不认同 Freud 发展的攻击性模型的基础（即攻击性驱力是死本能的心理表征），但他们保留了在死本能假说基础上所建立的上层结构*。正如 Freud 本人在 1930 年说的，他的一些同事也拒绝接受死本能假说。直到我们进行了很多次观察，并

---

* 也就是攻击性模型。——译者注

拍摄到了上文报告的行为类型，我才看到 Hartmann、Kris 和 Loewenstein 的攻击性模型中固有的问题。

正如我在 1973 年首次提出并在《儿童早期攻击性的发展》(*The Development of Aggression in Early Childhood*)(1979) 一书中进一步阐述的，Hartmann、Kris 和 Loewenstein 1949 年的模型假设人具有一种固有的、天生的破坏性倾向。作为一名临床工作者和儿童精神分析师，我接受了 Hartmann 及其同事的攻击性理论，把 Jane 的行为诠释为被中和的（neutralized）攻击性的副产品。在临床上，Jane 的行为看起来好像是由一种被中和了的攻击性驱动的。❶ 这种被中和的攻击性可以被自我利用，并被认为可以驱动很多非破坏性的能量。但我认为，这种攻击性的中和，需要自我的功能足够成熟以建立这样的防御。根据 Hartmann（1939）所说，相比其反应功能，自我直到 6 个月大时才会形成适应器官*。但 Jane 只有 15 周大；我们在不到 15 周的婴儿们身上也看到了这种被压力推动的探索活动。这些探索活动也是受到 Hartmann（1939）所认定的"中性的自我能量"（neutral ego energy）的驱动吗？我们是否可以假设中性的自我能量会驱动"被中和的攻击性能量"（neutralized aggressive energy）？我不能将"被中和的攻击性能量"等同于一开始的"中性的自我能量"，这两者在 Hartmann 的理论中都被大量使用。这让人想起 Freud（1914c）在发现自己不得不区分自我指向的力比多（self-directed libido）和自我保存本能（self-preservative instincts）时的沮丧。他想知道它们是否不同。我甚至假设这种困境促使他用第二个驱力理论取代了他的第一个驱力理论（Parens, 1979）。

我刚刚报告的数据类型转而给我带来了一系列困境。首先，虽然其他人可能认为 Jane 的行为没有攻击性，但我认为有，而且我一直这样认为。然

---

❶ Alex Weech 和我对聪明但在学校表现不佳的孩子的**攻击性的中和**感兴趣，我们在这些孩子中采用小样本研究了心理治疗的效果(Parens et al., 1966)。我们的假设是，如果我们能通过将一些过度的敌意和仇恨重新导向适应功能而帮助他们中和这些精神能量，他们就有可能在学校表现得更好。20 世纪 50～60 年代时的理念是使被中和的攻击性能量投入到升华中，使其成为升华的能量，这样的想法很有吸引力，并为我们提供了一些指导方针，以帮助那些有能力但在学校遇到困难的孩子。因此，Weech 和我在寻找被中和的攻击性的证据时，在一定程度上发展了临床技术。

* 即适应功能。——译者注。

后，考虑到我的上述论点，我只能将其视为一种固有的**非破坏性攻击性**。为了研究这个问题，我决心以观察数据为指导——我一直深信 Charcot 曾说过的："理论不能阻止事实成为事实。"我接受 Ernst Kris（1950）和 Heinz Hartmann（1950）敦促精神分析学家进行"深度心理学"的直接观察研究的提议。鉴于关于早期发展的理论假设（它们构成了发展的基线立场），以及在这些假设导致了什么的问题上，存在严重分歧，Kris 和 Hartmann 着重建议我们通过直接观察鲜活的人类婴幼儿来检验我们的早期发展假设。1958 年，Anna Freud 附和了他们的立场，指出行为本身提供了关于该行为的无意识决定因素的证据，证明了什么是明显的，什么是可见的，什么是容易且看似合理的推断。我们的观察中，Jane 的行为或多或少在所有儿童中都可以被清楚地观察到，这些行为以及我从中得出的结论，挑战了基于死本能的攻击性理论。

我（1973）[55] 曾提出，并非有一种固有的（天生的）攻击性类型，即源自破坏性倾向的攻击性，它首先破坏自己，其次破坏他人；而是有两种固有的攻击性趋势：一种是"固有的非破坏性的"，另一种是"固有的破坏性的"。我甚至在琢磨是否"用光谱做比喻比称其为两种趋势中的一种可能更好地反映了攻击性驱力的内在特征，这个光谱的一端是非破坏性的攻击性，另一端是破坏性的攻击性"。

但我发表于 1973 年的研究结果让我陷入了一个严峻的困境，并带来了以下问题：我们尊重 Hartmann、Kris 和 Loewenstein 这些精神分析学者——他们坚持由 Freud 的死本能衍生出的攻击性理论的上层结构，但如果死本能不能驱动导致敌意和仇恨的攻击性的基本形式，是什么在驱动呢？就像我在 1973 年说的，破坏性是与生俱来的、固有的吗？在我看来，我观察到的行为似乎明确地支持存在一种非破坏性的攻击性。直接观察能否进一步说明固有的、破坏性的问题？我们用持续数月的每周两次、每次两小时的观察来探索。

我们随着时间的推移，通过观察婴儿及其母亲发现了一种行为模式，这种模式指向了可能的答案，这个答案是母亲们说出来的——每当婴儿烦恼、哭泣或马上要大闹时，母亲就会说："哦，哦，出问题了。"她们会以她们非凡的方式（通常是好的，有时是坏的）尝试确定"婴儿出了什么问题"。我在一遍又一遍地注意到这种现象后，开始发现最常见的"问题"是：这样或那样的疼痛似乎会导致婴儿哭泣，如果母亲不及时干预，婴儿通常会发出愤怒的信号。神奇的是，母亲们的安抚或尝试做她们觉得需要做的事看起来都能止住哭泣和愤怒，往往第一次尝试就管用！我后来开始在临床上测试这一点：是什么让我的病人愤怒？我从观察婴儿及其母亲之间的关系中学到的东西，似乎对理解我的病人也是中肯、适用的。事实上，通过运用观察中的发现，我澄清了我的病人的愤怒来源：他们很容易回忆性地重建或者在移情过程中重建一些强烈的心理痛苦，这些痛苦以无数种可能的方式（各种凌辱、虐待、忽视、羞辱、侵犯、强烈的挫败）存在，有些轻微一点，有些更严重。这让我假设心理痛苦——不只是身体痛苦，除非这种身体痛苦是故意造成的伤害——会引发愤怒和敌意，而这不是某种天生的倾向。

至此，我还没有充分理解心理上的痛苦是如何引发敌意和仇恨的，但攻击性的死本能基础不再对我起作用。到目前为止，我在婴儿身上观察到的攻击行为在一个关键变量上有很大的不同：有敌意的和没有敌意的。是的，它可以被看作被中和的敌对攻击性；除此之外，正如我之前提到的，年幼受试者的自我太不成熟而无法中和它！我不得不再度开始探索：我"抛弃"了死本能假说；不得不继续寻找。对婴儿和母亲进行的为期 18 个月，每周两次，每次两小时的观察揭示出，他们的攻击性行为不属于我已经发现的这两种类型。

持续、直接的纵向观察的结果

如果有令人信服的发现表明一种理论没法被检验，那么是可以抛弃它的。科学、数学、哲学、历史都是如此。然而，我发现的问题是：我们用什么来取代这个虽然很有吸引力但现在即将被抛弃的理论？让我们从头开始假设，如果没有攻击性理论存在的话，我们这些观察数据的意义何在？儿童早期的攻击性表现是多种多样的！我的意外发现带来了另一个困境：

我们如何对这些令人敬畏的、各种各样的攻击性行为表现进行分类呢？在经过深思熟虑、测试、"魂牵梦萦"❶之后，我最终将这些攻击性行为分为四类：

  a. 与不快乐相关的破坏性（婴儿期的暴怒反应）；
  b. 无情感的破坏性（进食活动）；
  c. 非破坏性的攻击性（被压力驱动的感觉运动活动）；
  d. 与快乐相关的破坏性（嘲笑和奚落的活动）。

这些反过来又让我将攻击性概念化为以下三种趋势：

（1）敌意的破坏性（包括 a 和 d 类）；
（2）无情感的破坏性（b 类）；
（3）非破坏性的攻击性（c 类）。

到 2000 年，根据我的记录，我把这个模型命名为"攻击性的多趋势理论"（The Multi-Trends Theory of Aggression）（Parens, 2008）。其中，导致敌意和仇恨的趋势是**敌意破坏性**（hostile destructiveness, HD；这个趋势的范围是从愤怒到敌意、暴怒、仇恨等）：

- 它不是先天的，也不是生物学上（biologically）产生的。
- 导致其产生的机制是与生俱来的。
- 必须激活该机制才能产生 HD。
- 它由过度不快乐/心理痛苦（excessive unpleasure/psychic pain）的体验激活。
- 产生 HD 需要过度的心理痛苦。
- 心理痛苦使攻击性具有愤怒、敌意、仇恨等情感特征。
- 最关键的是，HD 可以通过体验来调节或增强。

当我努力研究和概念化**攻击性的多趋势理论**时，我开始回顾大量的关于攻击性的精神分析和相关文献。我发现随着时间的推移，不少分析师也在挑战以死本能为基础的攻击性理论的解释价值和有效性。

---

❶ 事实上，解决方案是我在梦中得到的。

简述与精神分析相关的攻击性模型

我在文献回顾中发现，基于死本能的攻击性理论已经并正在受到许多与精神分析相关的模型的挑战，其中包括几个精神分析模型和两个主要的心理学模型，这两个心理学模型是 Dollard 的"挫折-攻击"模型和 Tomkins 的情感理论模型。我将这些模型分类如下。

基于死本能的模型

我要指出 Freud 的死本能模型至今仍被那些以 Melanie Klein 的理论为工作基础的临床工作者广泛使用。Winnicott（1947）受到 Klein 的影响，虽然他在 20 世纪 50 年代说过攻击性是成长的"生命力"（Parens, 2008）[71-74]。人们有时会忘记，Freud 认为基于死本能的攻击性天生是"自我破坏性"的，而不仅仅是"破坏性的"（Freud, 1920g）。为了保护自我免受攻击性的影响，Freud 提出攻击性必须被抑制、外化或中和（Freud, 1923b）。

如我之前指出的，Hartmann、Kris 和 Loewenstein（1949）提出的模型是 Freud（1920）的攻击性理论的变体。Brenner（1982）长期以来延续了 Hartmann 及其同事的模型。如已经指出的，此模型的最大问题在于它移除了死本能的基础，提出了一种驱力，但这种驱力缺乏心理发生学的基础。在学院式的心理学概念中，"攻击性"描述的是敌对和破坏性行为，而在 Hart-mann-Kris-Loewenstein 模型中，攻击性是一种天生具有破坏性的本能驱力。

依赖经验的模型

我 1979 年曾报告说，从 1949 年起一些精神分析学家逐渐看到需要对攻击性理论进行重大修改。正如 Freud 所说，在他自己的圈子里，包括 Hartmann（1939）、Bibring（1941）、Fenichel（1945）和 Waelder（1956）在内的分析师都抗议说，精神分析不能通过其临床方法证明或否定死本能的存在。然而，后来的分析师进一步质疑 Freud 基于死本能的理论。在过去的四十年里，他们报告说，他们的临床工作不仅使他们假设，攻击性由得到临床证据充分支持的破坏性趋势部分组成，而且有证据表明，肯定也存在一种固有的、非破坏性的趋势。直到 20 世纪 70 年代中期，B. Rank（1949）、Winnicott（1950）、Waelder（1956）、Lantos（1958）、Greenacre（1960，1971）、Storr（1968，1972）、Spitz（1969）、Solnit（1970，1972）、Rangell（1972）和其他许多人都怀疑是否所有的人类攻击性都是由固有的破坏性驱力引起的。

在这里我要指出的是，经典的学院派心理学模型将"自我肯定"（assertiveness）与"攻击性"（敌意）区分开来，这是基于它们外显的行为，而不是基于它们是否属于本能驱力。此外，在心理学中，"攻击性"的概念并没有被假定是源自死本能。我们有理由说这些概念所代表的行为与多趋势模型相关，这个模型允许人们不坚持认为攻击性是一种本能驱力——我在 2008 年强调过这一点。撇开将精神分析理论化（例如，基于深度心理学的理论化）与经典心理学理论化（例如，基于经验的理论化）相比较的问题，这种区分了自我肯定和攻击性的学院式心理学模型似乎是 Stechler 和 Halton（1983）提出的模型的基础。Stechler 和 Halton 长期与研究攻击性的精神分析学家们进行交流，并依据他们纵向、直接地观察儿童的研究发现，最终发展了他们自己的系统理论模型。特别是在 Stechler 和 Halton 模型的背景下，自我肯定和攻击性这两个学院式心理学概念，看起来与许多分析学家所论述的心理动力学观点相同，即两种固有的非破坏性和破坏性的攻击性趋势。

Dollard 的**挫折-攻击理论**（Dollard et al.，1939）很可能是第一个挑战基于死本能的攻击性理论的理论。这个理论经受了大量的研究和评论，与我提出的攻击性多趋势理论非常相关。这里我想说两点：①尽管挫败感的加剧一定会被体验为心理上不快乐，并且预计会产生和激活带有敌意的破坏性，但正如我马上要指出的那样，它不是唯一激发这些破坏性的体验；②这种理论化无法充分解释以下事实：对破坏性向外表达的防御往往说明大量的挫败感并不一定会带来具有敌意的破坏性。正因如此，挫折-攻击假说的证据有时显得难以令人信服。但考虑到我们的发现和防御机制在此的运作，我认为这是一个令人信服的假设，虽然它不足以解释所有的人类敌意破坏性（Dollard 所指的"攻击性"）的产生和激活。正如我之前所写（1984，1989，2008）[xxv]，挫折-攻击假说可以很容易地被纳入攻击性的多趋势理论。

Rochlin（1973）和 Kohut（1977）根据他们的临床工作，各自建立了一个攻击性模型，其核心假设是**自恋性损伤**会激活人类的敌意破坏性。他们的解释、理论化和模型都有所不同。尽管存在这些差异，Rochlin 和 Kohut 都假设自恋的变迁是我所说的敌意破坏性产生的核心决定因素，也就是说，是体验到"过度不快乐"的"自体"，激活了在自体内部产生"敌意破坏性"感觉的生物心理机制。

正如我在 1989 年详细描述的那样，Rochlin 将攻击性视为一种防御，对自恋的任何威胁都可以激活这种防御。他说："攻击性的防御功能被调用……为我们恢复自尊，坚持我们的价值。由于复原的需要而产生的攻击性可能是巨大的；然而幸运的是，它并不总是破坏性的；它很可能被转化为创造力。"（Rochlin, 1973）[1] Rochlin 没有谈到任何形式的**固有的**非破坏性攻击性；他看到敌意破坏性被转化为创造力，作为防御运作的产物。

相反，Kohut（1977）不断发展的关于攻击性的观点使他提出，本质上，攻击性可能固有地是非破坏性的，"作为一种心理现象，人的破坏性是次发的；它的产生最初是由于自体-客体环境未能满足儿童对最适合的……共情反应的需要"（Kohut, 1977）——这与我提出的模型（Parens, 1973, 1979）❶明显是一致的。因此，在 Kohut 的模型中，我所说的"非破坏性攻击性"是最早和最基本的攻击形式，人类的破坏性是因为对自恋性痛苦体验的反应而次发的。如我在 1989 年所讨论的（Parens, 1989）[104]，Gunther 曾详细阐述了 Kohut 的攻击性理论，并发展了一个具有吸引力的解释，关于自我肯定如何被"（攻击性）反应的**幼稚化**"转化为暴怒（Gunther, 1980）[188-189]。我提出了一

---

❶ 我要感谢 M. & E. Shane（1982）的这些信息，它扩展了我对 Kohut 关于攻击性的研究回顾的内容（1982）。

个有点类似的假设:非破坏性的攻击性和/或无情感性的破坏性,是通过过度的不快乐体验对攻击性情感状态产生影响,而转化为敌意破坏性的,我在1979年描述过这一过程。总而言之,与Dollard的挫折-攻击假说一样,Rochlin/Kohut的自恋受损-攻击/破坏性假说可以很容易地被纳入多趋势理论,因此我认为多趋势理论的"过度不快乐产生敌意破坏性"假说,是强烈挫败和自恋受损的"最小公分母"。

Kernberg(1982,1991)已经提出,生命早期的情感自体-客体体验是形成攻击性驱力的"基石"。他还提出,**暴怒的体验**是一种作为攻击性驱力的基石的特殊情感成分。我的研究和临床发现与该假设有一个基本特征是一致的,那就是暴怒体验是攻击性的敌意破坏倾向的必要决定因素。精神分析学家一致认为,个体累积的暴怒体验是其被力比多客体极度不快乐地对待后的反应。这些暴怒体验在个体内部产生了大量的仇恨,从而影响了敌意破坏性的性质,这些仇恨决定了他们当前和未来的客体关系的性质,以及他们心理内部冲突和应对机制的性质。Kernberg(1975)认为,有严重问题的人(包括那些有边缘型性格障碍的人)可能有一种生物遗传上的容易体验到暴怒和嫉妒的倾向。关于早期严重创伤对儿童大脑模式和生物构成的影响的最新知识支持了Kernberg(1975)的假设;但我与Kernberg的不同之处在于,我将更强的致病性归因于创伤对这些个体的影响,而不是对他们的遗传禀赋和素质的影响(Parens,1994)。此外,考虑到Kernberg的模型,我应该指出,他和其他人一样认为攻击性只是我所说的"敌意破坏性"。如果以这种方式看待攻击性,我有三个问题:

(1)人类的攻击性行为与动物的攻击性行为有关系吗?"敌意破坏性"作为一种攻击性的范式并不能解释自然界中普遍存在的捕食的攻击性天性,这种攻击性远比智人的暴怒覆盖的范围广泛得多。正如许多攻击性理论家所宣称的那样,捕食的攻击性是为了自我保存,而不是自我破坏,其是由生物的(生理的)、固有的、由身体需要(bodily needs)激活的自我保存本能产生的。这种破坏性不是由敌意驱动的,或者严格地说,也不是由任何情感驱动的。

(2)在正常人群中进行的纵向婴儿观察(Parens,1979)以及大量关于儿童的临床工作（Lantos, 1958; Rank, 1949; Solnit, 1970, 1972; …），揭示了生命最初几个月以及其后发展中的攻击性行为的许多证据，而没有证据表明这些行为是由暴怒体验引起的。

（3）更重要的是这一点（我在 Tomkins 的情感理论中也发现了这一点）：虽然暴怒无疑是一种强烈的攻击性情感表达，但暴怒本身并不产生敌意破坏性攻击，而是心理痛苦的体验（即"过度不快乐"的体验），产生了敌意破坏性攻击。如果 Kernberg 和我一样认为情感自体-客体是攻击性驱力的基石，那不是说明经验性二元事件（experiential dyadic event）导致了暴怒情感吗？不是暴怒产生暴怒，而是客体-自体的互动产生暴怒。还要注意的是，基于死本能的攻击性理论宣称，是死本能，而不是表现本身（即愤怒、敌意或仇恨），推动了人类攻击性的表现；这些攻击性的表现是由死本能引起的。但我的研究和临床发现表明，过度的不快乐和心理痛苦会产生或激活这些不同强度的敌意破坏性。我们不需要死本能来解释"敌意破坏性"的生物-心理原因。正如我在 1979 年提出的：

> 毫无疑问，不快乐的表现有躯体的根源：细胞质的易激惹性。由于细胞质的易激惹性……细胞（有机体/自体）中张力的有害积累在心理上被感受为"不快乐"。这种生命物质的感觉反应性是为了保护细胞（自体）免受破坏，并且采取行为去去除细胞（自体）的有害张力……这种去除活动中的身-心力量就是"攻击性"。这种去除有害张力的活动被原初而自发的快乐-自我（pleasure-ego）功能所掌控，它们被原初自恋所支持。这种具有攻击性的去除冲动，受到这种至关重要的身-心保护机制的庇护，它的出现是为了帮自体去除引起过度不快乐感（易激惹性）的有害因素。（Parens, 1979）[110]

在这项 1979 年的工作中，我详细阐述了这种"具有攻击性的去除活动"如何在情感上充斥着"不快乐"，变成了敌意；但是考虑到这种趋势所包含的由不快乐强度决定的敌意的变化范围——从愤怒到敌意、仇恨和暴怒，我通常将这种趋势统一标记为"敌意破坏性"。

系统理论模型

Lichtenberg（1989）提出了另一个有吸引力的攻击性模型，这个模型的假说基础是存在一个帮助人适应的先天反应系统。Lichtenberg 1989 年的模型与行为学的概念化是兼容的，这是一个汇集众多人员的思想领域，如 Lorenz、Hinde 和 Tinbergen。我们可以说 Stechler 和 Halton 的 1983 年模型也是这样一个模型，因为它有系统理论基础，但它是沿着学院式心理学的路线概念化的。

基于情感理论的攻击性模型

Silvan S. Tomkins（1962，1991）这位最著名的人格理论家基于他关于人格理论的长期研究项目，留给我们一个精巧而复杂的关于情感本质及其地位的模型。就如在其他相关模型中常见的情况那样，Tomkins 的理论框架、概念和术语定义的差异性* 也导致我很难将 Freud 的死亡-本能模型与我在本文简要提到的基于体验的模型（包括我开发的多趋势模型）相关联。例如，我们无疑都同意，（如 Tomkins 提出的那样，）情感是对不同体验的先天反应。但与 Freud 的观点相反，Tomkins 认为情感并非"从属于驱力"，也不是驱力的副产品（1962）[6]。在此处，与理论关联的问题在于 Tomkins 对驱力的定义与 Freud 的定义截然不同。Tomkins 在 1962 年宣称（正如他在 1991 年证实的那样），虽然驱力和情感都是动机系统，"但原始的动机系统是情感系统，并且（因此） **生物驱力** 只有在被情感系统放大时才具有动机影响"。显而易见，Tomkins 将 Freud 的基于死本能的理论搁置一旁。

总结本节，请注意我没有将许多来自不同学科的攻击性模型〔例如：精神病学的模型（Patterson et al., 1967；Hamburg et al., 1981），Bandura

---

* 与 Freud 及本篇作者不同。——译者注。

和 Walters（1959，1963）、De Wit 和 Hartup（1974）、Feshbach（1970）的心理学的研究，以及遗传学（Ginsberg，1982）、生理学（Moyer，1968）、神经生理学（Reis，1973，1974）、行为学（Goodall，1979；Lorenz，1963b；Tinbergen，1969）和社会学（McCord et al.，1959）的研究］包括进来。但我回顾了这些文章，发现没有人支持精神分析的基于死本能的攻击性理论。

我必须提到，非常资深的非分析界人士们投了非常重要的一票，他们赞成一个攻击性模型，该模型假定攻击性是由破坏性和非破坏性两种趋势构成的。Konrad Lorenz 向 Anthony Storr 致敬，他在 Storr 的书的前言中写道，他（指 Lorenz）希望是他自己想到了 Storr 在 1968 年和 1972 年的作品中提出的攻击性概念。这一点之所以重要，是因为 Lorenz 提出动物的争斗——非特定的破坏性——可以是自发的，因此，这隐含的一个意思是它是天生的。根据 Tinbergen（1969）的说法，Robert Hinde 挑战了这一假设，他认为动物世界中的战斗是由环境决定的，而不是由内心的战斗需求决定的。Tinbergen 对这一假设进行了回顾，实际上他认为 Lorenz 和 Hinde 的分歧并不像他们所说的那样大：二者都认为内部因素（即"自发的"因素）和外部因素（即环境因素）都可以触发动物争斗（Tinbergen，1969）[29-33]。当然，Lorenz 所推崇的 Storr 假设确实假设了内部和外部因素在诱发破坏性攻击时都有作用。然而，值得注意的是，虽然 Lorenz 承认不快乐体验在我所说的"敌意破坏性"的出现中起了一定作用，但他并没有把敌意破坏性的**产生**具体归因于过度不快乐的体验。但是，由于 Storr 清晰描述了攻击性中的两个主要趋势，直到 1979 年，他的模型是朝着对攻击性的多趋势理论进行概念化的方向发展得最远的一个模型——这是我在发展了攻击性的多趋势理论之后才意识到的事实。

基于死本能的攻击性理论是错误的吗？

我并没有证明基于死本能的攻击性理论是错误的。我发现的是，遵循 Kris（1950）、Hartmann（1950）和 Anna Freud（1958）所论证和推荐的有

规律的方法 [（其发现）与我基于可重复的数据产生的假设，以及从儿童出生后几周开始的对儿童每周两次的直接纵向观察相一致]，得出的结果均不支持"攻击性是由人类死本能的心理表征驱动"的理论。但这些发现迫使我提出了一种可以被其他人直接或通过临床推断记录和重复的攻击性理论。可以直接观察到的是，正常的新生儿的兴奋处于可以预测的平均水平，不会给人一种"兴奋得像沸腾的蒸汽锅一样"（a cauldron of seething excitations）的印象。正常的新生儿从产道呱呱坠地，最初哇哇大哭、痛苦尖叫——这一过程不仅给母亲也给胎儿带来了巨大的压力，胎儿的整个身体都在巨大的压力下被挤压和绷紧；但她/他很快就会安静下来、适应新环境，不会太惊慌或生病。可以肯定的是，在出生时伴有各种生理失调的婴儿，无论其失调是由于胎儿期发育问题还是宫腔内化学环境紊乱，还是由于早产，都可能表现出呼吸或胃肠中枢神经系统功能障碍或其他痛苦症状，她/他们确实证明了攻击性在被或多或少地释放。虽然有些人可能将这些婴儿攻击性的表现归因于死本能驱动，但我们如何解释攻击性在大多数 APGAR❶ 指数良好的婴儿中不被表现出来？相反，受到危害的婴儿的烦躁行为可以用以下假设来解释：过度的心理痛苦激活了他们体内产生（我所提出的，一般意义上的）"敌意破坏性"的最早的表现机制（Parens，1973，1979）。尽管我没有证明死本能理论是错误的，但我确实说明了要想合理而有效地理解人类的攻击性，这个理论是不必要的。与基于死本能的攻击性理论不同，我坚持认为"攻击性的多趋势理论"（Parens，2008）在我们的临床工作中是直接可见和易于推断的。

请允许我提一个读者可能认为离谱的问题。威尼斯、罗马、雅典和世界上其他古老的、艺术氛围浓厚的地方的汽车、木屋和砖房、大理石雕像也会因为其死本能而变质吗？时间的流逝带来了摩擦、过度使用、事故，以及肉眼不可见的空气污染物，它们会破坏一切结构，无论其成分是有机的还是无机的。我们是否需要假定任何结构都有一种倾向，即由于一种自我破坏的倾向而返回到它的无机状态？对无生命的结构来说，难道不应该假设，是结构

---

❶ APGAR 是观察性评估新生儿功能正常或紊乱程度的工具。良好的 APGAR 结果通常表明新生儿结构发育和系统功能良好。

之外的力量起作用而导致它的毁灭？至于有生命的结构，有没有可能是由这些外力以及内部过程（如感染、物理和生物化学的异常细胞的增殖等）导致了动物或植物等有机体的毁灭，而不需要调用一个天生的自我破坏的强制性强迫行为？

攻击性的死本能模型现在仍成立吗？

在攻击性的死本能模型发表 90 年后的今天，它是否仍然成立？既然我提出了这个问题，我自己也应该面对同样的问题：我在近 40 年前开始探讨攻击性的多趋势理论，那么它在近 40 年后是否成立？这就带来下面两个问题：

1. 我们能否记录下由死本能驱动的攻击性的直接证据或可以被强有力地推导出来的证据？我们能否记录下多趋势模型的直接证据或可以被强有力地推导出来的证据？

2. 既然二者都是"工作模型"，那么它们各自的启发式价值是什么？

我们能记录死本能的证据吗？

我们能否找到可以直接记录或可以被强有力推导出来的证据，用以证明这种固有的力量在我们的病人（无论是儿童还是成人）身上发挥作用？在移情中，当我们是病人敌意的客体时，我们是否倾向于将其归因于他们未被驯服的死本能导致的攻击性？我们是否不太可能寻找一种潜在的过去体验（是这种体验外化到移情中激发了这种敌意）？我的临床经验以及我长期以来的倾向是，为病人目前的移情体验中的敌意寻找一个（或多个）体验来源或决定性因素。

精神分析后来进一步的假说（即婴儿来到这个世界，被驱使着攻击客体），是否成立？我没有看到这样的证据。提醒一句：正如我之前提到的，具有诱发疼痛的疾病（例如湿疹或哮喘）或身体发育不成熟的婴儿可能会愤怒、哭泣甚至尖叫。疼痛＝极度不快乐；其不是死本能的衍生物。

一些人援引"细胞凋亡"现象和罕见但严重的医学疾病——早老症，作为生物体内自我破坏倾向的证据。对这些现象的公认解释并不支持以下观点：存在自我破坏性的强迫冲动，其目标是回归无机状态。"细胞凋亡"被解释为一种正常的新生儿现象，有助于减少神经元的过度拥挤，从而优化特定神经通路形成的空间。早老症是一种尚不清楚的衰老加速现象；已经有证据表明，试图记录死本能在这种疾病中的作用是有挑战性的，在精神分析情境中弄清楚它也是如此。❶

我们是否需要**本能驱力**的概念来理解攻击性？本能驱力的概念并没有将攻击性当作一种我们所有人都非常关注的现象，也不应该如此。相反，重要的是我们要认识到，并不是所有的攻击性都是破坏性的，敌意和仇恨不是来自天生的性格，而是来自体验。这清楚地表明，是可以对敌对的破坏性采取预防措施的，最后之战并非不可避免——正如 Freud 告诉 Einstein 的那样。

---

❶ 抱歉，此处引用的关于"细胞凋亡"和早老症的参考文献已无法找到。毫无疑问，如果哪位读者确实能找到与作者主张相反的文献，作者将非常感激读者与他分享这些信息。

死亡驱力的概念：临床视角

奥托·科恩伯格（Otto Kernberg）❶

我认为，在 Freud 的伟大发现中很明显地存在着两个主要矛盾，其中之一是力比多或性驱力理论与死亡驱力理论之间的矛盾。相对应地，这个矛盾又代表了另外一种矛盾，即生命（以性欲冲动为核心）和攻击性之间的矛盾。Freud 认为这两种驱力都是决定潜意识冲突和症状形成的基本动机的起源（Freud，1920g）。从更广泛的意义上讲，它们是驱使人类一方面寻求满足和幸福，另一方面进行严重的破坏性和自我破坏性攻击的动力。Freud 强调性取向的婴儿期起源、婴儿期性欲，特别是其中的施虐受虐内容，在当时的大众文化中引起了震惊、反对和否认等各种反应（Freud，1905d）。有种乐观的假设认为如果在早期发展中没有严重的挫折或创伤，攻击性就不会是人类的主要问题。死亡驱力的理论与这种对人性更为乐观的看法大相径庭。

---

❶ Otto Kernberg 是纽约长老会医院韦斯切斯特院区人格障碍研究所主任，威尔康奈尔医学院的精神病学教授，哥伦比亚大学精神分析培训和研究中心的培训和督导分析师，纽约州立精神病学研究所综合临床服务部主任和哥伦比亚大学内科和外科医学院的临床精神病学教授。他也曾担任纽约医院-康奈尔医疗中心韦斯切斯特院区的副主席和医疗主任。他曾任国际心理学协会主席（1997～2001），是精神分析论文的高产作者，其著作有：《边缘情况与自恋病理》（*Borderline Conditions and Pathological Narcissism*）（1975）、《客体关系理论与临床精神分析》（*Object Relations Theory and Clinical Psychoanalysis*）（1976）、《内在世界与外在现实》（*Internal World and External Reality*）（1980）、《严重人格障碍》（*Severe Personality Disorders*）（1984）、《人格障碍及变态中的攻击性》（*Aggression in Personality Disorders and Perversions*）（1992）、《爱的关系》（*Love Relations*）（1995）、《团体和组织当中的意识形态、冲突及领导力》（*Ideology, Conflict, and Leadership in Groups and Organizations*）（1998）、《心理治疗关系中的攻击性、自恋及自我破坏性》（*Aggressivity, Narcissism, and Self-Destructiveness in the Psychotherapeutic Relationship*）（2004）和《精神分析理论、技术及其应用的现代争议》（*Contemporary Controversies in Psychoanalytic Theory, Technique, and Their Applications*）（2004），以及众多与他人合著和参与编辑的作品。

对 Freud 理论的持续的文化反应，可以完全地体现在精神分析学界当中。目前的趋势表现为倾向关系取向而弱化婴儿期性欲和攻击性，特别是在美国精神分析界更明显，这与欧洲和拉丁美洲精神分析界的情况形成了对比，在欧洲和拉美精神分析界，婴儿期性欲和攻击性仍处于中心地位（Kernberg, 2001）。此外，Freud 的死亡驱力概念被美国的自我心理学质疑，争论点在于攻击性是原发的还是创伤和挫败的次发反应，这种争论远远超出了精神分析本身，渗透到了心理学领域。

在本篇中，我希望专注于围绕 Freud 的死亡驱力理论的争议。这一争议的重要性直接关系到 20 世纪和 21 世纪之初的社会和文化问题。作为人类心理学核心的一部分，死亡驱力的存在非常不幸地是一个实践中存在的问题，而不仅仅是一个理论问题（Kernberg, 2003a, 2003b）。

首先，关于 Freud 的动机理论：研究患有神经症症候群和性格病理的病人经历的潜意识冲突，导致 Freud 相继提出关于终极驱力的构想，最终形成力比多和死亡驱力的双重驱力理论*。提出这两个主要动机系统的实践意义是：如前所述，在底层，所有潜意识冲突都涉及某种发展水平上的爱与攻击之间的冲突。我相信这在临床上是很有意义的，Freud 也曾谨慎地提出警告：我们了解这两种驱力的唯一路径就是了解它们在心理表征和情感中的表达。

问题开始了：Freud 推迟了将心理功能和结构与潜在的神经生物学发展联系起来，因为他那个时代的神经生物学还很不成熟。然而，他表达了一种希望，希望心理功能和神经生物学发展之间的更具体的关系最终可以变得更加清晰。从目前神经生物学发展和我们对哺乳动物，特别是灵长类动物的本能行为及其组织的认识进展来看，原始的动机系统包括了正面和负面的情感。在某种意义上，情感是原始动机系统的原因是，在特定的情况下，通过边缘系统的机制，它们的激活会启动强烈的动机，使人们趋近客体或远离客体。整个力比多情感的谱系（正面情感）——欢乐的相遇、欣快感、感官的满足和情欲唤起——都朝向早期的力比多客体，而负面情感——发狂、愤

---

* 有其他作者在本书中将"双重驱力理论"称为"本能二元论"。——译者注

怒、厌恶、焦虑以及后来的嫉妒和仇恨等——则促使我们从危险的客体中撤回或试图控制、消除它们（Panksepp，1998）。所有的情感都被嵌入（embedded）心理表征，心理表征包括对情感出现的背景的认知组织、对渴望的客体以及恐惧和憎恨的客体的新定义，以及渴望情欲客体的幻想和消除威胁客体的幻想。就是这些幻想反映了爱与恨之间的潜意识冲突，它们总是作为各种表征，被嵌入了与这种冲突相关的正面或负面情感。

我们在威尔康奈尔医学院人格障碍研究所（Institute of Personality Disorders at Weill Cornell Medical College）对患有严重心理病理——边缘情况（borderline conditions）——的病人进行了研究，研究证实，边缘病人具有过度的攻击性冲动并缺乏对冲动的控制，换句话说，负面情感和冲动占有强烈优势——他们经常表现出杏仁核的过度活跃（杏仁核是与激活负面情感有关的边缘结构）。他们还表现出背外侧前额叶皮质的原发性抑制，这个区域与情感的认知框架以及在这些情感激活后建立专注（focus）、注意力（attention）和行动（action）的优先级有关（Silbersweig et al., 2007）。这些以及其他相关发现也在其他各种研究中心得到了证实，因此我们正在开始建立神经生物学功能和情感激活之间更直接的关系。但是，这一切对驱力理论又意味着什么呢？

精神分析界目前正在努力解决的问题是：驱力是否应该继续被认为是原始的动机系统，还是应该把情感作为原始动机系统（Kernberg, 2004a）。我们缺乏生物学证据来证明驱力的起源和原始的性质，同时有大量证据支持情感具有原始动机的功能，并总是意味着表征的出现，这一事实引发了一个问题：情感性表征是否是更复杂的人类动机发展的基石，因此是否可以取代驱力的概念？与这样一种激进的假设相矛盾的事实是：在临床上，用情感理论取代驱力理论无法合理解释潜意识冲突具有的稳定结构。情感的多样性以及与客体及其表征之间不断变化的情感关系，并不利于对这些冲突的结构进行有意义的概念化。但另一方面，不考虑具体情感变迁的纯粹驱力理论往往会导致过度概括和僵化教条，这也是与临床经验背道而驰的：将潜意识冲突简单地解释为力比多驱力与攻击性驱力之间的斗争，也无法涵盖临床经验的复杂性。

多年前我就推测过（现在我不再是唯一持这种观点的人了），情感构成了原始的动机系统，它们被整合到上级的正面和负面驱力中，即力比多驱力和攻击性驱力中。反过来，这些驱力通过激活构成它们的情感而表达自身。根据力比多和攻击性对驱力的投注路线，这些情感具有不同的激活强度。总而言之，我相信情感是原始的动机。它们按照层级整合构成了更高级的动机，或弗洛伊德学派所说的驱力；并且反过来，驱力的激活会体现为潜意识的幻想，而构成驱力的、具有情感效价的表征会通过潜意识幻想而表达出来（Kernberg，1992）。

在这些构想的背景下，我将在本文中提出，在严重的心理病理学案例中，将主导的潜意识自我破坏动机归入死亡驱力的观念是有根据的。然而，我怀疑严重的自我破坏的攻击性是否是一种主要倾向，并主张自我破坏性的潜意识功能不仅仅摧毁自体，还会摧毁重要他人。

你会注意到，在本篇的前面，我谈论的是攻击性，然后是攻击性驱力，而不是死亡驱力本身。我们的病人的痛苦来自爱和攻击性的冲突，来自其他人的矛盾态度。这些人让病人又爱又需要，又满足又挫败，他们无法全部满足病人的渴望，有时还夸张地抑制着其基本心理需求的满足，哪怕这些需求看上去足够合理。我们在这里讨论的是挫败带来的攻击行为，这与Freud所描述的产生于快乐原则和现实原则之间的冲突的攻击行为类型是一致的。而这种攻击性的基础，与我们对亲密和爱的最深层需求交织在一起，可能自然地与攻击性的生物倾向有关，就像爱和性欲一样是与生俱来的，是我们作为所有哺乳动物的共同属性。我所指的攻击性倾向是一种正常的心理机制，因为新生哺乳动物及其早期发育阶段都需要来自父母的保护：这些攻击性是为占有领地从而保护食物来源而服务的，也体现在雄性为占有雌性而进行的竞争中。这些生物学上固定的本能在人类社会中也有相应表现，并解释了经历危险或挫败之后的次级攻击性的机制。但是，Freud发现了一些临床现象，其中攻击行为不能仅仅由快乐原则的挫败来解释，而是成为一种压倒一切的、自我破坏性的动机，作为巨大的阻抗，影响了精神分析治疗的改善作用。随着时间的推移，在精神分析实践的基础上积累的临床经验增加了新的证据，支持严重自我破坏性的心理病理组合的存在，也间接支持了死亡驱力的理论。

导致 Freud 建立和（后来）强调死亡驱力的假设，而不是简单的攻击性驱力的现象包括（Freud, 1920g, 1921c, 1923b, 1924c, 1930a）：

1. 强迫性重复（repetition compulsive）现象；
2. 施虐和受虐；
3. 负性治疗反应；
4. 重度抑郁症导致的自杀（以及非抑郁性的性格特征结构导致的自杀）；
5. 群体过程中的破坏性和自我破坏性发展及其社会影响。

让我们来考察一下这些现象。

首先，关于强迫性重复，Freud 在其最初的建议中提到的主要临床类型是：（顾名思义，）病人无休止地重复相同的、通常是破坏性的行为，这些行为会产生阻抗，让病人无视分析师对假设的，但通常有充分证据的潜意识冲突所给予的诠释。最初被描述为"本我的阻抗"的是一种来自动力学潜意识的神秘力量，临床经验表明，强迫性重复可能具有多种功能，对预后有不同的影响。有时，它只是重复地修通冲突，需要耐心和逐步细化；另一些时候，它代表着潜意识地重复与令人挫败或受创伤的客体之间的创伤性关系，并暗暗地期望"这一次"对方将满足病人的需要和愿望，从而最终转变为病人迫切需要的好客体。许多对创伤性情境的潜意识固着都有上述这样的来源，尽管有时这些固着也可能反映了更原始的神经生物学过程。这些原始过程处理的是一种非常早期的行为链的不断重新激活，这种行为链深深植根于边缘结构及其与前额皮质和眶前皮质的神经连接中。在许多创伤后应激障碍的案例中，我们发现强迫性重复是一种为了妥协于最初压倒性的情况所做的努力。如果这种强迫性重复在安全和保护性的环境中得到容忍和促进，问题可能会逐渐解决。

然而，在其他案例中，特别是当创伤后应激综合征不再是一种活跃综合征，而是作为严重的性格特征扭曲背后的病原学因素起作用时，强迫性重复可能在努力克服创伤情境，但潜意识却在认同创伤的来源。在这里，病人认同创伤的施害者，同时将其他人投射为受害者。就好像世界已经完全变成了施害者和受害者之间的关系，病人潜意识地重复着创伤情境，试图将角色颠倒，将其他人置于受害者的角色（Kernberg，1992，2004b）。这样的反转可能为病人提供潜意识的胜利，于是强迫性重复无休止地维持着。还有更多恶性的强迫性重复的案例，比如出于想胜过试图提供帮助的人的潜意识感觉，而潜意识地努力破坏一段可能有帮助的关系，只是因为嫉妒这个人没有遭受病人所遭受的心灵痛苦。这是一种潜意识的胜利感，当然与此同时，病人也打败了他自己。

André Green 在研究严重心理病理学方面有卓越贡献，他描述了对"死去的母亲"的潜意识认同。也就是说，一个严重抑郁的母亲长期挫败了她的孩子对爱和依赖的需求。与此同时，孩子热切地需要着母亲，没法放弃她。病人通过潜意识地认同一个幻想中的"死去的母亲"，否认了现实中所有活着的关系的存在，就好像他自己对这个世界来说已经死了一样（Green，1993a，1993b）。

在患有严重病理性自恋的病人中，强迫性重复可能有一个功能，即主动破坏时间流逝，以此表达对衰老和死亡的否认，同时也胜利地破坏了其所嫉妒的治疗师的工作。这种否认表面上让病人安心，保护他免于因自我破坏性地逃避自己的生活任务（包括分析工作）而产生的焦虑。这是克莱因学派学者所描述的一种破坏性自恋结构的表现（Rosenfeld，1971）。简而言之，强迫性重复为无情的自我破坏性动机理论提供了临床支持，这种破坏性动机理论是死亡驱力概念的来源之一（Segal，1993）。

严重的性施虐和受虐是自我破坏性的基本驱力的第二种类型。性变态的案例——将性行为明显限制在某种特定的互动中，而这种互动是性兴奋和性高潮不可或缺的条件——可能与危险的施虐或受虐行为有关，表现为将严重的自伤或自残行为作为享受性的前提条件。在最严重的情况中，对他人的过度残忍和对自己的过度残忍往往是结合在一起的。患有边缘性心理病理的病人往往表现出严重的自残，他们割伤自己、烧伤自己，最严重的情况下导致肢体残缺，这是一种无情的驱力，有时会导致所有的治疗努力都失败。神经性厌食症的频繁出现的症状，特别是其最严重的表现可能也对应着这种无情的、不可遏制的自我破坏性。厌食症病人的潜意识冲突涵盖了广泛的动力学：从俄狄浦斯式的竞争和对母亲的反叛式抗议、潜意识地对自己作为女孩的性发展感到内疚，到对病人的原始仇恨——病人将自己的身体认同为极端施虐的母亲形象，以及自我破坏性的潜意识全能感的活现（Kernberg，2004d）。

一种尤其难以处理的临床综合征是变态（不是性变态）。变态涉及以召唤爱的方式达到攻击性的目的，以寻求爱或者帮助为名努力引诱另一个人，但其实这是一个陷阱，最终是以被诱惑的人的象征性或真实的、社会性的或者有时甚至是身体上的破坏而告终（Kernberg，1992）。在正常的爱情关系中，小剂量的攻击性会增强情欲的快乐。然而，在病理中，这种变态会破坏情欲的快乐，甚至会破坏情欲的客体本身。在所有这些施受虐中，下面的病人表现出最轻微的形式：他们由于潜意识的内疚而破坏了他们所得到的东西，这种内疚感通常是与被深深地抑制的俄狄浦斯渴望有关，或与对需要依赖的早期客体的潜意识攻击性有关。这些发展水平的病人比较容易理解，也比较容易治疗；在此，自我破坏是为了让一段令人满意的关系得以发展而必须付出的"代价"，其原始功能不是破坏一段潜在的良好关系。

这就把我们带到了严重自我攻击的第三种表现形式，即负性治疗反应。Freud在他的临床观察中描述了一种负性治疗反应，当病人觉得分析师的干预有用时，其情况却似乎变得更糟，这表达了对被帮助的潜意识内疚（Freud，1923）。因为潜意识的内疚而产生的负性治疗反应，实际上是负性反应中最温和的形式。

另一种更常见、更严重的形式（虽然明显还是可以治疗的），是出于对治疗师潜意识的嫉妒而产生的负性治疗反应，这种反应尤其是自恋病人的特征。这是自恋病人对治疗师帮助自己的能力、分析师在努力帮助病人时具有的创造力的一种羞辱性嫉妒的表现。

还有一种更严重的负性治疗反应具有明显的高度自我破坏性的迹象，表现为潜意识地认同一个极端施虐的客体，因此病人好像觉得，他唯一真正拥有的关系就是和一个摧毁他的人的关系。这种动力学组合在表现出严重自残行为的患者中很普遍。一位病人成功地切断了双手手指，并切断了一只手臂的主要神经：她表现出恶性自恋综合征（the syndrome of malignant narcissism），她的精神分析心理治疗部分是在被延长的住院期间进行的。她没有任何精神病性症状。在移情中，她主要表现出认同了一个极端好斗和乱伦的父亲形象。从一般常识出发很难理解这种发展水平，但也有病人们会无情地激怒分析师，直到分析师屈服于一种无法控制的负面反移情反应。分析师被操纵进入反移情的活现中，表现出一些负面的行为，而病人则胜利感满满地以他的挑衅性自我破坏性行为的进一步升级作为回应。通常这些治疗会草草结束，让治疗师感到无能为力、挫败和内疚。这些病人代表了严重的边缘性情况，以及我所说的恶性自恋综合征——病人具有严重的自恋特征、偏执倾向、对自己和他人的自洽的（ego-syntonic）攻击，以及反社会行为。这些病人可能会利用治疗，将其作为一种变态的自我破坏式满足形式，因为他们会把别人拉进他们致命的自我攻击中。我们的一位病人表现出这种综合征，她反复服用灭鼠药，这种药会干扰血液凝固，以至于引发严重的内出血，而当治疗师和工作人员问起时她却微笑着否认她吃了药。即便是住院期间检测出凝血酶原的时间一天天延长，护理人员们也仔细搜查自残工具，我们还是无法控制这位病人的自残行为和其中表现出来的快乐属性，以至于最后她不得不被转院到另一个机构接受监护。

　　第四种严重的自我破坏性冲动表现在自杀的冲动和行为上。Freud 认为忧郁症的自杀倾向是死亡驱力的另一种表现形式。他将这种情况的基本机制描述为内射了一个矛盾的、被爱的、丧失的客体，然后将对该客体的攻击性吸收到自我中，现在，自我认同的是丧失的客体。虽然 Freud（1917e）最初将忧郁症中的自杀解释为将对丧失的客体的仇恨向内转化的结果，但在他的双重驱力理论（Freud, 1920）形成后，他在《自我与本我》（Freud, 1923b）[53]中修正了他的观点，关于忧郁症，他指出："可以说现在在超我中占主导地位的是一种纯粹的死本能文化，事实上，它经常足够成功地将自我推向死亡，除非后者通过转变为躁狂来抵御这个暴君。"

　　Melanie Klein 的研究表明，这种矛盾是所有爱情关系的一个正常方面（Klein, 1940, 1957）。她描述了抑郁心位的任务是克服一种分裂，这种分裂发生在积极的、理想化的、内化的客体关系与攻击性投注的、迫害性投射的客体关系之间。简而言之，她描述了正常发展中分裂的理想化关系和偏执的关系之间的整合，这就是抑郁心位，与之前分裂主导的偏执-分裂心位形成对比。Melanie Klein 令人信服地提出，这种整合构成了一个正常的早期发展阶段，在所有后来的哀悼过程中都会重复，因此，在所有的丧失中，不仅有一个外部客体的丧失，并通过内化它来克服丧失，而且还通过修通对所有早期客体丧失的矛盾来重新激活抑郁心位。简而言之，正常的矛盾心理是所有哀悼反应中不可避免的一个方面。只有在严重的攻击性冲动，特别是朝向丧失的客体产生的潜意识的攻击性冲动下，病理抑郁心位才会发展，表现为无情的自我攻击，这种自我攻击源自将客体的攻击性方面内化到超我中，之后超我攻击自体，以及同时将客体等同于自我或自体。这种结合导致了潜在的严重危险和通常被行动化的（actualized）自杀倾向。但我们在非抑郁的病人身上也发现了这种自我破坏性的自杀行为——准确地说，是在严重自恋人格中发现的。在此，一种受挫感、失败感、屈辱感（本质上是失去了自己的自大感的感觉），可能带来的不仅仅是极度摧毁性的可耻的失败感和自卑感，而是通过结束自己的生命获得对现实的一种补偿性的胜利感，从而向自己和世界证明，他们并不害怕痛苦和死亡。正相反，死亡以一种甚至是优雅的方式出现，是对一个被贬低的、毫无价值的世界的抛弃（Kernberg, 2007）。

我们已经看到，严重的自我破坏性心理病理学证明了关于强烈的、有时是无法控制的自我破坏性冲动的临床假设，这种冲动反映在强迫性重复、施虐和受虐、负性治疗反应和自杀的现象中，无论是在严重的抑郁症还是在其他形式的心理病理学中。但是，除此之外，Freud 还将严重的自我破坏性描述为一种社会现象，它存在于大型社会群体活动的行为中，存在于因意识形态而聚集在一起的人群中，存在于民众和一个自大的、充满攻击性的领导的相互认同中（Freud, 1921c）。在这一过程中，群体将他们的个人超我功能投射到群体领导身上，其后果是产生一种被群体允许的表达，这种表达包括表达原始的、通常被压抑的冲动，尤其是一种攻击性类型的冲动。一场群众运动可能会伴随着一种寻找和摧毁敌人形态的驱力、一种从群体中释放和聚焦的攻击性带来的权力感、他们对领导的忠诚所带来的被保护的依赖感，以及退行到最原始的解离状态——将客体关系分裂成理想化和迫害性的关系。对 Freud 来说这种发展意味着社会层面上严重破坏性的激活。超我被投射到领导身上，所有参与者都会与他/她（指领导）相互认同，攻击性被允许表达，这是对群众运动和大型社会结构中的攻击性行为的根本解释，甚至适用于国际冲突。但是，在退行的群体过程中，激活的攻击性也可能被引导到群体本身中，在一个自大狂的、自我破坏性的领导人领导下，以宗教或在意识形态上被合理化的集体自杀告终。

在 20 世纪宗教激进主义运动中，Freud 的群众心理学以成千上百种形式得到了戏剧性的展示，Bion（1961）在 10 到 15 人的小团体中的研究以及 Pierre Turquet（1975）和 Didier Anzieu（1981）在 100 到 150 人的大团体中的研究也对此进行了补充。篇幅所限，我无法详细描述所有发现，但总结来说，当这些或大或小的团体是非结构性的——没有明确的任务和相应的组织结构让团体建设性地与环境发生关联，以及与此相反，当这些团体的唯一任务是以每几天或几周见面一个半小时的方式研究他们的反应时，他们都呈现出引人注目和相似的现象。他们立即被激活了强烈焦虑，努力使用一个友好的、平庸的、祖父式的领导者阐述的某种安抚性的哲学来逃避这种焦虑，而领导者所说的其实都是陈词滥调。当这种努力失败时，他们表现出一种强烈的暴力倾向，寻找偏执的领导者，将群体本身或其对周围社会环境的感知分裂为理想化的和迫害性的，并主动攻击被认为是敌对的世界部分，以保护理想群体的完美和安全。

Vamik Volkan（2004）将精神分析理论应用于群体间和国际冲突的研究，通过系统地研究宗教激进主义群体理想世界的性质、他们需要寻找和摧毁敌人的原因、他们保持严格的边界和群体的纯洁性的努力，以及这些范畴与宗教激进主义政治、种族和宗教运动之间的明显联系，进一步扩展了这些精神分析观察。总结一下，有令人印象深刻的临床和社会学证据表明，人类普遍存在着暴力的潜能，在群体退行和存在相应领导者的特定条件下，这种可能性太容易被触发了，而从人类社会生存的视角来看，这可能被认为是根本的自我破坏性。

这些都是支持 Freud 死亡驱力理论的主要临床论据。 Freud 还试图将其与生物倾向的自我破坏性联系起来，追踪"涅槃原则"的心理吸引力与生物学中自我破坏性的生理机制的平行关系。实际上，细胞凋亡的生物学功能，即某些细胞在控制指令下进行自我破坏，可能是这种生物机制的一个例证。虽然用生物学上的类比来解释心理功能可能很诱人，但这样做会有还原论的风险，因为它让结构层次迥然不同的复杂现象变得扁平。我们确实拥有有力的临床证据证明，在许多心理病理学案例中，存在严重、无情的自我破坏性。我过去 30 年与严重的病理人格和边缘性结构工作的经验只是进一步证明了人类具有自我破坏倾向的根本性质，它在临床上支持死亡驱力概念的存在。

如果我们接受，严重的自我破坏性行使着一种主要动机系统的功能，我们就可以从这个视角出发探索死亡驱力的概念。在我看来，解决这一理论挑战的方案之一是整合几个结论。首先，如果死亡驱力是用来指代严重的心理病理状态中自我破坏性的、起主导作用的潜意识动机，那么这个概念无疑是有根据的。第二，然而就我们目前所知，严重的自我破坏性攻击性并不是一个原始的趋势，而是一种特别严肃的、有结构的动机系统，尽管它可能受到创伤经历的影响和刺激，但不只是简单地"继发于创伤"。第三，自我破坏性的潜意识功能不仅仅是摧毁自体，而同样重要的也是为了摧毁重要他人，无论是出于内疚、复仇、嫉妒还是胜利感。

对临床症状组合的联合探索最清楚地反映出自我破坏性冲动的主导地位，它们都揭示了内化的施虐性客体表征和受虐性、服从性自体表征之间的心理内部斗争。内化的施虐客体表征可能代表了投射和再次内射的攻击性冲动和现实中的创伤体验，而受虐自体表征可能代表了痛苦的创伤体验的情欲化和潜意识的、被内疚诱导的赎罪式受苦的组合。在强迫性重复的案例中，我提到了对创伤性经历中的施害者和受害者的潜意识认同、对"死去的母亲"的潜意识认同，以及通过破坏自体来战胜一个潜在有帮助的但令人嫉妒的客体。在施虐-受虐病理的案例中，攻击性冲突的强大优势可能会将与施虐客体的内化关系转变为压倒性的自我破坏性。在出现负性治疗反应的情况下，朝向自体的攻击表现多种多样，整合程度较好的患者可以表现为被超我诱发的对自体的攻击，更原始的患者表现为与一个依赖的但是暴虐性的客体建立的内部客体关系。Freud 和 Melanie Klein 对自杀性抑郁症的心理病理学的澄清第一次指出了施虐性超我对自我的破坏性后果。因此，自我破坏性的动机不是寻求简单的"涅槃"，而是主动地破坏与重要他人的重要力比多关系。

简而言之，攻击性在整合原始负面情感的基础之上，总是作为主要的动机系统存在于心灵中。但我推测只有当这种攻击性占主导时，当其在（例如）变态综合征中汇聚力比多冲动时，当其主要目的是获得"去客体化"（de-objectalization）[使用 André Green（1993a）的术语]——清除所有重要他人的表征，随之也清除了自我——时，才值得被称为死亡驱力。我推测死亡驱力不是一种原始驱力，而是攻击性（主要动机系统之一）的一种重要伴发表现，在严重心理病理学的治疗工作中处于中心地位，因此作为一个临床领域的概念非常有用。

是什么决定了攻击性会被显著地结构化到内化的客体关系中并指向外界，或指向个体自己的身体或心灵？在什么情况下，指向自我的攻击性会成为主导的潜意识动机系统？我相信，目前我们对这些问题只有部分答案。有证据表明，负面情感的激活是遗传决定的以及受体质自带的优势性影响的；也有证据表明，不稳定的气质倾向表现为对情感的认知调节不足，其可以影响早期客体关系的内化。

不安全的依恋可能显著地促进负面情感激活主导的气质。婴儿和儿童时期的创伤经历以及严重混乱的家庭结构显然与具有自我破坏性倾向的严重人格障碍有关（Paris，2009）。但一些有严重自我破坏性倾向的病人并没有这样的背景。然而，临床上后一种情况，尤其是在最严重的主要表现为自我破坏性的案例中，我们通常会发现自恋型人格障碍，既有明显较为温和的、自信的、自大的类型，也有最退行的、攻击性浸润的、具有病理性自大狂自体的恶性自恋综合征（Kernberg，1992），克莱因学派的作者将这些情况描述为破坏性自恋（Britton，2003）或病理组织（Steiner，1993），以及负性自恋（Green，1983）和去客体化（Green，1993a）。简而言之，强烈的攻击性情感和自恋人格的被内化的客体关系的特定结构的协同，成为将攻击性恶性转化为占主导地位的自我破坏动机的主要因素。

忧郁症的自我破坏性，其由超我决定的自杀倾向，形成了一个特殊的情况，再次说明了由遗传和环境决定的抑郁情感激活的高反应性的影响，以及内化客体关系的特定结构化——这些病人的病理性超我——的重要性（Panksepp, 1998）。

当然，这让我们开始询问这种概念化的治疗意义：我们的立场是什么？精神分析在这方面取得了什么成就？在当代客体关系理论下，精神分析的结构理论已经演变为对自我、超我和本我的构建基石的分析——它们与重要他人构成的内化关系，这些关系以原始的、由情感决定的自体表征和重要他人或客体表征的形式被整合起来（Kernberg, 2004c）。我曾提出，自我和他者的二元表征在特定情感效价的支配下，被内化为一系列平行的正面和负面的内化客体关系。当它们具有命令性质或禁止性质的时候，它们根据其特定功能被并入超我结构；或者当它们对应于潜意识和前意识的认同和性格形成的结构时，被并入自我结构；当这种内化的客体关系对应于意识不能容忍的原始的、攻击性的或被情欲的幻想渴望的和恐惧的客体关系时，被并入本我结构。

就客体关系的内化而言，这种心理结构的重构的重要性在于：在我们在严重心理病理中发现的最原始的结构类型中，这种早期分裂的理想化的和迫害性的客体关系主导着移情领域，而不是成熟的自我和超我功能在主导；而治疗的核心是要对这些移情中显露的每一个二元关系对进行分析。我们近年来对这些心理病理的理解，也许最大的进步是发生在严重性格病理，特别是自恋和边缘情况的治疗中。

在移情中自我破坏性占优势的典型案例中，病人看起来表现出对分析师解释性干预的轻蔑拒绝和无情破坏，但这个问题不能简单地被看作死亡驱力的表现，它的背后反映出一种内化的客体关系。这种客体关系的一方是施虐的、凶残的客体表征，另一方是顺从的、麻痹的自体表征，并与攻击者形成了共谋。这个自体的共谋性特征首先表现为忽视分析师的干预和缺乏自我关照。出于仇恨或嫉妒，病人潜意识存在打败分析师的快乐，这个快乐会更加缓慢地出现在移情情境中。分析师对这种退行性移情的耐受，是它们可以最终被解决的关键。

我们将精神分析原则应用于这些病人的描述性和结构性特征，这让基于精神分析模型的差异性治疗有了更清晰的指征。

重要的是对那些严重的自我破坏性攻击可能占主导地位的综合征进行早期诊断。其中尤其包括我提到的"死去的母亲"综合征和恶性自恋综合征；以及存在严重的、自洽的攻击性的情况，其攻击性表现为傲慢、变态、与虐待性超我认同，以及影响病人在社会环境中生存的自我破坏性行为（Kernberg, 1992, 2004b, 2007）。从治疗的一开始就分析这些案例中自我攻击倾向在移情中的发展似乎是必要的，特别要注意破坏分析师所提供的东西的倾向，以及尽管病人具有攻击性但不管怎样还是可能希望治疗师能存活的倾向。从确保其边界的稳定性的意义上来说，让治疗有结构可能变得重要起来。我们已经学会了如何通过谨慎地设定初始契约，以及如何通过分析任何背离技术性中立的反移情偏离（即由于强烈的敌意移情而使分析师背离关心的、客观的正常态度），来防止攻击性的严重的、身体上的见诸行动，从而威胁到治疗边界。

探索病人在攻击自体和他者时的快乐感，可能会变得特别重要。在这方面，我们可以说，死亡驱力与快乐原则并不矛盾，其证据是，在面对一切想要帮助他们的努力时，病人击败它们，并从中获得胜利的快乐。我在早期的工作（Kernberg, 1992）中建议，重要的是要转化病人表现出来的不诚实或危险的、隐瞒的心理病理移情，以及病人试图为恶性目的调动治疗师的良性努力的变态的移情。我们必须将这些精神病性的移情转化为偏执性移情，也就是说，要分析为什么病人必须以欺骗的方式行事，揭示其为何对分析师有深深的恐惧和怀疑，并把攻击性的冲动投射到分析师身上。偏执性移情的充分发展是第一步，朝向逐步认识投射、承认自己身上的攻击性起源和抑郁性移情的发展。抑郁性移情是指在承认与自己的攻击性相关的内疚感的发展的影响下，病人可能能够整合和阐述他的攻击倾向。

在某些情况下，人们需要同时警惕情感缺失和缺失情感表征的"纯粹"情感；因此一方面是情感风暴，另一方面是明显的情感完全缺失，二者都必须被系统地探索，以揭示潜在的、被激活的客体关系。在现实中，一些处于治疗僵局很久的案例实际上是由于自我破坏性的致命重复，病人努力逃避冲突和否认时间的流逝。有些时候，在极端的攻击性冲动及其投射的影响下，病人的现实检验力减弱了。病人可能会在治疗过程中出现微小的精神病发作，对于分析师来说，阐明病人和分析师所生活的不相容现实的存在、如何理解它们以及如何解决它们可能变得很重要。

简而言之，针对以严重的自我破坏性移情为主导的案例，客体关系视角为治疗提供了多种分析工具。并且我们可以说，对这个移情领域的视角已经成为将精神分析原则应用于最具挑战性、预后不佳的案例的主力军。精神分析对大群体的攻击性和自我攻击性行为及其与社会领域退行过程的关系的理解日益增加，这是否有助于预防和管理它们，仍有待观察。总之，Freud 引人注目的死亡驱力概念可能没有反映天生的倾向，但显著地与临床实践有关。

濒死成瘾

贝蒂·约瑟夫（Betty Joseph）❶

我们在一小群病人身上看到过一种非常恶性的自我毁坏，我认为其本质是一种成瘾——一种对濒临死亡的上瘾。它主宰着这些病人的生活；在很长一段时间里，它主导着他们在分析中带来材料的方式，以及他们与分析师建立的关系类型；它支配着他们的内部关系、他们所谓的思维，以及他们与自己沟通的方式。它不是一种朝向涅槃式的和平或从问题中解脱的驱力，而是与此有非常明显的区别。

我敢肯定，这些病人所呈现的画面是我们所熟悉的：这些病人在他们的外在生活中越来越陷入无望之中，并参与那些似乎注定要摧毁他们身心的活动，例如，过度工作狂、几乎无眠、不正常饮食、减肥但偷偷地暴饮暴食、饮酒越来越多，也许还断绝了人际关系。还有其他一些病人的濒死成瘾在他们的实际生活中可能不那么引人注目，但这在他们与分析师和精神分析的关

---

❶ Betty Joseph 是伦敦著名的精神分析临床工作者，自 20 世纪 50 年代以来，她一直从事对儿童和成人的全职分析工作。Joseph 的开创性论文题为《心灵的变化与心灵的平衡》（Psychic Change and Psychic Eguilibrium）(1989)。她漫长而杰出的分析生涯中的主要兴趣集中在精神分析的临床和技术领域。她在克莱因学派的传统工作中，发展出了一种具有广泛影响的独特技术方法。通过对临床情况的精确细节的敏感关注，Joseph 已经证明并提出了克莱因学派概念的技术含义，特别是投射和内射性认同。她感兴趣的是，病人维持精神平衡所需要的方式可能渗透到分析情况中，此时精神变化可能如何发生。她最著名的论文包括：《难以触及的病人》(The patient who is difficult to reach) (1975)、《濒死成瘾》(Addiction to near death) (1982)、《论理解与不理解》(On understanding and not understanding) (1983)、《移情：总体情况》(Transference: The total situation) (1985)、《投射性认同：一些临床方面》(Projective identification: Some clinical aspects) (1987) 和《心理变化与精神分析过程》(Psychic change and the psycho-analytic process) (1989)。她曾担任英国精神分析学会成员及英国精神分析研究所培训分析师。她的演讲足迹遍及欧洲、北美、南美、澳大利亚和印度。

系中同样重要。事实上，在所有这些病人中，靠近死亡的吸引力最明显的表现是在移情中。正如我想在本篇中说明的那样，这些病人以一种非常特殊的方式为分析提供材料，例如，尽管很明显他们也想要被理解，但他们看起来似乎在以一种经过精心设计的方式交流，或他们好像在他们自己和分析师身上制造无望和绝望感。这不仅体现在他们取得了进步，却又忘记它、失去它，或者对它不负责任中。他们确实表现出一种虽然经常是沉默的，但很强烈的负面治疗反应，而且这种负面治疗反应只是更广泛和更隐伏的画面的一部分。正如我曾说的，把这些病人拉向绝望和死亡的力量并不是对平静和不用努力的渴望；事实上，就像我将呈现的一个病人那样，仅仅是去死的话，尽管有些吸引力，但仍不够好。病人还存在这样一种切身需求：体验自己被摧毁并从中获得满足感。

所以我在这里强调的是一种强有力的受虐狂机制在起作用，这些病人会试图给分析师制造绝望；然后让分析师与这种绝望共谋，或者积极参与到对病人的严厉、批制或其他方式的言语虐待中。如果他们（病人）成功地伤害了自己或制造了绝望，他们就胜利了，因为分析师已经失去了他的分析平衡或理解和帮助的能力，病人和分析师都会陷入失败。与此同时，分析师会感受到治疗被真正的痛苦和焦虑围绕，但要识别它们就必须将它们和"受虐狂式地使用和利用痛苦"区分开。

这个受虐狂组合的另外一个部分，也是我要讨论的另一个领域，是病人的内部关系和与他自己的一种特殊的交流类型——因为我相信，在所有这样的病人中，人们会发现一种类型的心理活动，即一遍又一遍地发生或预期发生一种指责或自我指责型的心理活动，病人完全沉浸其中。

我在前文中已经描述了死本能的拉力、濒死的拉力，这是一种心理或身体的边缘政策，这种政策的根本就是看见自身处于两难困境，无法被帮助。然而，考虑朝向生命和健全的拉力在哪里也同样重要。我相信病人的这一部分是被放置在分析师中的，这部分地解释了病人对进展的明显的极端被动和冷漠。这一点我稍后再谈。

我在开头介绍中所概述的许多内容在分析文献中已经有所描述。例如，Freud（1924c）讨论了受虐狂中死本能的作用，并识别了负性治疗反应中见到的道德受虐的内在冲突的本质。他在文章的最后补充道:"就算是主体对自身的毁灭也一定伴随着力比多的满足。"在我随后呈现的病例中,这种自体的近乎毁灭也伴随着相当强的力比多满足,尽管同时也伴随着强烈的痛苦。然而,我想讨论的另一个主要方面是:这些问题是如何在移情、病人的内部关系和他的思想中被感觉到的,这种受虐性结构具有深度上瘾的性质,和对这种成瘾性的迷恋和固守。稍后,我想就这些病人的婴儿史中的一些可能的情况做些补充。我将从一个梦开始进入问题的核心。

这个梦来自一个病人,他是这个群体的典型代表。他多年前开始做心理分析,那时他冷淡甚至是残酷,缺乏爱、非常能干、聪明、能言善辩,工作也很成功——但基本上很不快乐。在治疗过程中,他变得温和多了,正在努力建立真正的人际关系,并深深地陷入与一位很聪明但同时可能也不稳定的年轻女人的矛盾的情感纠葛中。这对他来说是一段非常重要的经历。他也深深地依恋着分析,虽然他从不提、不承认,还经常迟到,看上去好像没有注意到或意识到我作为一个人的存在。他经常突然对我产生强烈的恨意。

我接下来呈现他星期三带来的一个梦。那个星期一,他肯定了我们一直在做的工作,但在沉默时,有一种特殊形式的挑衅和"残忍"的气氛。会谈结束时,他似乎松了一口气,也变得好接触了。但在周二,他在会谈本该要结束时打来电话,说他刚醒。他听起来很烦恼,说自己昨天晚上几乎没睡,周三他会来。他周三来了之后谈到了周一,他很惊讶地发现,在治疗中感觉更好之后,周一晚上他的身体、胃各处却都非常紧张、非常糟糕。他对女友K有更多温情的感觉,很想见她,但K晚上出去了。K说她回来后会给他打电话但一直没打,所以他肯定是躺着睡不着,状态不好。他也知道他非常想跟我进入治疗,他表达了一种强烈的积极的感觉,觉得自上次会谈以来,这种感觉正在出现。他认为我们在星期一会谈中所做的工作是卓有成效的,是上一阶段分析工作的真正高潮。总的来说,他听起来异常地感激,对完全的崩溃感、失眠和星期二的缺席感到非常困惑。

当描述起星期一晚上的痛苦和悲惨遭遇时,他说这让他想起了在星期一治疗开始时曾表达过的感觉:他觉得自己可能太过于陷入了这种可怕的状态,从而让我无法帮助他,让他自己也无法挣脱。在会谈当下和会谈结束后的瞬间,他有一种内省和更有希望的感觉。

然后他讲了一个梦:

他在一个很长的山洞里,那几乎就是个洞穴。天色昏暗,烟雾弥漫,他和其他人好像被强盗俘虏了。感觉很混乱,好像他们一直在喝酒似的。俘虏们沿着一堵墙排成一排,他旁边坐着一个年轻男人。他后来描述这个男人,说他看起来很绅士,25岁左右,留着小胡子。这个人突然转身朝向病人,抓住病人和他的生殖器,看起来他是个同性恋,这个人还想要用刀砍病人。病人彻底吓坏了,知道如果试图反抗的话,那人就会用刀捅他,他感到巨大的痛苦。

病人 A 讲完这个梦之后接着讲了这两天发生的事。他首先特别提到了 K。然后谈到参加了一个会议,遇到了一位生意场上的熟人。熟人说曾听熟人自己的一位同事说起非常害怕 A,以至于在给 A 打电话时全身都在发抖。我的病人很惊奇,但把这和我周一指出的一些东西联系起来,我当时指出,他在我询问另一个梦时对待我的方式非常冷酷、残忍。这种联想与梦中那个男人看起来很温柔但行为很暴力联系起来,所以他觉得这个梦中男人一定与他自己有某种联系,但胡子呢?他突然想到了 D. H. Lawrence——他正在读一本 Lawrence 的新传记,他记得自己在青春期着迷于 Lawrence,很认同他。Lawrence 有点同性恋倾向,并且明显是个奇怪而暴力的人。

我跟他一起工作并发现,这个又长又黑的洞穴似乎就是他觉得自己深陷其中,我和他自己都无法把他拉出来的地方;好像那是他的思想所在之处,但也许也是他身体的一部分所在。但"深陷其中"似乎与他完全被强盗俘虏和迷住的想法有关。强盗显然是和他自己联系在一起的;这个年轻男人和 Lawrence 联系在一起,被体验为是他自己的一部分。我们也可以看到,向这个强盗屈服绝对是可怕的,这完全是一个噩梦,但也伴有性兴奋。这个男人抓住了他的生殖器。

在这里我需要插一句——我对这名病人(和其他一两名类似病人)被绝

望和自我毁灭吸引印象深刻，并因此得出结论：病人真实的绝望感或治疗中描述的绝望感包含着真实的受虐式兴奋，这种兴奋在治疗中被真切地体会到。我们可以从这些病人一遍又一遍地重复他们的不快乐、失败，以及他们觉得应该感到内疚中看到这些。他们说话的样子好像他们潜意识地试图让分析师认同这种痛苦或者认同他们的描述；或者他们潜意识地试图让分析师给出批判性的或者令人不安的诠释。这成为他们说话中一个非常重要的模式。我们对它很熟悉，在文献中也有很好的描述（Meltzer, 1973; Rosenfeld, 1971; Steiner, 1982），这样的病人感觉被自体的一部分束缚，它控制和囚禁着他们，不让他们逃脱，即使他们看到外面的生活在召唤着他们；就像我的病人梦里表达的离开洞穴。我想在这里补充的一点是，病人在这种痛苦中及在被支配时体验到的性的满足，是他被吸引、被驱使靠近死亡的主要原因之一。这些病人真的被"迷惑住了"。例如，在病人 A 身上，没有任何生殖器的、性的，或其他的普通的快乐能像这种可怕而令人兴奋的自我毁灭一样让人快乐，这种自我毁灭也毁灭了客体，（而这种模式）或多或少是他重要关系的基础。

所以，我认为这个梦显然是一种反应，不仅是因为 A 意识到，女友 K 在周一晚上出去，让他躺在床上，感到越来越不安；也是因为他感觉、知道自己好多了，但又不能允许自己走出痛苦和自我破坏的长长的洞穴，也不能让我帮助他。他是被自己本质上是施虐受虐的那一部分逼迫着回来的，这看起来也是一种负性治疗反应在运作，以因女友痛苦为燃料。我在这里还想强调，以后也会再强调，当我们最后几周的工作和希望被击倒，他和我一起倒下的时候，他就战胜了我。

因此，我在这里讨论的是，他不仅被他自己的攻击性部分支配，试图控制和破坏我的工作；而且这个部分主动地对自体的另一部分施虐，另一部分则被受虐性地卷入了这个过程，这已经变成了一个成瘾的过程。我相信，这个过程总是有一个内在的对应副本，对于那些完全致力于自我破坏的病人来说，这种内在副本对他们的思维方式、安静时刻、思考能力的存在与否都有很强烈的影响。我们看到的就是类似的事情。这些病人很容易就会想起他们心中或外部关系中一直在发生的事，并开始在某种循环的心理活动中一遍又一遍地使用它，他们完全陷入其中，几乎原封不动地一遍又一遍地重复着同样现实的或预期会发生的主题。我认为用"嘟囔"（chuntering）这个词来形容这种心理活动是最好不过的。《简明牛津英语词典》（*The Compact Oxford English Dictionary*）将 chuntering 描述为"mutter, murmur, grumble, find fault, complain"（嘀咕、咕哝、发牢骚、找茬、抱怨）。例如病人A，在我试图探索他对受虐的执着的阶段，有一天他描述了前一天晚上他是如何因为 K 和别人出去而心烦意乱的。他意识到前一天晚上他一直在心里排练他可能会对 K 说什么。例如，他会说如果她和另一个男人这样的话，他就无法跟她这样继续下去了；他如何不得不放弃整个关系；他不能再这样下去了；等等。当他继续讲述他计划对 K 说的话时，我不仅从他的想法，而且从他的整个语气中，感觉到他不只是在心里想可能对 K 说什么，而是陷入了与她的某种活化的残酷对话中。然后，他慢慢地理清了自己的想法，以及他是如何在心里思考这些事情的。他认识到在这个以及在其他情况下，他会说一些残酷的话，例如，在幻想中 K 会回应或哭泣或恳求或抓住他不放，她可能会变得挑衅，他会冷酷地挑衅回去，等等。换句话说，他当时所谓的"思考他会说什么"实际上是在他的心灵中主动地陷入了一种挑衅性的施虐受虐幻想，在这种幻想中他既伤人也被伤害，不停地重复一些话，并被羞辱，直到控制了他的幻想活动几乎有了自己的生命，而幻想的内容已经是次要的了。在这种情况下，除非我开始意识到关于他们陷入这些幻想的问题并开始让病人的注意力集中于此，否则这些幻想是不会进入分析的，虽然从某种程度来说其是能被意识到的。那些沉迷于这些活动的病人嘟囔着，他们宁愿相信他们在这种时候是在思考，但显然他们是在活现这种体验，这其实与思考完全相反。

在与另一个病人的工作中，当我们终于设法非常清楚地开始探讨他心中一遍遍重复的虐待狂式的掌控式嘟囔及其重要性时，他告诉我，他觉得他可能花了三分之二的空闲时间沉浸在这种活动中；然后当他试图放弃它们的时候，他觉得自己的空闲时间太多了，失去它们令他有一种模糊的失望或幻灭感，这种失望感来自放弃这种内心对话中令人兴奋的痛苦。在分析情境中，我所指的这种"重复的心理活动是思想的对立面"的观点当然很重要。我要强调的是，这种内在的对话，这种"嘟囔"，不仅存在于分析性的对话中，也存在于病人的生活中。这类病人花费大量的分析时间，表面上是带来需要分析和理解的材料，但实际上是潜意识地为其他目的服务。我们都熟悉这种病人，他们说话的方式就像要——他们潜意识地希望——激怒分析师从而让分析师变得心烦意乱、重复乏味、缺少宽容甚至直接地批评指责病人。然后，病人沉默旁观的受虐的部分就可以利用这点来殴打自己，分析中由此建立了一个外在的"困难"，从内部来说它伴随着病人治疗过程中的沉默和明显的受伤，以及与内在感受疏离。我们可以看到，尽管他的话好像是想要"理解"，但其实并不是。这些自我破坏性的病人在生活中通常表现得很被动，跟 A 差不多在一个水平，当他们看到自己通过投射性认同（比如通过我描述的或者他们的思维和幻想中的那种挑衅）可以有多主动时，就会迈出非常重要的一步。但在分析中还有其他表达这种自我破坏性的方式。例如，有些病人会呈现"真实"的情况，但是以一种无声的、极具说服力的方式使分析师感到相当的无望和绝望。病人似乎也有同样的感觉。我认为在这有一种投射性认同，绝望被如此有效地加载到分析师身上，以至于他似乎被绝望压垮了，看不到出路。然后，分析师以这种形式被病人内化，病人被困在这种内在的破碎和垮掉的情况中，瘫痪感和深深的满足感随之而来。

由此产生了两个问题。首先，这类病人通常很难看到和承认他们在通过这种方式获得可怕的快感。而且，其次，我相信，技术上非常重要的一点是，要弄清楚：病人是否在告诉我们并向我们传达他真正的绝望、抑郁或恐惧和被迫害感，是否希望我们理解并帮助他？他是否以一种主要是为了制造受虐情境从而让自己陷入困境的方式来传达的呢？如果分析中不能时时刻刻清楚地区分这些，分析师就不能充分地分析潜在的深层焦虑，因为其整个被受虐以及对受虐的使用覆盖了。此外，我认为分析师需要非常清楚地区分我所讨论的对焦虑的受虐性使用和戏剧化。我在这里描述的东西，对人格来说比戏剧化更恶毒、更绝望。

现在我想举一个例子来进一步说明真实的焦虑和以受虐为目的而利用焦虑之间的联系，以及真正受迫害的感觉和以受虐为目的而制造出来的一种伪偏执狂之间的联系。我将带来病人 A 在极度痛苦时期的资料。有人向他暗示，公司很可能把他晋升到一个非常高的职位，但他过去和一个男性负责人的关系很差——这个人可能是一个难以相处、令人痛苦的人。情况在大约两年的时间里悄然恶化,直到在一次重大改组中他被降职。他深感不安,并认定他几乎肯定要被迫离职,而不只是情况不利。然而,应该记住,以他的职位找到其他高级别和报酬丰厚的工作并不困难。

我将介绍这期间的一次周一的治疗。病人走了进来,非常痛苦,然后想起他忘了带支票来,并说第二天会带来。然后他描述了周末发生的事情、周五和负责人的谈话,以及他对工作的担忧。他的女朋友K一直很乐于帮他,也很善良,但他觉得自己对她完全没有性欲,而她却想要跟他发生性关系,这相当可怕。然后他问,他是不是对她有些残忍——这个问题带有一点质疑的味道,好像假定我已经认为他想对她残忍并已经在责备他了,所以问这个问题本身就变成了受虐,而不是深思熟虑。然后他讲了一个梦。在梦里,他在一家老式商店的柜台前,但他个子很小,只有柜台那么高。后面有个人,是一个店员。她站在一本账簿旁边,却握着他的手。他问她"你是女巫吗?"不停地问,仿佛想要一个回答,想听她说她真是个女巫。他觉得她越来越不耐烦了,就要缩回她的手了。梦里的某个地方有一排排的人,他隐约感到自己好像因为做了什么而受到责备。商店里有人正在给一匹马钉马掌,但用的是一块看起来像白色塑料的材料,它的形状和大小像人的鞋跟上的材料。

在他的联想中,他谈到了他与K的关系以及他在性方面的焦虑。在梦里,他的身高只有孩子那么高。他在晚上有强烈的惊恐和焦虑的感觉。他会怎么做?他真的会变成穷光蛋吗?他的整个状态会发生什么变化?我们更多地谈到了这些现实。

他小时候很多次见过给马钉马掌的场景,还清楚地记得铁块扎进马蹄的味道。他说他对自己在工作中造成的情况感到内疚,并且意识到他对负责人的态度一定非常傲慢,这可能真的促成了这次危机事件。

我把账簿和他忘记带支票以及他对财务状况的焦虑联系起来。他当时在担心自己缺乏性兴趣,但表现得看起来却是想让我因他忘带支票不快,让K

因他缺乏性欲不快。在梦里，他想让那个女人说她自己是女巫，因为他在梦里只有儿童的身高，所以这像是一个他曾经持有的态度。我相信，这种内疚感不仅仅跟他意识到自己处理工作状况的缺陷、他傲慢而严苛的态度有关——这确实导致了严重的工作问题，而且还被他在心智和移情中积极地使用，试图让我认同他的绝望、批评他对 K 的傲慢、沉重地打击他、在我和他两个人身上制造出彻底的绝望和无用感。这就是他在自己心智中和治疗中对焦虑的受虐性使用。然后我们可以看到一些性兴奋，一种非常残酷的兴奋，他的这种态度通过考虑关于钉马掌的联想而显现出来。作为一个孩子，他看到一个燃烧着的铁块被放进马蹄里的画面，并对此着迷和恐惧，觉得它一定跟受伤有关，尽管事实上后来知道它并非如此。这样我就可以让他看到在梦中明显存在的沉溺于极度受虐的态度，而目前在治疗过程中表现出的则是痛苦、绝望和伪偏执狂的形成。在这个梦中，有一个洞察点是，当他要求女人告诉他她是不是女巫时，他隐约地知道他希望她会说她是。当我们谈到这一点时，他开始非常清楚地再一次看到它，他的整个态度变得更加深思熟虑和平静，而不是绝望和无望。他慢慢地补充说，有一个问题是，这种性的兴奋和恐怖似乎如此巨大，以至于对他来说没有什么比这更重要和更令人兴奋了。现在当他说这些的时候，一开始他对这个问题具有明显的洞察力和真实感，但在随后的会谈中又有一种不同的感觉浮现，好像他真的觉得没有人能改变这个问题，甚至思考的点也不一样了。所以我向他表明，不仅有思考，不仅有处于这种"手淫"的兴奋中的焦虑和绝望，还有一种胜利感，一种对我的虐待，就好像他在把燃烧的烙铁塞进我的心脏，让我觉得我们所取得的一切都是不值得的，什么也做不了。他变得又能看到这些了，因此我们有可能把绝望的性受虐狂的兴奋与他对外在和内在客体的胜利联系起来。

在这个例子中，我试图展示这种受虐的兴奋是如何被掩盖在当时由 A 的工作状况引起的深深的焦虑中，与被拒绝、不被需要、失败和内疚的感觉联系在一起。但是，只有先处理好受虐性的使用和剥削，才有可能触及焦虑以及其他感受。如果分析师不这样做，那他跟这些病人就会面临一种常见的情况：病人看起来在倾听诠释，但人格的某些部分会以轻蔑、讥笑和嘲弄的态度对待分析师，尽管这种轻蔑和嘲弄是沉默的。

但是我们仍然有一个重要问题，那就是：为什么这类受虐性的自我破坏性可以如此自我延续——为什么它对这类病人有这样的影响力？我在这一篇论文中讨论过的一个原因——冷酷的受虐狂所带来的纯粹的无与伦比的性快感——是不可否认的；然而让这类病人意识到他们正在因成瘾受苦经常是非常困难的，而且需要相当长时间，他们被这种自我破坏性"勾住了"。和 A 的工作中，在工作到关于洞穴里的性侵犯的梦之前，我们已经修通了很多，他意识到自己被一种瘾影响，也相信自己想要摆脱这种瘾。但他觉得自己想要获得自由的那部分既没有那么强大，其可能结果的吸引力也没有这种瘾的力量那么大——他是无法理解这一点的。

这个问题需要从这些病人的被动角度来考虑，我在本章开头提到过，当时我描述了朝向生命和健全的力量似乎被分裂出来并被投射到分析师身上。我们可以从移情中看到，在严重的案例中，有时会持续数年都如此运行。病人前来、谈论、做梦，如此这般，但给人的印象是，他很少有真正积极的兴趣去改变、改善、回忆，去在治疗中取得任何进展。这样就慢慢地形成了一个画面。分析师似乎是房间里唯一积极关注变化、进步和发展的人——就好像病人的所有积极主动的部分都被投射到了分析师身上。如果分析师没有意识到这一点，也因此没有将他的诠释聚焦在这个过程上，就会出现一种共谋：分析师小心翼翼地，也许是机智地推动，以试图引起病人的兴趣或提醒他；病人简短地回应，只是安静地再次退缩，把下一步的行动留给分析师，精神病理学的一个主要部分在移情中被见诸行动。病人不断地向着一种无声的、致命的瘫痪和近乎完全被动的状态退缩。当病人的这些有生机的部分被持续地分裂出去后，就意味着他的向往、欣赏、思念、因失去而感到不安等等整体能力都丧失了：所有促成真正的完整客体关联的东西都被投射出来了，而病人仍然沉迷于他的瘾中，没有心理手段来对抗它。因此对我来说，理解这种明显被动的本质在技术上对这些病人来说是首要的。此外，这意味着生本能和爱的分离，很大程度上避免了矛盾和内疚。随着这些病人病情好转、开始变得更加整合、关系变得更加真实，他们开始感到急性的痛楚，有时几乎是身体上的疼痛——是未分化的但非常强烈。

我认为当（病人）在分析中开始体验到接近内疚的担心和痛苦时，我们经常可以看到一个快速退回到早期受虐状态的策略，以避免本质上与婴儿期和童年行为相关联的痛苦。举个简单的例子：

A 在一次很好的分析体验之后做了一个梦，梦中他的母亲已经死了或快要死了，躺在一块石板或沙发上；使他惊恐的是，他从她的一边脸扯下被太阳晒伤的皮肤并吃了下去。

我认为，他并没有意识到对美好体验的破坏，并为此感到内疚，而是在这里展示了他是如何通过吃掉被损坏的客体而再次认同它的；同样重要的是，需要看到痛苦的也令人兴奋的躯体恐惧与他更早年的咬指甲和撕皮肤之间的联系，我们对这样的联系并不陌生。

当然，Freud 在《哀伤与忧郁》（*Mourning and Melancholia*）（1917e）[251]中描述了这种认同的过程，他还补充说，"忧郁中的自我折磨……毫无疑问是带有快乐性质的……"。尽管有一些重要的相似之处，我所描述的病人并不是"忧郁的"——他们的内疚和自责被避开或被他们的受虐吞噬了。

我的印象是，这些病人就像婴儿一样，由于他们的病理，他们不仅仅避开挫折、羡慕或嫉妒，进入一种退缩的状态，也不能对他们的客体发怒、大喊大叫。我认为他们已经退回一个暴力的秘密世界，在那里，自体的一部分与另一部分对立，身体的一部分与侵犯客体的部分相互认同，这种暴力被高度性化，带有手淫性质，而且经常通过身体表现出来。例如，表现为撞头、攥拳让指甲戳进手掌心、撕扯自己的头发弄伤自己，在不断的言语嘟囔中也仍然可以见到这种表现。在我们理解了这一点，并且在这些病人可以意识到他在这些明显的自我攻击中获得的兴奋和快乐——这个识别工作一开始通常是非常困难的，也让他们心生怨恨——之后，病人通常逐渐能够向我们展示他们对这种行为的个人偏好。我的一位年轻男性病人在很好地参与分析的同时，还在撕扯头发。另一位上了年纪的男性病人谈到嘟囔占用了他大量的时间，他常常在非常难受的时刻躺在地板上喝酒，把收音机开到最大声，就像陷入了一场有节奏的身体体验的狂欢。在我看来，他们在与人或身体的接触中，并没有向前发展，没有使用真实的关系；相反，他们像婴儿一样，明显地退回到自己里面（retreated into themselves），以这种性化的方式在幻想中，或在暴力的身体活动中表达的幻想中，活现他们的关系。因此，这种深深的受虐状态对病人的影响要比将其引向人际关系的力量大得多。有时，这被视为一种真实的变态行为，在其他情况下，这被视为人格变态的一部分。

大家可以发现在这一篇中我并没有试图讨论成瘾的防御价值，但在结束之前，我想提到这个问题的一点。这与折磨和幸存有关。在我心目中，没有一个属于上瘾群体的病人有非常糟糕的童年历史，尽管在心理现实层面他们大多数肯定是有的——例如，缺乏温暖的接触和真正的理解，有一个非常暴力的父亲或母亲。然而正如我所指出的，在移情中，人们会有一种被逼到事情边缘的感觉，病人和分析师都感到备受折磨。我从这些病人在等待、意识到差异性、意识到最显而易见的内疚的困难中得出这样的印象：他们在婴儿时期将那些潜在的抑郁性体验感受为可怕的、折磨性的痛苦，他们试图通过把这种折磨性的心理痛苦施加到自身，并把它打造成一个变态的兴奋世界的一部分而缓解它，而这必然会阻碍其真正进展到抑郁心位。

对我们的病人来说，要放弃这种可怕的快乐而去享受真实关系中不确定的快乐是很难的。

死本能在咨询室的表现[1]

迈克尔·费尔德曼（Michael Feldman）[2]

Freud 在他的论文《不可思议之意象》（The Uncanny）中写道，

> ……我们有可能认识到，在潜意识中，一种"强迫性重复"的主导地位，其源于本能的冲动，可能是本能的本质所固有的——这种强迫强大到足以推翻快乐原则，导致心智的某些方面具有恶魔般的性质。（Freud, 1919h）[238]

在《超越快乐原则》（1920g）中，Freud 继续探索这种驱动和维持某些显著行为模式的力量，其中更为人所知的缓解紧张或"不快乐"和获得"快乐"的目标并不适用。作为一名机敏的临床工作者，Freud 努力解释这个事实："强迫性重复……召回了来自过去的经验，这些经验不存在快乐的可能性，即使在过去很久以前，这些经验也从来没有给本能冲动带来过满

---

[1] 本文是一篇论文的扩展版本，论文首次发表时题为《与死本能在临床工作中的表现有关的一些观点》（Some Views on the Manifestation of the Death Instinct in Clinical Work），2000 年发表于《国际精神分析杂志》（*International Journal of Psychoanalysis*）。

[2] Michael Feldman 是英国精神分析学会的培训和督导分析师。除了在伦敦进行临床工作、私人执业和教学外，他还定期与数个欧洲国家和美国的分析师们合作。他的论文探讨了移情与反移情相互作用中的理论和技术问题、病人对投射机制的使用以及防御行动而非想法对病人和分析师双方的压力。他发表了许多论文，并与 Elizabeth Spillius 共同编辑了《心灵的平衡与心灵的变化：贝蒂·约瑟夫论文选集》（*Psychic Eguilibrium and Psychic Change：Selected Papers of Betty Joseph*）。他 2009 年出版了名为《怀疑、确信及分析过程》（*Doubt, Conviction and the Analytic process*）的论文集，该论文集由 Betty Joseph 编辑，Roy Schafer 作序。

足,自那之后这些本能冲动就被压抑掉了。"(1920g)[20]他将这些观察结果与创伤性神经症病人的梦,以及促使儿童玩某些重复游戏的冲动联系起来。他提出了这样一个问题,即孩子重复不快乐的游戏体验是否会带来"另一种同样直接的快乐"(1920g)[16]。

Freud将他的兴趣聚焦在本能驱力理论模型中,给予强迫性重复一种本能的特征,并首次将其与死本能特别联系起来。在整篇论文中,他在他的临床观察和他对(在所有生物中存在的)基本生物学力量的推测之间移动。

在我看来,Freud似乎非常清楚,我们对他所观察到的这些模糊而令人困惑的人类冲动和行为所涉及的**心理**力量的本质的理解是有局限性的。事实上,他写道,当人们感到"一种模糊的恐惧,害怕唤起某种他们觉得最好还是任其沉睡的东西时,他们根本上害怕的正是这种强迫的出现,以及被某种'恶魔般'力量附体的暗示"(1920g)[35]。

在《超越快乐原则》出版大约十年后,Freud总结了他的理论立场,如下所示:

> 从猜测生命起源并将其与生物学对照出发,我得出了这样的结论:除了存在保存生命物质并把它结合成越来越大的个体的本能之外,一定还存在着另一种相反的本能,试图分解这些单位,使它们恢复到原始的无机物状态。也就是说,除了Eros*,还有一种死本能。生命现象可以看作这两种本能并行存在或相互对立的活动。然而,要证明这种被假设存在的死本能的活动并不容易。Eros的表现足够明显和喧闹。我们可以假设死本能在有机体内部朝着分解的方向无声无息地运作着,当然我们并没有证据。一个富有成果的想法是,一部分死本能转向外部世界,显露出一种攻击性和破坏性的本能。通过这种方式,死本能被迫为Eros服务,因为有机体不是在破坏自己,而是在破坏别的不管是有生命的还是无生命的东西。(Freud,1930a)[118-119]

---

* 爱欲本能,此处指生本能。——译者注。

Segal 在讨论生本能与死本能的冲突时指出，个体对需要可以有两种反应，"一种是寻求需要的满足：这是促进生命的，并导致客体寻求、爱，和最终的客体关注。另一种是趋向毁灭的：需要毁灭感知体验的自体，以及任何被感知的东西"（Segal，1997）[18]。

Freud 设想存在一种保持沉默和隐藏的原始驱力，无声地将个体推向死亡。对这种基本的本能驱力的满足将导致自体的毁灭。然而，他遇到的临床现象迫使他假设这种驱力总是部分地与生本能"融合"在一起，导致了 Segal 所描述的各种"妥协"，伴随着我们在临床上观察到的力比多化（libidinization）和均衡。她认为，当这些"融合"或"妥协"失败时，死本能就会胜利，本能愿望的满足就会发生在自体的真实破坏中（Segal，1997）。

我们不难理解这样一个理论模型的力量，这个模型是人类心理永远处于生与死的基本本能的斗争之中。根据这个模型，我们几乎总能在病人体内找到一种力量存在，保护他免于死本能的完全表达——身体和精神的毁灭。尽管如此，我相信 Freud 仍在努力发展出一个令人满意的死本能的心理学模型。争议一直存在，这反映了这个概念固有的困难，关于它的哲学地位和临床用途的争论仍在继续。

在本篇中，我希望使用在与病人工作中遇到的临床现象来重新考虑 Freud 称为 *Todestriebe* 的驱力的性质和目的。Freud 认为有必要假设它的存在；然而，正如他在上面的引文中所承认的那样，"证明这种所谓的死本能的活动……并不容易"（1930a）[119]，我相信我们的临床研究确实指出了破坏性驱力的根本重要性。然而，在我看来，这种心理驱力的满足并不基于对感知性和体验性自体（perceiving and experiencing self）的毁灭，也不基于字面上的死亡或毁灭。相反，临床上更强烈的满足是源于某些病人在某种程度上攻击和扭曲他们感知和判断的能力，将他们扭曲的感知融入他们体验的构建中，以满足深层的破坏性冲动，而不是寻求毁灭他们的感知性自体。这种破坏性驱力得到满足的一个先决条件是病人和他的客体都能存活下来，只是这种生存被严重削弱和损害了。其目的似乎是在很大程度上（但不是完全地）消除任何引起羡慕、依赖、竞争，尤其是嫉妒的东西，我希望可以描述出它们被消除的各种方式。

事实上，在 1937 年，当 Freud 回到他的死本能理论以进一步理解分析治疗中根深蒂固的阻抗时，他写道："在分析工作中的阻抗中，印象最强烈的是一种力量，一种用尽各种可能的手段来防御自己，以拒绝康复，并负隅顽抗地坚持生病和受苦的力量。"（Freud，1937c）[242]

Rosenfeld 认为想要死亡或退缩到虚无状态的愿望类似于 Freud 对去融合的（unfused）死本能的描述，"在详细的临床检查中，我们发现死本能无法以其原始形式被观察到，因为它总是表现为直接针对客体和自体的破坏性过程。这些过程在严重自恋的情况下看上去以最恶性的形式运作"（Rosenfeld，1971）[169]。

我相信这些都是 Freud 在他 1937 年的论文中提到的同一种力量的表现，他在论文中描述了病人虽然不想死，但坚持生病和受苦的明显决心。Segal 和 Rosenfeld 的这些研究代表了对 Freud 在其早期作品中发现的令人困扰甚至可怕的心理现象（Freud 非常感兴趣于用普遍的生物学力量来解释这些现象）的进一步重要研究。

因此，我想讨论的是死本能这一原始概念的价值，该本能的目的是将自体彻底破坏。当然也引用了一些极端情况的例子，在这些情况下，某人实际上似乎被逼向了死亡。因为我们很难去研究这些情况的特殊性质，我们对它们的认识不可避免地是不完整的。在我们能够深入研究的临床现象的基础上，我现在提出的问题是：我们在临床上遇到的是不是一种针对自体和他人的原始破坏性驱力的直接表达，而不是其衍生物或妥协，也不是其与生本能的"融合"或"捆绑"？在我看来令人惊讶的是，当我们审视它的表现形式时，我们发现这种驱力实际上似乎并不指向死亡，尽管死亡或毁灭的威胁以及对全能的破坏性的迷恋可能会加强其力量和对个体的成瘾性控制，以及其对任何分析工作的破坏性影响。我们经常能觉察到，病人通过攻击和扭曲分析师的思想和工作的意义和价值，以及他自己的思维和创造力，而获得有意识的满足，虽然这种满足更经常是潜意识的。Klein 开发了一个强有力的解释模型来解释这些现象，她认为这些现象通常是由致命的嫉妒过程驱动的，其目的是破坏和贬抑，使一切都毫无不同，也因此失去用处。当然，在某种意义上，这些活动是谋杀式和自杀式的，但我认为它们的主要目的不是完全摧毁生命，而是取走生命活力。我希望后续的临床例证中可以进一步讨论这些观点。

Segal（1997）描述了一位病人 A 女士，她在休假前不久抱怨自己太被动了，并在会谈中带来了碎片化和迫害性的材料。当 Segal 把病人的精神状态和即将到来的休假联系起来时，病人立即表达了她对上一节会谈的强烈憎恨，并希望按下一个按钮，让最后一次会谈消失。Segal 将这与更早的材料联系起来，病人曾说过她恐惧核战争并很关注谁的手指按着控制核武器的按钮。Segal 诠释说，病人对即将分离的反应是希望一切毁灭。病人承认了这一点，放松了，会谈的气氛也改变了。她说她不介意发生核战争——她甚至会希望发生核战争，前提是如果她和她的孩子能马上死掉的话。她无法忍受生存在核战争后的世界里——"永久的辐射笼罩一切"。

尽管病人清楚地表达了彻底毁灭的幻想和愿望，但我相信精神分析师面临的情况是，病人已经陷入了她的暴力破坏性的活现中。这不是通过一次彻底的爆炸来表达的，而是通过对她自己的心智和身体以及分析师的工作的多次分散的攻击——小剂量的"辐射"来表达的。病人感到被驱使着持续这种攻击，但这并没有完全破坏她的感知和体验能力。这些攻击在本质上不仅仅是防御性的，而看起来提供了一种强烈的需求满足，这种需求是基于个人对心理存活的幻想的。

病人声称，带着完好无损的心灵生活在一个无尽毁灭的世界中是她的噩梦。相比之下，她自己和孩子的彻底消失将是一种解脱——完全治愈她生活的焦虑和痛苦，以及她对分离的觉察。然而，从 Segal 对病人的描述来看，有时她似乎已经生活在一个充满毁灭和迫害的痛苦、支离破碎的世界里，我怀疑这不仅仅是一种病人以无助和被动的方式忍受并试图抹去的体验；相反，我认为 A 夫人从拥有这种无所不能的破坏性力量的幻想中获得了大量明显或隐藏的满足，也试图通过这种方式避免依赖和丧失的问题，并使分析师及其工作的意义变得无用。的确，我们常常发现，病人在维持这样一个世界中所起的积极作用，以及居住在这个世界中并将分析师吸引进去所获得的可怕的满足。然而，在 Segal 所描述的那节会谈中，分析师可以自由和有能力地理解和诠释即将到来的分离以及它所引发的破坏性的影响，似乎可以改变这种情况。这让 A 夫人轻松一些，能够说出自己的愿望和恐惧，而不是去活现那些破坏性的幻想。

Segal 描述的另一个病人的例子生动地说明了其中的强迫和满足，病人梦见他在一个又深又黑又湿的洞穴里，极度阴郁和压抑。在梦中，他问自己："为什么我想留在这里？" Segal（1997）[23]指出，"斗败精神分析师所带来的施虐式的快感，也是战胜自己希望生存和成长的那一部分所带来的受虐式的快感"。

Segal 在这篇发人深省的论文中也描述了第三个临床例子，提到病人的一个梦："有一个地方，在那里所有的东西和人都一动不动，几乎要死了。在这个区域周围，每隔固定的时间，就会有核武器朝外发射。如果有人靠近这个区域核武器就会自动引爆。他的父母也在该区域濒临死亡的人群中。"（Segal, 1997）[23]

我认为这描述了病人施加的强大的暴虐控制，这可能导致他的客体处于可怕的状态。虽然肯定存在毁灭的威胁，但重要的是，他的客体们（包括分析师）仍然活着。Segal 将此与 Joseph（1982；本书第 7 篇）对濒死成瘾的描述联系起来，在那里"只有不存在真正有生命力和有功能的东西时，生命才被允许继续下去""这个梦是为了警告分析师，接近这个区域会破坏死一般的平衡，调动未被约束的破坏性"（Segal, 1997）[23]。因此，病人试图将分析师的有思想、创造力、意义和变化的世界，用被瘫痪和恐惧统治的世界取代。

Rosenfeld 以一种生动的方式捕捉到了其中的满足感。一个自恋的病人在一个梦中描述：一个小男孩因为中某种毒快死了，正午的烈日开始照在他身上，使他的处境更加危险。病人无动于衷，没管小男孩。"他只觉得自己比治疗孩子的医生更关键、更优越，因为他应该是那个目击孩子被移到荫凉处的人"（1971）[174]。Rosenfeld 解释了病人在垂死状态下维持依赖性力比多自体的方式，即阻止它从分析师那里获得帮助和营养：

即使他开始近于意识到他的心理状态的严重性、体验到一种垂死状态时，他也没有举起一根手指来帮助自己或帮助分析师采取行动来拯救他，因为他是在利用杀死婴儿式的依赖的自体来战胜分析师，让分析师感到他自己是一个失败者。这个梦清楚地说明破坏性的自恋状态是通过将力比多的婴儿式自体保持在持续的死亡或垂死状态来维持的。（Rosenfeld，1971）[174]

Rosenfeld 提到了"持续的死亡或垂死状态"，但我认为区分二者是重要的。在我所引用的临床例子中，重要的是，客体并没有死亡，而是中毒了、被削弱了、无法动弹，而且令人怀疑处于永恒的垂死状态。

病人的脑海中似乎经常出现某种剧烈的灾难性事件的幻想。其可能基于过去某个未定义的点，和/或病人和分析师感到威胁性地存在于现在或未来的事情。这一事件与不同程度的无助、恐惧、兴奋和胜利感有关。令人惊讶的是，在 Segal 引用的两个梦中，病人才是拥有释放毁灭性攻击力量（和欲望）的那个人。当然，正是认识到这种走向毁灭攻击的驱力，才使我们提出死本能的概念。然而，我们在临床上遇到的情况表明，以核战争作为隐喻的那种令人满足的毁灭性力量往往存在着，但只是支离破碎地分散成小规模的破坏性行动：Segal 的病人 A 夫人将其描述为像"永久的辐射笼罩一切"。这些入侵不是为了毁灭甚至杀戮，而是为了攻击意义感、理性、发展、探索和任何形式的创造性交流，为了表达对生命和活力的仇恨。

准确地了解这种破坏性力量是如何运作的并不总是那么容易：它往往是微妙而无声的。然而，Segal 在她 1977 年的论文中引用了一个例子，在我看来，这个例子说明了这种破坏性的过程。病人梦见他正狂怒地要弄断一条锁链的链环（links in a chain）。在上次会谈中，分析师提到了"联系"（link），也谈到了"一连串的想法"（a train of thoughts）。当她说这些话时，病人有一种愤怒的想法，但他没有说出来。

"这不是 train，这是 chain。"会谈结束后，他发了脾气。他说他不想被自己的想法束缚。他想挣开锁链，摆脱它。"他觉得自己一连串相互关联的想法（train of linked thoughts）就像一座监狱和一种迫害，因为它干扰了对自己全能的信仰。"（Segal，1977）[220]

除了 Segal 提出的重要观点外，我认为这个例子证明了病人可以全能地入侵，并改变诠释，告诉他自己："这不是 train，这是 chain。"他并没有因为提供给他的不同视角而感到自由，而是通过抓住诠释、默默地改变其中一个词、剥离其含义，并保持愤怒和委屈来活现带来满足感的破坏性力量。

Joseph（1982；本书第 7 篇）指出，某些病人带来的材料表面上是用来分析和理解的，但实际上被潜意识地用于其他目的。她认为，这些病人尽管在字面意思上似乎是需要"理解"，但其实他们并不需要。病人可能通过使用投射性认同来表达他的破坏性和自我破坏性，作为一种无声而有力地引导分析师感到非常绝望和无望的手段。

我认为在这有一种投射性认同，绝望被如此有效地加载到分析师身上，以至于他似乎被绝望压垮了，看不到出路。然后，分析师以这种形式被病人内化，病人被困在这种内在的破碎和垮掉的情况中，瘫痪感和深深的满足感随之而来。（Joseph，1982）[452]

她继续说，

……这类病人通常很难看到和承认他们在通过这种方式获得可怕的快感……技术上非常重要的一点是，要弄清楚：病人是否在告诉我们并向我们传达他真正的绝望、抑郁或恐惧和被迫害感，是否希望我们理解并帮助他？他是否以一种主要是为了制造受虐情境从而让自己陷入困境的方式来传达的呢？如果分析中不能时时刻刻清楚地区分这些，分析师就不能充分地分析潜在的深层焦虑，因为其整个被受虐以及对受虐的使用覆盖了。 （Joseph，1982）[452-453]

我接下来想要描述的病人就可以证明这些过程的很多部分。他似乎经常陷入一种恶性的相互作用之中，作用一方是真实的挫折和失望感，另一方是他利用痛苦和绝望的经历来破坏和折磨他的客体以及他自己，从而获得的满足感和施虐式的快乐。

案例

历史

病人B先生是一位聪明、有才华、有创造力的人。在他的童年时代，父亲经常长时间不在家，他独自一人和母亲在一起，他认为母亲很孤独也充满了痛苦的怨恨。B先生的父亲十年前死于癌症。他觉得照顾母亲的责任很沉重，母亲不快乐，要求很高。

B先生在他的学习过程中非常依赖他的导师A博士。A博士才华横溢、富有魅力，帮助B先生应对他的职业生涯挑战，并且像是一位智慧的人生导师。然而，在B先生完成论文之前，A博士因为家庭原因不得不突然返回他的祖国意大利。这个过程对B先生来说非常痛苦和困难。这段经历勾起了他在过去父亲缺席时的很多反应。几年后，B先生接受了分析，他当时很抑郁，几乎无法工作，并确信他自己患有癌症，症状与他父亲一样。这些身体症状在很短的时间内就消失了，他在（分析）工作中变得更有活力和创造力。

他继续发现母亲的情况和她的要求很难应付，他能够因为她的抱怨而生气了。有一次，他被她激怒了，大发雷霆。不久之后，他的母亲因中风被送往医院。这似乎证实了B先生的信念，即他的愤怒会导致可怕的后果，他被烦扰和内疚的感觉折磨着。当他的母亲在这次中风中幸存下来时，他大大松了一口气，她在大约两年后去世，她去世前，他能够与她恢复更温暖的联系。

临床材料

我要呈现的第一次会谈发生在一个长周末休假之后。周三早上,病人来接受治疗,开始用一种平淡、无望的声音谈他是否能负担得起更长时间的分析——他在考虑经济和时间成本。如果没有分析,他可能已经在国外接受高薪职位了。

B先生继续说:"在来的路上,我想起了昨晚做的三个梦。如你所知,我喜欢讲梦,部分原因是我们可以谈论它们,我喜欢故事。但我喜欢记住梦的另一个原因是,我觉得有些真相可能会逃离我,那是一些我试图控制或隐藏的东西,甚至对我自己也要隐藏。梦是一种发现原本会被隐藏的东西的方式,或者至少我会有意识或潜意识地试图隐藏它。" B先生以一种超然、高人一等、相当"会心"的方式说话。他在暗示他觉得分析既累赘又毫无帮助。虽然很显然他想要合作,但他的梦已经变成了"故事",或者是展示他分析洞察力以及精神分析知识的手段。

他接着说,他的梦是奇怪的三联体,他斟酌着它们出现的顺序。

"一个梦中我和一群动物在一起。我和它们坐在同一张长椅上,它们都是黑白条纹的,像浣熊一样,但又不是浣熊。其他的像非常大的昆虫,像狼蛛。在现实生活中我不能忍受蜘蛛,我对它们有恐惧症。在梦里它们就在我旁边,其中一些可能是有毒的。我抚摸了一些动物。我脑海中在想:它们是安全还是不安全。

"我一直在想这个梦意味着什么——我自己的联想是,你无数次指出我是如何把事物描绘成非黑即白的。我想在周五的会谈中最后发生的事就是关于这个。我当时谈论的是我刚刚开始做的,但更复杂的事情,它既是真实的,也是不真实的。(他继续用一种复杂的方式说话,我觉得很困惑,无法理解。)

"下一个梦是关于我母亲的。她生病了。我父亲已经有一段时间不在了,她正在谈论他的缺席。她说:'他每走一次,我就变得更虚弱,很快,

下一次他走的时候,我就无法与疾病抗争了,不管是什么疾病,我那时应该太虚弱,扛不过去了。'

"当我年轻的时候,我父亲经常出去长途旅行,我常常非常想念他。当然,我母亲肯定是最想念他的人。这很有趣;在来这里的路上,我和她在脑子里谈了很久。我在跟她解释一些事,关于我父亲的事,但我不记得是什么了。她是一个奇怪的混合体——非常聪明,同时又非常天真。

"最后一个梦也是关于缺席。A 医生回意大利去了,因为他得照顾生病的妻子。他安排了另一个人督导我,一个更年轻的男人。然后场景变得更像是我在做分析,但我不是躺在躺椅上——我们在一个看起来像餐馆的地方面对面坐着。那地方很大,人很多,我听不清他在说什么。过了一段时间,我想:'这没法工作,这是不可能的,我不知道为什么我要接受这个人的治疗。'"

沉默了一会儿,B 先生说,在过去的两天里,他一直在等待相关组织答复他提出的新项目。他们一直没完没了地拖延。他认为他可以先继续做其他工作。他的旧笔记本电脑快坏了,一个朋友设法为他找了一台二手电脑。然后他的打印机开始出问题了。病人非常阴郁地说:"真的,我不知道我还能这样坚持多久。"

病人一开始说话时死气沉沉,态度负面,感觉我们俩任何一方取得进展的希望都破灭了。他表达了不满,受制于分析的要求,他不能追求事业、出国从事报酬丰厚的项目。一想到要讲述自己的梦,他就变得更加活跃,因为他喜欢讲"故事",也因为故事给了他一个组织和解释的机会。

我评论说,他提到他的父亲要走了,在他的梦里 A 医生也走了,留下他和一个他觉得没法帮助他的人在一起。然而,他没有直接提到刚刚过去的不同寻常的长周末。我想,当他不得不意识到要等待或想念某个人时,他感到了威胁,此时他感到被驱使去接替那个负责理解和管理的人的职责,然后他发现自己就像面对天真的母亲时那样在向我解释。然而,当这种方法不起作用时,他不仅像他让我感到的那样变得挫败和抑郁,还被唤起了一些非常有毒和可憎的东西。他关于母亲的梦传达的是,母亲的无望和绝望对他的侵袭如此严重，让他感到憎恶和有毒。我想我也被置于同样的境地，不得不无助地目睹他处于绝望和低迷的境地。我在想，梦中他觉察到自己被危险的生物吸引去抚摸它们，这反映了这种互动对他的诱惑性。

病人对我的解释做出了回应，首先他礼貌地说，他意识到自己有一种非常强烈的倾向，当面对失望时，会自己跟自己过不去。之后他描述了他最近如何在一个志愿组织从事一些困难的工作。他知道他们没有多少钱，但还是期望得到适度的报酬。当他提出这件事时，"有太多事情要做"，该组织的负责人说他们根本无法支付他工资。B先生大发雷霆。他觉得自己正在为公司内部的误会付出代价。"我想真正对他们和我自己做一些有破坏性的事。我想这次与过去类似的情况的不同之处在于，我能意识到自己身上发生着什么。我想：'我太享受这种怨恨的感觉了。'"

我认为有一些时刻是很重要的，比如这个时刻，病人可以承认分析中所做的工作，并且可以告诉我他能够认识到自己沉溺于施虐的快感中。

我解释说，当他感到被冷落、被推到一边时，他就会参与到他认为比跟自己过不去更复杂的事情中去。他说过，他会沉浸在通常是很残忍又很快乐的复仇、反击的幻想中，有时会付诸行动。当他感到没有得到应有的承认或报酬、被迫等待时，他认识到这是如何导致他退回一个熟悉的位置，在那里痛苦、快乐和残酷交织在一起。当他意识到这个过程对他有多么大的影响，以及他从中得到了多少乐趣时，他感到不安。

这个漫长的周末假期，唤起了被留在过去的体验，也激起了这种快乐而致命的负面情绪，这是他在梦中提到的，也是我认为在他开始这次治疗的方式中表现出来的：以一种制造内疚、怨恨和绝望气氛的方式反刍。

当他用一种超然且相当理性的方式讲述和评论他的梦时，他看起来像在邀请我去称赞他的梦仿佛具有故事性一般，称赞他将梦与过去，与分析所做的各种连接，但这个方式又传递出一种感觉：我们的交流不能带来任何有用的东西。甚至，我怀疑他在假期结束返回治疗后，会期待我带着一种无助和挫败的感觉去回应他，并预期我跟他交流的方式很可能会加剧他已有的、充满怨恨和愤懑的"嘟囔"（Joseph, 1982；本书第7篇）。

我相信当母亲在梦中被刻画出来时，B先生变得认同他的母亲，她对缺席和丧失的反应不是承认它、思考它，或体验不幸、痛苦或愤怒，而是陷入渐进的、带有责备性质的软弱和疾病中。因此，很多时候我都受到了这种沮丧的氛围影响。B先生似乎只有在转向他心中那些黑白分明的有毒生物时才能找到安慰，他以一种感性的方式抚摸这些生物，在治疗过程中则表现为培养和抚触他自己的委屈和绝望，或者像他在其他时候做的那样求助于残酷和暴力的性幻想。

虽然他对我对这个过程的诠释的最初反应是很肤浅、安慰性质的，但他能够承认他的挫败感和被糟糕对待的感觉是如何在短暂的时间里引发愤怒，然后幻想着对他的客体和他自己进行暴力和破坏性的攻击。他认识到这些破坏性的幻想以及他在心中一遍又一遍地重复这些幻想的方式中所包含的快乐，他为此感到困扰。在治疗中，这个时候他很明显不再那么沉迷于那种带来满意感的破坏性的反刍，他可以简短地承认他对经常影响着他的过程的认识，并为此感到困扰。通过从反刍中走出来，通过能够用语言和梦来表征这个过程，他就能够表达出他人格中更具建设性和合作性的一面，即有兴趣以一种更容易让他得到帮助的方式与我交流。

其中许多问题在下一次会谈中更加清晰地表现出来。我稍微耽搁了一下，所以我们比平常晚了两分钟开始。B先生带着强烈的敌意审视着我。沉默了三四分钟后，他说："我有一些杂乱无章的想法，但没有什么能吸引我的注意力。有一件事我昨天没提。我想这是一个悲伤的阶段，当有人去世时人们总是责怪医生或医院，这很典型。但之后到了你重新考虑的时候。周末，我意识到，当我母亲第一次中风发作时，她的生命就真的结束了。她太虚弱了，几乎无法活下来。假如她在第二次中风中幸存下来，她的生活质量也将为零。我一直对医院非常生气，因为他们拒绝给她做肾透析或其他任何治疗，但我现在认为他们可能是对的（他叹了口气），太迟了。"

虽然B先生似乎是在描述他对痛苦现实的接受，但在他说话的方式中，他传达了一种可怕而令人欣慰的绝望，他沉浸其中。因此，这往往会引起分析师的反应，与其说是同情和关心，不如说是无助和绝望。

B先生接着说："但我脑海中浮现的是她以前非常激动的样子。这种情况并不经常发生,但我记得在某些场合,当她和我父亲之间发生一些问题时,她变得非常心烦,会以一种令我非常痛苦的方式大喊大叫……"

然后病人告诉我他前一天和会计开会的事。B先生目前有一些经济困难,是由于他未能及时处理一项特别的专业事宜。在会谈过程中,B先生说他震惊地发现会计助理没及时交给他一些文件,这些文件本可以让B先生更容易解决问题。认识多年的会计并没有告诉B先生他的助理的无能。他现在解雇了那个助理,但显然担心B先生会起诉他。

从病人的行为和材料来看,有迹象表明他有能力表达公开的敌对和强烈的抗议。他提到了面对母亲的绝症,医生们认输时他的强烈愤怒和抗议。在这次治疗过程中,他还发现母亲是能够表达对父亲的强烈愤怒和抱怨的。然而,这些更直接的反应和跟客体互动的重要方式似乎被一种更致命的过程淹没。目前还没有证据表明,会谈开始时的短暂延迟给B先生带来了特别的焦虑或痛苦,但是激起了他的愤怒和怨恨,除了最初敌意的表情外,他无法直接承认或表达这种愤怒和怨恨。就像他在前一次会谈中对长周末的最初反应一样,他说话断断续续,对他母亲和他自己的情况感到绝望。这不是一种直接的、愤怒的批评或攻击,而是一种制造禁锢和折磨的气氛的方式。有一段时间,我们似乎都无能为力。

当他感到医生、会计或我错待他时,他无法面对自己内心被引起的不安和潜在的暴力反应,而是默默地滋养自己的受伤感和怨恨,带着一种要对我提起某种"诉讼"的威胁,意图以某种方式欺压和削弱我。虽然这似乎有一种带有满足感的、强迫的和死一般的性质,但我认为病人也有健康的一面,这表现在他害怕我也像他母亲的主治医生一样,会在这种无声的破坏性面前放弃希望。然而,即使是对这种可能出现的情况的短暂抗议,也再次被与绝望和认输交织在一起的满足感压倒。

我在诠释中指出了他最初的沉默和他开始说话时的断断续续的方式。我说,我想他已经敏锐地觉察到我们晚了几分钟才开始。他也表示他可以像他母亲一样感到沮丧和愤怒,但看起来出现的反而是一种无可救药的撤退,我们俩都对此无能为力。我认为这种情况是因为他沉默的怨恨和有关破坏性报复的想法而持续下来的,这些怨恨和有关破坏性报复的想法给了他一种满足感和力量感。

他回答说:"嗯,我不确定你是否迟到了,或者迟到了多久。因为手表显示……我那会儿刚刚调了时间,因为我手表上的日期到 31 天后不会自动回到 1,我在琢磨是不是要调它,呃……我确实把它往前移了一点。我认为你可能迟到了一分钟,但按照我的表应该是迟到了三分钟,但我不确定。显然我们可以折中一下。我本来想提的,但我想,这有什么意义呢。这不是完全的放弃,但有什么用?我们以前经历过。我想你只让我等过两三次,但是……上次我提这件事的时候,你说我要求很高,一秒都不放过你。这种说法是部分正确的……"

"问题是,我其实并不是在生那个会计的气,有趣的是,我试着生他的气,但听起来很空洞。在此之前,我觉得问题完全在于我,现在我觉得我摆脱了困境。现在他会发现很难把账单递给我,因为这是他的错。这涉及很多钱,所有的工作和所有花费的时间,我只是不想付钱。这不是我的责任,所以我可以摆脱困境了。"

会谈的这部分让人感到困难和挫败。B 先生声称不确定我们开始的时间。他提出的"折中"也体现在他对我的诠释的模棱两可和片面关联的态度上。从他谈论会计的方式中可以明显看出,当显而易见是对方的错误时,他没有直接表达自己的批评,而是以一种更隐蔽的方式运用自己的观察和主观体验。他现在觉得自己掌握了某种东西,可以支配他的客体,以一种居高临下、不动声色的威胁的方式来控制和恐吓客体。他没有责任:他不必付钱……他"摆脱了困境"。他的权力在某种程度上取决于对方的内疚感和责任心。 B 先生现在有些时候能够认识到,他折磨式地控制着他的客体们来从中获得满足,这种控制在内在地欺压和破坏客体,在某种程度上也在外在地这么做。这种有意识或潜意识地对客体的攻击,导致客体经常显得虚弱无力、难以依靠和易受伤害。

我相信 B 先生发现这种情况内含的内疚感非常难忍受或甚至无法忍受,所以他通过与这些被攻击和削弱的形象建立认同来部分地防御此内疚。正是 B 先生对这些客体的内射性认同,在很大程度上导致他难以恰当地发挥自己的能力。

我说，我认为当他可以争辩说，我才是做错事的一方，是我不敢把账单给他时，他会感到某种轻松和满足。当他把他的观察和反应变得模棱两可或隐藏起来，并能一定程度上控制我时，这给了他一种更大的权力感。然而，我认为他在这个位置上从未觉得安全，因为他总是害怕我会扭转局势，让他为所有的错误负责。

沉默了很长时间后，他说："我想到的是，如果我在候诊室里最初的猜测是正确的，我们确实开始得晚了，而且事实上比我能想到的还要晚，那这个时间点就非常奇怪了，出现在昨天的会谈之后。昨天谈话中提到的我的自以为是和愤怒的感觉，嗯，我觉得它正在转变成一种完全不同的东西，一种更不快乐和更具破坏性的东西。"

在此他表现出对前一次会谈内容的一些知晓，似乎拥有观察和判断力，而现在他可以向分析师承认这一点了。然而，这种与他自己和我之间更加积极和深刻的接触之后又变了。他先是用批评的眼光看我，然后继续用一种比我更有说服力的语气评论我在上一节会谈（以及其他场合）所做的诠释。他再次表示他关心的不是更好地了解自己，也不是帮助我更好地了解他，而是以一种挑衅和破坏性而不是建设性的方式，来维护他的知识和他的优越性。尽管如此，我认为这是因为，意识到事实上存在于他内心的所有不快乐的东西的出现是令人不安的，所以他在治疗过程中变得更加易怒和好辩。

我觉得自己遭受的不是直接的愤怒或批评，而是一种沉默的、敌意的、冷漠的破坏性，这种破坏性破坏了他自己的理解，也破坏了我的理解，我认为这种破坏是被他和他的客体的生命力迹象所激发的。有一段时间，我们都觉得自己被囚禁了，对第三个合适的有用客体（这个客体可能会为他或我提供任何方法来应对这种可怕和无望的局面）的存在感到绝望。

过了一会儿，他说："分析师和病人之间因为他们会面的原因而存在着明显的不平衡，但还有一个较小的不平衡，我认为值得一提。我的意思是，如果我迟到了两三分钟，这是有意义的，但如果你迟到了两三分钟，这显然没有意义。这就是事实。"

会谈开始时的延迟并没有引起焦虑、批评或愤怒的公开表达，B 先生也没有进一步描述他对其原因的想法或怀疑。相反，他以一种有个性的方式，用他的观察来助燃他对我们之间"不平衡"的怨恨。正如我试图说明的那样，我认为这对我的职能和他自己的心理能力——他探索、识别和表达自己思想和感受的能力——造成了恶意的攻击。然而，有几次，当我能够保持或恢复我的功能，并能够向他讲述在他内部和我们之间发生的更恶性的过程时，他似乎常常能恢复思维能力。在这些时刻，病人以一种更温和、更合作的方式表现出更强的洞察力，更倾向于承认他对自己和客体的认识。

在这次会谈中，他继续说道："我从来都不明白……我记得我之前提到过跟 A 博士之间发生的一些事情。有一天，他只是没来开会，当时我的论文工作正处于关键时刻，而距离他离开只剩下十天时间。他来不了是有某种原因的，但他没有联系我——他本来可以联系我的。那个星期晚些时候，我去见了 K 教授，他最初安排我请 A 博士做我的导师。我后悔的一件事是，我告诉 K 教授 A 博士没有来，我说这让我很伤心。我用告诉 K 教授的这种方式创造了一种非常奇怪的平衡。我并不是想拿几分钟的时间和某人根本没出现做比较，但它让我想起了我与 A 博士共事三年的整个经历因此被影响了。"

在前一次和这次治疗中，病人都承认了失望和愤怒的感觉。然而，对他来说，要保持这种自我反思的状态和与我的积极接触是非常困难的。我怀疑，他所谓的"不平衡"所引发的痛苦、羞辱和嫉妒，助长了他急躁的防御和隐藏的破坏性冲动。当他把无助或依赖的感觉换成一种满足感和强烈的委屈感时，他就可以扭转这种不平衡。他现在在这次治疗中似乎可以不舒服地认识到，他对之前分析师的行为感到的受伤、困惑和愤怒激发了他的仇恨和复仇欲望。他现在后悔了，他没有克制住自己，没能只是提出适当的抱怨，而是在内在地利用 A 博士的过失、以报复的方式捅刀子，从而使他在过去三年里得到帮助和支持的整个经历都被影响了。

在我所描述的会谈中，我认为这种破坏性的攻击不是公开的，而是隐藏于 B 先生的模棱两可和怀疑中——即使拥有相当清晰的思想和清晰的记忆时，他也这样伪装自己。他礼貌地表示部分同意或不同意，但感觉不像是试图纠正或澄清，而是更具敌意和破坏性。事实上，他经常以一种相当有威胁性的姿态说话，就好像在咨询中出现的是有权势的 K 教授。他让我觉得自己做错了——我是那个应该感到不舒服、内疚和虚弱的人。

只有当我们能够指出 B 先生有多么沉浸在这些既残酷又令人满足的过程中时，他才更能意识到他与 A 博士最后工作阶段的中断带给他的沮丧和痛苦，并可以第一次清楚地表达出来。B 先生开始用不同的表达方式，描述了他如何不得不去另一个办公室度过最后两三个星期，最后一个星期他的导师没能出席重要的会谈，他等了整整两个小时，感到非常奇怪和糟糕。他说："当我把与 A 博士的事情告诉 K 教授时，它就像阴影，盖过了我在论文写作过程中发生的所有好事。"同样清晰的是，他对导师的怨恨、敌意和不断的破坏性攻击，也成功地攻击了他自己对痛苦的觉知，以及导师离开给他带来的糟糕的困惑和丧失感。我相信在这节治疗过程中进行的工作可以让病人更公开地向我承认这一点。

讨论

在本篇中我主要关注的是当病人受到痛苦和丧失的体验的威胁时，各种早期机制是如何被唤起的，特别是他是如何转向了一个世界，在这个世界里一种持续的不满和受伤感导致了残酷的和带来满足感的破坏性。他自己的心理功能受到了攻击，经常导致一定程度的混乱和破碎，让他无法正常理解、思考或工作。他的客体也常常受到分散的、侵入性的攻击，同他一起陷入残酷的、折磨人的、带来满足感的禁锢之中。这反过来又导致他不再认同那些精力充沛、性的、富有创造力的父母，而是认同一个死于癌症的父亲和一个像他梦中那样责备他的、日渐衰弱的母亲。同样，他发现在自己与学术导师或分析师的关系中，后者并不是强壮和有影响力的形象，而是心不在焉和难以依靠的。他们之间的交谈方式让他难以理解且对他毫无帮助。

我相信从这位病人的材料中我们可以看出一种持续不断的冲突，一方是使他更直接地接触、知晓自己的内在生活和自己与客体之间的连接的重要冲动，一方是在他体内运作的破坏性力量。当他感到受伤或被抛弃，或憎恨地意识到"不平衡"时，就会在某种程度上大大增加我所描述的这种破坏性力量的吸引力。

在治疗过程中，当有可能理解和表达其中的一些过程时，有时就会发生转变，B先生似乎恢复了他的人格和心理功能的某些方面；这些方面之前要么受到攻击，要么受到投射，或者两者兼而有之。对他心理生活的这些方面的理解，以及分析师提供给他的言语描述，尽管引起了他的焦虑和内疚，但似乎也使这些方面更能够被思考，并使病人能够更充分地把它们结合起来。然后，这些防御和破坏机制在他自己的心中以及移情关系中的活现明显减少。他变得更能识别和表达他真正的愤怒、怨恨和委屈，以及他从现在和过去的破坏性中获得的快乐。他开始痛苦地意识到，他的美好经历会在多大程度上被这些过程毒害。他又一次提到他对导师感到失望的那段时间，但现在以一种完全不同的、更动人的方式讲述了这件事，真实地表达了他的苦恼、恐慌和困惑，这些都整合进他的委屈当中。

结论

关于原始死本能的概念仍然有一些非常引人注目的东西，这种本能的满足包括将一个有思想的、活生生存在的自体完全毁灭。Freud和Klein都认为，他们可以用促进生命的驱力和趋向死亡的力量之间的根本斗争来解释他们遇到的一些临床现象。这些理论的深层生物学共鸣以及我们对生物学死亡的参考可能是重要的，甚至是必要的。

然而，本能驱力朝向死亡的假说可以被视为一种试图捕捉和解释破坏性的心理力量的表现，这种力量是我们本性的一部分，在我们的许多病人身上往往非常明显。我相信，我们需要继续探索反映这种破坏性心理力量的体验、活动和目标的本质，以及与之内在联系在一起的、有意识和潜意识的满足感。

所谓"死一般地"（deadly），是指意义、特殊差异性受到攻击，以及任何发展过程受到阻碍或破坏的方式。病人自身和他的客体的生命力被剥夺了，尽管在重要意义上这些驱力是"反生命的"，但我想说的是：它们的目的并不是字面上的杀死或毁灭，而是与客体保持一种带有折磨性质的联系。我相信，与这些活动捆绑在一起、赋予它们一种强迫性质的满足感，并不是源于与生本能以及随之而来的性欲化的某种融合。其暗含的意思是，性行为和性兴奋并不一定与生本能捆绑在一起，有时会被死本能招募或"劫持"。相反，从攻击性、破坏性和削弱中获得的满足，无论是针对自己还是针对客体，都是这种破坏性驱力的基本要素。

很明显，我正在讨论的现象与那些使 Klein 认识到嫉妒作为一种重要的破坏性力量的现象密切相关。这种力量的释放导致了一个被严重削弱和贬低的客体世界，而病人以一种显然带有满足感的方式紧紧抓住、掌控和挫败这些客体。病人想到自己或客体的关于死亡的想法，甚至其暴力或自杀的行为，通常可以被理解为在表达病人与客体的残酷的、折磨的束缚关系，病人觉得必须保持这种关系。

有时背后的驱力是这样运作的，导致治疗师尝试进行的任何干预都被我所描述的过程破坏了。然而，我希望我简要地阐明了分析师的理解和诠释如何把这些破坏性的活动带入思想和语言的领域，从而减少它们无声的破坏性，并部分地把客体从它们的控制中解放出来。这种转变部分是通过病人变得更有能力承认和容忍其意识到的指向自己的仇恨和愤怒而实现的。随着这个过程，病人常常也能更好地接触他自己和客体中更生机勃勃的东西，能够良好地体验感受，包括对他人的欣赏和感激之情，以及悲伤和失落感。

精神分析中失去爱的创伤

伊丽莎白·扬·布鲁尔（Elisabeth Young-Bruehl）❶

大多数历史学家都同意，在精神分析史中，Freud 的《超越快乐原则》（1920g）是一个转折点，甚至可能是关键转折点。在 1920 年之前，所有的弗洛伊德学派学者都接受了他的力比多理论和其不断演变的构想以及性本能驱力在神经症病因学中的中心地位，不接受的人则离开了该学派。 Adler 和 Jung 的退出就像创伤一样，Freud 一直试图以书写来处理这些创伤。但在《超越快乐原则》一书中，Freud 本人对力比多理论的明确地位提出了质疑。他不同意自己的观点，而他内心的争论在他的追随者中引起的分歧直到今天仍在不断回荡。但是，这位大师的修订存在许多问题，他在后来的一些作品中详细阐述他的新理论，又在另一些作品中拒绝它，但问题并没有减少，因此他的追随者们可以自由地提出不同意见，而不需要成为分裂主义者。《超越快乐原则》更多的是在声明一种强烈的理论需求，而不是一个决定。

对我来说，《超越快乐原则》这篇文章似乎代表了精神分析学所错失的一个伟大的机会，一种长久以来被人们熟知和命名的基本的爱的形式，它本可以用动力学的精神分析术语来描述，本可以展现出一个发展性的历程，逐渐成为成熟人际关系和政治生活的基础，但这个机会被错过了。为了简单地

---

❶ Elisabeth Young-Bruehl 在费城和纽约从事精神分析工作，现居住在多伦多，并为多伦多精神分析学会成员。她曾撰写多本书籍，包括：Hannah Arendt 和 Anna Freud 的传记、《创造性性格》（Creative Characters）（1991）、《偏见的剖析》（The Anatomy of Prejudices）（1996）、《自传的主体》（Subject to Biography）（1999）、《珍爱》（Cherishment）（2000）、《儿童主义》（Childism），以及收录成三卷的文章。

说明这一论点，我将特别关注这种爱的形式是如何溜走、如何变得默默无闻的，Freud 提出了他那令人吃惊的假设，即所有人类，甚至整个自然界都存在一种"死本能"：这是自然哲学（*Naturphilosophie*）的假设，而不是精神分析的假设。

* * *

让我先用几句评论说明一下这个确定性过强的标题：《超越快乐原则》（*Jenseits des lustprinzip*）。所有读过 Freud 1920 年的《超越快乐原则》的精神分析学家都熟悉他 1911 年的论文《论心理机能的两条原则》（Formulations on the Two Principles of Mental Functioning）。他们知道 Freud 声称只要新生儿得到照顾，新生儿的性驱力或力比多就会按照快乐原则（*Lustprinzip*）运行，很少受到限制。也就是说，得到精心照料的新生儿的性驱力会产生紧张和兴奋，新生儿可以不受约束地释放它们，并伴随着力比多愿望（如同幻觉一样），这些愿望从属于既往快乐的记忆。相比之下，还有一些驱力，比如生物型的驱力饥饿，它不能只靠片刻的愿望来满足：它们的满足依赖于真正的食物、真正的乳房、真正的看护者（对婴儿表达出的信息）的反应。这些驱力更多地由第二个原则（*Prinzip*）支配，我们称它现实原则（*Realitätsprinzip*）。性驱力总是保留着它最初的一些被满足的能力，可以说，这是"超越（或先于）现实原则的"，或者说是被幻想满足的。力比多最初的表现就像一个没有任何宪法的部落，它后来的表现可能就像无政府主义者，回到自然状态，拒绝受宪法约束。

自我保存的驱力从一开始就需要现实（正如 Ferenczi 指出的那样，即使在子宫里它们也需要母亲整个身体运作的现实），因此它们在孩子生命的每个阶段都更适应现实：它们被现实驯服、被教育与现实合作，为了得到现实的（也许是更好的）满足，可以接受延迟满足。这些驱力被 Freud 称为自我本能，因为它们保护了婴儿发育中的"我"（I），也保护了婴儿的生命，也因为发育中的自我与现实原则结盟以满足自我本能及性冲动——以一种逐渐更"文明"的方式，使用思考、判断、想象，以及最终的科学推理。因此，自我保存的驱力和自我会与倾向于幻想（phantasy-prone）的性驱力发生冲突，然后自我成为负责压抑性驱力及其幻想客体的那方。在《超越快乐原则》一书中，Freud 援引了这种对立，并评论现实原则"受到自我保存的自我本能的影响"（1920g）[10]。但这就是 Freud 在《超越快乐原则》的开头几页中所写的关于自我本能的全部内容——因此他错过了在他的观点和精神分析中保持自我本能地位的机会。

Freud 1911 年提出的两种基本驱力（力比多和自我本能*）的理论图景和两个基本的支配原则，它们对他来说是相当清晰和毫无疑问的，尽管他在结尾总结声明说这提出了许多需要探索的问题。他的理论体系似乎井然有序，与他多年来的思想是一致的。他经常宣称自己赞同诗人 Schiller、伟大的 Darwin 以及自古希腊以来的心理学常识和语言。人类最终是被性和饥饿驱使的，也就是说，其中一种本能，也就是性本能，随着人们成熟，最终引导人们繁殖（以保存物种），而另一种本能驱使人们保护自己：最初是为了消除饥饿感，但也为了生活在安全、有保障、所有器官都具有健康功能的状态下，生活在一种被精心照料或心理抱持的状态下。至关重要的是，Freud 承认，自我保存需要［真正（而不是幻想地）提供保护功能的］照顾者的情感、爱和社交，也就是说，这是一种关系驱力。Aristotle 很久以前就说过，人类天生善于交际，渴望共同生活在一种政治组织中。婴儿不能从幻觉中获得情感，就像 Harlow 实验中的小猴子一样，它也知道不能从装着奶瓶的钢丝妈妈那里获得情感。哪怕从 Ferenczi 的学生 Rene Spitz（1945）所做的实验中，孩子也无法得到情感满足。在这个实验中，一个好心的医院护士用奶瓶喂孩子，但因为她在照顾孩子时毫无热情和感情，这会导致婴儿罹患"住院症"，甚至因此死亡。

在《性学三论》（1905d）的早期版本中，Freud 曾宣称，儿童的力比多能量应该被称为"感官流"（the sensual current），而自我保存的驱力应该被统称为"情感流"（the affectionate current）。同样地，他把感性（sensuality, Sinnlichkeit）与温柔或情感（affection, Zärtlichkeit）区分开来。这两种驱力的能量流都以母亲的乳房为第一个客体，但当婴儿被哺乳时，情感流引领着方向，而感官流则倚靠于其上［或"依附"（anaclitic）于其

---

* 分别对应于本书其他部分使用过的术语：性本能和自我保存本能。——译者注。

上]。乳房是"依附"的客体,是延伸的客体(Anlehnungsobjekt),其字面意思是被情感的渴望倚靠、依赖的客体,因为婴儿没有乳房就无法生存;或者如 Freud 后来强调的那样,因为如果没有乳房,婴儿是无助的。Winnicott 把这个问题说得更俏皮——"没有婴儿这种东西",只有"婴儿-和-母亲"。而对于性本能来说,乳房是一个情欲的客体,令人快乐但不是生活所必需的。

Freud 认为,随着儿童的发育,性本能的驱力(感官流)起初在口部很强烈,之后聚焦在肛门的位置,然后在生殖器。但他并没有注意到自我保存的驱力有相应的发展阶段或部位特异性,尽管他有时会把自我保存驱力与身体的每一个主要器官联系起来。一般来说,一旦他把这些驱力的满足描述为生理需求得到满足和情感得到满足,他就很少再去探索这些驱力。❶ 至关重要的是,Freud 并没有探索情感流的客体关系发展路线,尽管他已经清楚地说过,情感流在感官流之前就是与客体相关的。

当 Freud 写关于性和饥饿的文章时,他总是很宽泛地诠释性,他使用的希腊词 *eros*(爱欲本能)既从定性的维度描述性的本质,也从量化的维度描述性代表着张力的减少。但是他从来没有给饥饿指定一个可以与 *eros* 相媲美的通用名称,尽管在古希腊语中有这样一个词。在古希腊语中,*philia*(情谊)与 *eros* 总是既形成对比又交织在一起。*philia* 这种情感或爱首先存在于父母和孩子之间,后来才存在于孩子和老师之间、相互关心的朋友之间,以及参加政务会议的公民之间[这些公民因相互尊重或政治友爱(*philia polilike*)而凝聚在一起],等等。*philia* 指的是所有的纽带,如果没有它们,人类就无法生存或不能活得像个人❷。在 Freud 所熟悉的所有欧

---

❶ Sándor Ferenczi 注意到了这种缺失,在 1913 年,原则(*Prinzip*)的概念进入 Freud 的词典之后,他写了一篇论文,叫作《现实感发展的阶段》(Stages in the Development of the Sense of Reality)(1913a)。他初步描绘了自我本能发展的路线,这对布达佩斯学派产生了很大影响,尤其是对 Michael Balint。

❷ Aristotle 用 *philia* 这个词来反映早期荷马时代的词汇体系中的一些词汇,这些词汇涉及几个动词:*trepho*(营养)、cherish(珍爱)或 nurture(养育),*philia* 在拉丁语中被翻译为 *colere*(培养),它跟在名词 *cultura*(文化)之后。*philia* 纽带(*philia* bonds)是文化纽带,包括养育孩子的方法、教育、老年人对年轻人的指导,以及创造文化客体、纪念碑和城市(Young-Bruehl, 2003)。

洲语言中，很明显力比多的欲望和需要关爱的需求之间的区别是根本的。此外，这条词汇线把两种欲望区分开了，前者主要是指性欲望，是你必须主动伸手去满足（即使只是触摸自己的身体）或追求的欲望；后者是通过接受或自我约束（binding to yourself）来满足的欲望，这些欲望是最初在你无助、依赖的婴儿状态下出现的欲望。正是从接受或约束欲望中，人们在彼此关系中获得了更高的能力。这两种形式的欲望可以用"胃口"（appe-tite）这样的词来类比，你可以对性和食物有胃口，但满足感是完全不同的。*eros* 和 *philia*——主动向外导向的欲望和向内导向的欲望（如合作性的、接受性的）——在非专业德语中是 *Begierde*（*sinnliche*）和 *Wunsch*，在意大利语中是 *concupiscenza* 和 *desiderio*，在西班牙语中是 *lujuria* 和 *deseo*。这些区别就像英语中感官欲望（lust）和愿望（desire）之间的区别一样，lust 表示渴求的、性的欲望（也包括不节制的活动、热望、贪婪），而 desire 更接近于需要（need）。

但是，尽管 Freud 的第一个本能驱力理论清晰且简洁，诗意与科学性并重，并巧妙地用一种通俗易懂的语言去阐述，但 Freud 还是对它进行了革新。Freud 1911~1920 年的思想有很多特点，但是关于我在这里提出的论点，最重要的是要注意到这是一个自我保存的本能驱力没有得到探索，然后被边缘化，最后被重新定义为不重要的时期。1911~1920 年，Freud 的注意力一直集中在突现的自我上，一直集中在性驱力上，甚至更集中在自我和性驱力（而不是自我保存驱力）的关系上。他最迫切的问题是，自我如何形成（以及变形）和成长，以及**与性驱力发生关系**：这种对自我保存驱力的显著的轻视出现在 Freud 刚开始致力于捍卫他的性欲理论以对抗 Adler 之后。Adler 一直非常关心自我本能（他认为包括一种攻击性的驱力）。这种轻视也发生在 Freud 开始意识到他必须准备好与 Jung 争论时，Jung（一元论地）认为只有一种能量推动着人类。荣格学派的单一能量并不只与性有关——事实上它更倾向自我保存、更有情感（即使 Jung 粗暴地称它为"力比多"）。Freud 很可能（有意识地或潜意识地）远离了自我本能驱力领域，他认为他的对手们为了攻击他的力比多理论而在自我本能领域建立了他们的理论阵营。这些对手们在理论上似乎更关心安全（或者，以 Adler 为例更关心不安全）和社会权力，而不是性。

当 Freud 意识到他和 Jung 之间存在着实质上的、可能无法调和的分歧时，他也非常用心去澄清他对强迫症，特别是对精神病（即对自我歪曲和精神反常）的看法，虽然这是 Jung 擅长的领域。因此 Freud 对 Schreber 的研究（Freud, 1911b）导致了他影响重大的对自恋的研究（1914c）。这篇研究自恋的论文太过复杂而无法在此被详细描述，但我想强调的是，该论文的关键点是它在最后声明了有两种爱的存在。Freud 描述性驱力的第一种情况是，在自我的指引下朝向客体并依附于客体，也就是说，朝向"依附的客体"（anaclitic object）（这个客体曾经是自我本能驱力的客体）。之后他描述性驱力（不是自我本能）的第二种情况是指向自我本身，要么表现为在自我最初出现的状态（"原初自恋"），要么表现在性驱力已经向依附的客体投注但又不得不撤回自身的情况之下。这些情况包括性驱力无法附着于客体或者遭受了客体的丧失。自我要么有依附的客体，要么有自恋的客体（自身）。在正常的发展过程中，孩子会从自恋的爱发展到对他人的爱。如果一个正常的孩子在丧失客体后必须撤回到自恋的爱中，他也不一定会患上"自恋神经症"（这意味着他基本上设法掌控了丧失客体的情况，并且能再次开始爱他人。他没有困在病理性的哀伤中，而是通过重新将从客体身上挽救回来的力比多投注到自我中，使其变得更加强大❶）。

在 1914 年之后，Freud 在他的理论大厦中增加了关于正常的原初自恋和精神病性撤退回自恋的想法，他对自我保存的"情感流"提出了一个至关重要的重新定义。在他最后一次修订的《性学三论》中，情感流失去了与感官流的区别，变成了被抑制的性欲望。它变成了一种不能发展到完全的客体之爱的性欲，这种性欲固着于自我投注或撤退到对自体的自恋之爱中。自恋理论实际上消除了自我保存驱力的独立性和重要性，因为它将情感之爱降级为一种自恋。然后，新的发展理论（从原初自恋到客体爱）需要对快乐原则进行轻微的更新或发展：自体情欲张力的降低通常在发育上让步于异体情欲张力的降低（并且这极大地增加了手淫和变态的病理学意义，因为这些都达

---

❶ 在与他关于自恋的著作同时代的技术论文中，Freud 向那些对女性病人产生性吸引的感觉的分析师建议，他们应该撤退，掌握自己的"反移情"（一个新术语），并由此增强他们的自我力量。这是他和 Jung 另一个有分歧的点，特别是当他们都治疗过一个无法被治愈的极端强迫症病人 Elfriede Hirschheld 时（Falzeder，1994）。

不到异体情欲张力降低的目的）。无助的新生婴儿需要、寻找和接受与照顾者（特别是母亲）相关的供给和情感，这种需要被原初自恋取代，原初自恋的一种解释是新生儿在自体情欲中寻找快乐，不需要依赖、不需要他人、不需要母亲。只有婴儿独自一个人。

因此，当 Freud 在 1920 年准备写《超越快乐原则》时，很难想象到他会为原有观念找到新的解释版本。他在过去以各种方式扩展和拓宽他的"力比多"理论以及强化性本能是日常情况和自我发展过程的所有原因和核心动力，由此他已经削弱了原有的观念。Freud 不打算返回到他的旧观念或重新思考和修补他的旧观念，即存在两种本能（性和饥饿），特别是因为这样的回归可能削弱他将自己的理论与 Adler 或 Jung 的理论区分开来的能力。此外，Freud 根本没想到他需要使用自我保存本能来解释他在《超越快乐原则》中列举的证据碎片，他声称这些证据甚至不符合修订后的快乐原则假设。显然，他没有意识到，他正在列举的这些证据之所以没有一个理论地位，正是因为他一直在忙于削弱它们的地位，即削弱自我保存本能理论的地位。

* * *

现在让我来看看这些证据碎片。它们的种类各不相同，但都有一个共同点，那就是它们涉及对痛苦活动的重复——Freud 称之为"强迫性重复"，其中一些活动以快乐的轻松感告终，另一些活动带来了释放却没有轻松感，还有一些只会带来永久的痛苦。他注意到孩子们在游戏中一遍又一遍地重复动作。这些行为似乎蕴含一种功能，（通常）允许他们应对或掌控丧失，尤其是与母亲的分离［在他详细描述的"去-来"（*fort-da*）游戏的例子中］。然后 Freud 注意到，遭受创伤性损伤的人以及患有战争神经症（没有身体损伤）的士兵，反复梦见他们的创伤——但很少得到任何缓解。在精神分析治疗中，他补充说，根据他在关于技术的论文中注意到的特点，无论是诠释病人自由联想的内容，还是分析他们对诠释的阻抗，都不能治愈他们。治愈必须通过让病人在分析的情境中重复他们童年经历的失败、丧失、与父母或兄弟姐妹的竞争，或由于身体的不成熟或禁忌而未能满足的愿望。痛苦的童年经历重复发生在治疗中和与分析师的关系中（在这里被称为"移情神经症"），但它也发生在一些正常人的生活中，他们"给人的印象是被邪恶的命运追逐，或被某些'恶魔般'的力量掌控"（1920g）[21]。他们具有产生重复模式或"同一件事永恒重复"的性格特征或形式（1920g）[22]。

每位分析师都知道，强迫性重复在所有治疗中都存在，关键是，在人们的生活中无处不在（并且，许多人会说在集体生活中也无处不在，就像Freud自己后来说的那样）。从1920年开始并持续至今的关于《超越快乐原则》的争论，不是争论关于强迫性重复的普遍性或其至高无上的意义，而是关于其解释的。对Freud来说，这种现象指出了快乐原则的局限性，它不能调节和减少这些游戏、梦和活现本身试图容纳或掌握的紧张感。正如Freud所言，快乐原则（Lustprinzip）不能"束缚"这种迄今为止尚未命名的能量，这些能量在这些活动中活跃得令人讨厌；他认为，这些活动没有得到约束是因为突发的创伤已经突破了心灵抵御令人震惊的刺激和过度刺激的"保护屏障"。可以说，创伤使心灵回到了无形和空虚的状态，类似于生命出现之前的状态。心灵必须受到一定程度的调节，一定程度上保持恒定，才能进入寻找和平和安宁的过程；内在的混乱不能结束因创伤或回到创伤情境而产生的混乱。因此，这些创伤必须释放出一种埋藏在心灵深处的本能驱力，而这超越了快乐原则。

在这一个争论的点上，Freud的第一个本能理论可能会认为，创伤释放的是一种自我保存的驱力，它尖叫着说："让我活着！救救我！抱着我吧！"但这并不是Freud在1920年所采取的行动。相反，他选择了一种给精神分析界造成创伤的方法，这种方法从那时起就一直在被强迫性地重复。

他关于创伤的突破性想法是由以下问题推动的：如果强迫性重复可以超越快乐原则（"毕竟迄今为止，我们一直认为是快乐原则支配着精神生活的兴奋过程"），这是否意味着这种强迫"比它所超越的快乐原则更原始、更基本、更本能？"Freud接着问道："但是，强迫性重复是否具有'本能'的性质呢？"他接下来一组决定命运的问题是：强迫性重复是否表达了一种本能驱力，朝向一种更早的状态，朝向解体、崩溃——最终走向死亡？它是否表达了一种有机生命体固有的惰性？这种朝向解体的本能驱力是否也把自我带到一个最初的状态，也就是说，已经成长起来的自我试图控制这种分解的能量，而不是试图通过获得爱和关心来保存自己？

一个脆弱的自我试图控制这种解体的能量，自然必须拥有自己的能量，当然，这必须是一种关于束缚和建立的能量。Freud 认为，这种能量不是别的，正是性本能的驱力，是物种保存的驱力，是它们最终将精子带到卵子，创造了新生命。是 Eros。因此，尽管 Eros 抵制现实原则并遵循快乐原则保持其幻想倾向，因而曾经被视为是破坏心理经济性的原则，导致自我病理学。但现在它变成了具有联合性、统一性和建设性的拯救力量（它最终通往繁殖之路❶）。

我认为，Freud 在回答他的问题并开始构建他的"死本能"（后来被称为 Thanatos*，与 Eros 相反）理论时，提出的那些当时的生物学家的推测和评论，现在不是很有趣了。对我来说，理论构建中最重要的似乎是为理论构建让路所必须做出的拆迁行为。具体来说，长期受到理论过剩威胁的自我保存本能，必须被彻底打破和回收利用。很显著的情况是，它们（自我保存）并没有和 Eros 一起作为合并和增长的力量出现，而是作为服务于死本能的力量出现！Freud 本人似乎对这种奇怪的发展感到震惊：

> 我们认为所有生物体都具有自我保存本能，这种假设与认为本能总体上是导向死亡的观点明显对立。从这个角度看，自我保存、自我肯定和掌控的本能在理论上的重要性就大大削弱了。它们是构成本能的一些部分，其功能是确保有机体沿着自己的道路走向死亡，并避开任何可能出现的非有机体本身固有的回归无机状态的方法。我们不必再考虑有机体在面对各种障碍时坚持自身存在的这种令人费解的决心（无论如何都很困难）。我们还将面对这样一个事实：有机体只希望以自己的方式死去。因此，这些生命的守护者，也是死亡的忠实追随者……

---

❶ Freud 在 1920 年后关于性发展的著作中，比以往任何时候都更强调生殖性行为和异性恋的正常和重要性，因为同性恋和变态对对抗死本能没有任何贡献。这种强调对于精神分析理解同性恋和变态产生了灾难性的后果。

* 死神的名字。——译者注。

当自我保存本能对抗生命的危险和威胁时，它们似乎在为生命服务——性本能也是如此，Freud 相信性本能通过导致联合和繁殖服务于生本能。但是，事实上，自我保存只是用来避开任何外部因素造成的死亡打击，而与此同时死本能仍遵循其不可避免的内在或内部死亡过程，这是如此不可阻挡，以至于它甚至不需要死亡的原则（*Todesprinzip*）——一种调节原则（尽管实际上，它遵循惰性原则）。当我们强迫性地重复时，我们正在奋力地走上自己的死亡之路。

毫不奇怪，Freud 自己似乎很快就觉得这种想法牵强附会，并且最终在某种程度上补救了已经被大大削弱的自我保存驱力；他说实际上它们必须服务于性本能的驱力——它们必须是它（性驱力）的守护者。❶ 但他当时并没有意识到他本该意识到的，就像我之前提到的那样，强迫性重复可以很好地被视为"自我保存、自我肯定和掌控的本能"的表现，因为它们试图治愈儿童和成人创伤的影响（这些创伤可能主要影响感官流或情感流，或者更常见的是两者都有）。Freud 并没有说，如果现实造成的创伤达到一定程度，现实就会压倒快乐原则，现实本身就会超越快乐原则。自我保存的驱力将不得不与现实原则对抗，而不是服务于它；如果自我保存的驱力完全无法运行，那生存就难以维持了。如果按照 Freud 的第一个本能理论（他的"保护屏障"概念就是在这个理论框架中提出的），我们把创伤描述为一个事件（或一系列事件），它产生心理混乱，切断了一个人跟照料者、安全感、保护感、忠诚、伙伴、礼仪（这些所有都是情感流的目标）的联系，也切断了任何渴望的性欲的满足，那么强迫性重复就代表着保存驱力的冲动，用以疗愈、克服、创造不同的结局，重新联结。强迫性重复是在尝试自我照顾或请求他人的照顾。受创伤的个体想要寻找她自己已被遮蔽、破坏的生命之路。

事实上，我所想象的这条论证思路是 Freud 自己在 1911 年的 Schreber 的案例中提出的，Freud 将精神病人的症状描述为努力重返良性现实和（与）他人（的联系）的表现，是一种自我保存或自我治愈的努力。这条论证思路也出现在 1920 年之后，它塑造了 1926 年的文本《抑制、症状和焦

---

❶ 在未完成的《精神分析纲要》（1940a [1938]）中，Freud 写道："自我保存本能和物种保护本能之间的对比，以及自我之爱和客体之爱之间的对比，都落在 Eros 的范围内。"

虑》。Freud 在其中对焦虑做出了精彩定义：焦虑实际上是一种信号，表示对爱的基本期望已经或即将丧失。他甚至为焦虑构建了一条发展路线。这一定义和这条发展路线消除了对死本能理论的需要。❶ 但 Freud 还是强迫性地重复了这个理论。

* * *

在超越《超越快乐原则》的精神分析历史上，两条路最终分岔。起初，大家达成了一些共识。所有 Freud 的支持者都对 Freud 在 1920 年之后强调的攻击性印象深刻，因为每个在第一次世界大战中幸存下来的人都意识到，在精神分析中，攻击性和对自我的攻击（受虐）都被低估了，理论化不足。但是共识到此为止。大多数后来的精神分析学家要么追随 Klein 和 Lacan，以各种方式阐述死本能理论，要么追随 Hartmann 和 Fenichel 以及其他自我心理学家，在否定生物学理论的同时，接受性和攻击性是基本驱力的观点。（Anna Freud 婉转地表达立场，她说性和攻击性是基本的驱力，但她既不接受也不拒绝生物死本能理论，她说这一理论需要通过实证研究来证实或推翻。❷）

只有一个阵营，他们之所以拒绝死本能理论，是因为他们认识到这一理论导致精神分析无法探索自我保存驱力或自我本能，从而使其无法发展一个爱的哲学和道德政治理论：这个阵营就是布达佩斯学派，形成于 20 世纪 30 年代 Ferenczi 过世之后❸。Ferenczi 本人在《塔拉萨》(*Thalassa*) 一书中为他的受训者们开辟了这条道路。他认为自我保存的需要在渴望着子宫提供滋养的、保护性的空间。同时他也强调了重回子宫的性驱力，并接受了一种死

---

❶ Anna Freud 似乎已经理解了信号焦虑（signal-anxiety）的意义及其发展路线，因为她将其纳入了她的《自我和防御机制》(*The Ego and the Mechanisms of Defense*)（1936）的框架中，其中她不需要提及死本能理论。

❷ 然后，Anna Freud 1971 年在战后第一次回到维也纳，在 IPA 大会上谈到攻击性时，她请她的同事们"同意承认临床事实和生物学推测之间的差距，而不是在两个领域之间强行建立直接的因果关系"(A. Freud, 1981)[174]。

❸ 第二次世界大战后，美国人对自我本能的概念产生了兴趣，但这种兴趣集中在将自我本能视为掌握本能或"效能"本能上 (Robert White, 1963)，而不是它们的爱的形式上。这是一种实用性的达尔文主义。

本能理论。对他的受训者们来说，最重要的是他在努力理论化治疗情境中具有保护性的、充满情感的爱，尽管在他们转向对治疗情境中的情欲进行反思和进入"相互分析"的危险实验*时，这些努力也给他们带来了困扰。

在对自我保存的关系驱力进行探索的学者中，最以实践为导向的一位是匈牙利的 Imre Hermann，他是一位精通行为学和灵长类学的研究者，他在 1936 年写的一篇著名文章中提到一对自我保存的驱力，分别是"依附"和"寻找"的驱力❶。 Michael Balint 认识到，最初的情感流有一段需要探索的发展历史［并且他最终认为这种发展历史可能在团体关系中最为清晰——因此有了巴林特团体（Balint Groups）］。 当孩子成长得更加复杂时，他们是在原始的关系之爱的基础上这样做的，Balint 称之为"原初的、被动的客体爱"，有时只是称之为"原初的爱"（Balint，1937）。根据孩子们所遭遇的现实——创伤——以及他们的反应，他们形成了"亲客体倾向"（ocnophile）（喜欢黏着客体）或"疏客体倾向"（philobatism）（偏好没有令人恐惧和产生焦虑的阻碍的开放空间）的特征。Balint 的第一任妻子 Alice Balint 在 1931 年出版的名为《生命早期》（*The Early Years of Life*）的书中谈到了"古老的、以自我为中心的客体之爱"，这本书 1954 年最终被翻译成英文版，里面有 Anna Freud 写的充满赞赏的序言。

据我所知，只有一名精神分析家没有使用 Freud 从德国哲学和物理学继承来的词汇进行思考，而是纠结于找一个合适的名词来指代"情感流"（作为驱力的一个范围和发展，而不仅仅是其原型）。Takeo Doi（1973）指出，在他的母语日语中，有一个日常名词 *amae*，意思是"期望得到甜蜜和放纵的爱"。Doi 认为，*amae* 是 Freud 早先理论中提出的自我本能式的"情感流"，它是后来在儿童、成人和社会中出现的所有情感之爱的模板。Michael Balint 在他 1968 年出版的《基本错误》（*The Basic Fault*）一书中认可了这一论点。但在我看来，Michael Balint 和 Takeo Doi 都没有认识到，Freud 在他早期作品中描述的"感官流"和"情感流"的区分就像他对性本

---

* 指 Ferenczi 等进行的治疗师和病人的相互分析，后来证明这个做法是失败的。——译者注

❶ 与 Hermann 同时代的比利时分析学家 Tomas 是 Hermann 的支持者，但 Geyskens 等（2007）没有看到 Hermann 的著作中概述的自我本能发展路线。

能和自我本能的区分一样，实际上代表了欧洲人关于 eros 和 philia 的传统常识，也代表了日本人（关于 amae）的常识。

近年来，精神分析学界并没有认识到对自我本能的关注是相对较少的，因为那些觉得需要"情感流"概念的人认为这种需要可以被 John Bowlby 的依恋理论所提供；Mary Ainsworth，以及安娜·弗洛伊德中心的当代弗洛伊德主义者（如 Peter Fonagy 和 Mary Target）也发展了该理论。Bowlby 提出了一种依恋驱力，它必须被满足才能让人正常发展，而环境因素造成的依恋挫败或创伤会导致病理状态。还有一些其他人认为，Winnicott 对客体母亲（情欲之爱的接受者）和环境母亲（生命需求的提供者和避免创伤的保护者）的区分意味着爱就是对强烈渴望的满足。这些都是至关重要的贡献，启发了近几十年来儿童分析中的大部分富有成果的工作，但鲍尔比流派的理论路线实际上没有潜意识理论，而温尼科特流派的理论路线却没有驱力理论。

因此，在我看来，在 1920 年该文中丢失的东西并没有真正地被重新找到，精神分析仍然没有与希腊人探讨 philia 一词时在西方首次被阐述的伦理和政治洞见发生更多关联。我们被供给生活必需品的方式——我们被充满爱意地喂养和温柔地照顾的方式——为成熟生活的发展奠定了基础；而成熟后的人们不再受必需品的支配，不再无助和依赖，并且可以在一个规范良好的政治组织中照顾他人（包括他们的父母），这个政治组织保证他们可以自由行动，或根据勇气和宽宏大量等价值原则来指导自己的行动。Aristotle 在《尼各马可伦理学》（Nichomachean Ethics）中说：被深情地养育的孩子，日后会给他们的父母提供"养料"（nourishment, trophe），并发现这种照顾比关怀自己更美好。接受深情的爱是利他主义的根源。

在我看来，在我们的世界里，如果能这样理解利他主义，那将是一种巨大的恩惠：它是我们与生俱来的对爱的期望的伟大的实现，这种实现可以让生命延续。

结 语

玛丽·凯·奥尼尔（Mary Kay O'Neil）[1]

---

[1] Mary Kay O'Neil 是加拿大精神分析研究所的督导和培训分析师，目前在魁北克省蒙特利尔私人职业。她在多伦多大学获得博士学位。目前，她是加拿大精神分析研究所所长以及加拿大精神分析研究所财务秘书。她是《默默无闻的精神分析学家：露丝·艾瑟安静的影响力》（*The Unsung Psychoanalyst: The Quiet Influence of Ruth Easser*）一书的作者，以及《保密性：伦理视角及临床困境》（*Confidentiality: Ethical Perspectives and Clinical Dilemmas*）和《论弗洛伊德的〈一个幻象的未来〉》（*On Freud's "The Future of an Illusion"*）的联合编辑。她的研究和著作涉及的领域诸如：抑郁和年轻人的发展、单亲母亲的情感需求、分析终止后的接触，以及精神分析的伦理等。她曾任职于多个 IPA 委员会以及地方、国家和国际层面的伦理委员会，目前是《国际精神分析杂志》的编委会成员。

去吧，鸟儿说，因为树叶丛中躲满了孩子，

他们兴冲冲地藏在那儿，忍住了笑声。

去吧，去吧，去吧，鸟儿说：

人类忍受不了太多的现实。

过去的时间和未来的时间，

过去可能存在的和已经存在的，

都指向一个始终存在的终点。

T. S. Eliot（1935），《烧毁的诺顿》（*Burnt Norton*）

T. S. Eliot 意识到，我们都生活在快乐、现实和时间的流逝中，同时意识到一个不可避免的结局。对生命来说，这个结局就是死亡。Freud 在 1920 年与这种含糊和矛盾的意识作斗争。然而问题仍然存在：在生命开始和以死亡结束之间发生了什么？以及"人类"向哪一方倾斜？

《超越快乐原则》（1920g）一文篇幅很长，很难阅读，在理论上也相当粗糙。它"可以说是 Freud 所有主要理论贡献中最不可信、最难以理解和最具推测性的"（Greenberg，1990）。它展示了 Freud 的不确定性，他与不一致的斗争，他的困境，他的未被回答的问题，以及他敢于推测和犯错。从历史上看，这是一篇奇怪的文章，与 Freud 取自临床材料的更果断、更少含糊其词的理论不同，尽管产生了持久的争论，但也指出了仍让精神分析师们挣扎的许多困境。Freud 的新概念"死本能"，作为他论文的核心，被质疑、否定、驳回，因为其被认为在生物学上站不住脚，在理论上不完整。然而，《超越快乐原则》提供了比这个新概念更多的内容。这是一篇内容丰富、富有挑战性的文章！这是对过去的修正，也是对未来的预见。在《超越快乐原则》中播下的许多精神分析的种子自 1920 年以来已经开花成熟。

众所周知，在这篇文章的结尾，Freud 挑战了他的追随者们和今天的精神分析师们，让他们敢于提问、敢于提出自己的观点、敢于做出正确的事和/或犯错。

我们必须耐心等待新的研究方法和机会到来。我们也必须做好准备，放弃我们已经走了一段时间的道路，如果它看起来无法使我们获得好的结果的话。只有那些坚称科学应该取代他们已经放弃的教义的信徒，才会责备一个研究者发展甚至改变自己的观点。对于科学知识的缓慢进步，我们或许可以……寻得安慰。(Freud，1920g)[64]

本书九篇论文的作者们基于先进的科学知识，从不同的精神分析视角，阐述了《超越快乐原则》一文中具有歧义的地方。他们既有同意之处，也有异议之处。他们强调了当前的理论发展，展示了如何教学，讨论了临床和文化的含义；并且他们提出了他们对《超越快乐原则》的当代观点。本书除了适合精神分析师外，也适合精神分析学科的教师、学生，精神分析学者，以及感兴趣的非专业读者阅读。作者们思想上的差异性使他们的着重点有所不同，但他们的共同贡献使《超越快乐原则》鲜活了起来，从而可能减少了它的不可思议性。这是一本非常适时的书，因为我们当前所处的社会文化和临床实践正在关注创伤后综合征（包括创伤性的梦），精神分析也正在关注自恋和严重精神病理，关注着今天世界上重复发生的破坏性攻击性事件、重建和平的绝望尝试，以及在社会和临床上的勇敢行动（目的是建设性地引导攻击性）。这篇结语是用来评论本书各篇论文传达的丰富思想。

Craig Tomlinson 以教授 Freud 后期作品开篇，如《超越快乐原则》所揭示的，这些后期作品是从 Freud 1920 年的思维体系演变而来的。Tomlinson 向教师们提出挑战，让他们了解听众的特殊性并相应地进行交流。他机敏的指导不仅适用于精神分析的教师和学生，也适用于本书读者。他通过将这部"分水岭式的作品"作为精神分析经典文献中"最重要的作品之一"，显示了它的"伟大的"和演变的意义，同时他认识到它必须用两种方式阅读：在它被写作的社会、临床和科学背景的过去时间线里阅读，以及在今天读者们生活的社会文化背景的当下时间线里阅读。这一历史视角强调了《超越快乐原则》在精神分析的不同社会史和知识史中所起的作用。Freud 打算用《超越快乐原则》来引起辩论,而不是解决争议。他没有预料到它对精神分析组织内部紧张的关系的重大影响,也没有预料到被激发出来的精神分析贡献的丰富性和多样性。

Tomlinson 还提示要注意一些鲜为人知的细节,这些细节有助于理解弗洛伊德学派学者的工作,并促进正在进行的辩论。例如,"Freud 明显将死亡驱力作为一种'没有名字的驱力'",是其他人创造了"死本能"/*Thanatos* 这个短语来捕捉 Freud 的中心概念。在 Freud 作品的英文版被广泛阅读的同时,有一个事实经常被忘记,那就是翻译工作本身也产生了它自己的含义。从标题中的第一个词开始,*Jenseits*(超越)也可以被翻译为"the other side"(彼岸)或"the far side"(远方),它包含了传统德国哲学和神学的典故——"彼世界"(other-worldly),指的是宗教中的来世(afterlife)。对这些小细节的考虑为思考和辩论提供了许多素材。❶ 正如 Tomlinson 总结的那样, Freud 给他的听众留下了需要解决的重大科学问题。然而,"人们不需要接受 Freud 此处的推测细节在 21 世纪是科学的",而是有可能在"Freud 对人类状况的思考范围内分享这种推测的奇妙之处……"

Tomlinson 的开篇第一论为读者提供了一个舞台去考虑其他作者的不同观点。考虑到此,Salman Akhtar 在前言中提到了已经被改变了的概念——生本能、自我保存本能、死本能、攻击性、施虐和受虐,以及丰富的梦理论和"生命对死亡的心灵整合"。

来自巴西的 Fátima Caropreso 和 Richard Theisen Simanke 带着他们经典的 Freud 参照框架,从历史的角度来看待 Freud 1920 年的文章。他们比较了 Freud 的第一个和第二个本能二元理论并指出:"Freud 在《超越快乐原则》中认识到,这种新的本能二元论不能提供与他早期的本能理论相同程度的确定性。他在后来的著作中提出的一些假设,似乎使生死本能的二元论更成问题,并且加强了这两种本能之间实际上没有差异的印象。"在评论关于"本能

---

❶ Freud 是否在质疑"彼岸"(other side)?正如 Akhtar 在 O'Neil 和 Akhtar(2009)[3] 的文章中所评论的,Freud 既是信徒,也是非信徒。在写《超越快乐原则》时,他是否正在与他矛盾的信仰体系以及生活中其他痛苦的事件——第一次世界大战、女儿的死亡和他的癌症——作斗争?

二元论"的思想时,作者们坚持认为,弗洛伊德学派元心理学中对生本能和死本能的重新评价在逻辑上需要重新平衡两者之间的关系。他们重新评价了Freud的第二个本能二元论,接受了他最具争议的概念"死本能",认为其不仅是有效的,而且确实是原初的。他们认为,"无论Freud多么努力地试图赋予生本能与死本能同样的地位,似乎都难以避免死亡潜伏在所有生命背后的结论"。当然,他们的观点改变了"生本能"的概念。我们只能为他们最后的结束语喝彩:对Freud关于"死本能"理论的充分欣赏和重新评价需要建立在当代生物学和精神分析之间的对话的基础上。这对精神分析学家们提出了挑战,他们要根据当前神经科学研究,将Freud 1920年的概念带入21世纪。

Freud在《超越快乐原则》中提出的第二个重要概念"强迫性重复"出自他观察到的儿童、退伍军人和其他经历过痛苦和创伤的人的行为。基于他周围的战后世界,Freud通过观察得出他的理论:这种重复行为是一种自我破坏的"恶魔般的力量",其与快乐原则相反,目的是将有机体还原为静止的无机状态——这就是"死本能"。Ira Brenner认为Freud在发展其强迫性重复的意义中过于理论化和自传化,这种想法与后来的分析师们一致(Bibring,1943; Casement, 1991; Loewald, 1971),正如Akhtar(2009a)[245]所指出的,他认为这种行为是在"为掌控创伤服务"*。Brenner既没有贴标签也没有理论化,而是使用案例材料和与分离状态患者工作的经验生动地呈现了一个案例,其中患者的症状和极端绝望的解离防御(神游状态及其转换或双重人格)帮助她处理由过去可怕的创伤经历引起、被当前的威胁事件触发的无法忍受的情绪。Brenner不仅从"死本能"的争议中突出重围,阐明了"强迫性重复"的临床意义,而且阐明了深层精神病理学的技术处理和面对创伤时极端防御的动员过程。同时,他也阐明了由于严重创伤带来的时间感(过去、现在和未来)的崩溃:创伤经历可能如此强烈,以至于个体无法理解过去和现在之间的时间流逝,并担心未来会发生类似的伤害。Brenner认为,通过"重复"寻求的"平静、安静或安宁"并不是死本能的"恶魔般的力量",而是一种向令人痛苦的创伤经历妥协的方式——实际上,是一种活下来的方式。Brenner在临床上超越了Freud,通过对创伤性的梦的讨论,他为下一篇阐明和整合Freud的两个梦的理论提供了一个开端。

---

* 指Freud自己和时代的创伤。——译者注。

Joshua Levy 继续 Freud 的工作，以一种清晰独特的方式，将 Freud 的两个梦的理论结合在一起。在《梦的解析》中，第一个著名的理论认为梦是伪装的愿望满足，而第二个**独立的梦**理论出现在创伤性神经症中，指的是创伤性事件的强迫性重复。其（指后者）目的是释放紧张，并最终掌控创伤。Freud 的两个理论在结构和功能上都有显著的不同，很少被放在一起，仍然处于未整合状态。Levy 引用了少数分析师（Loewenstein、Adams-Sylvan、Lansky、Brenneis）提出的创伤性梦可以具有掌握威胁性的现实和实现愿望的双重功能的结论，作为他"尝试找到 Freud 两个梦理论共存的证据的基石"。Levy 指出，"Freud 为他的两个梦理论提供的临床证据存在巨大差异：在 1900 年 Freud 提供了推理充分的临床证据，可以据此评估最初的梦理论的发展和概念清晰度；相比之下，他在 1920 年提出的理论缺乏临床证据，因此不便对第二个理论的基础进行评估"。

显然，自体心理学对梦的探索方法类似于 Freud 的第二个梦理论，这是有一些临床证据的。然而，只用一种或另一种理论框架来理解和诠释梦是有局限性的。Levy 问道："是否有可能在分析师的头脑中找到一个空间，让 Freud 的两个梦理论共存？"如果是这样，那么对 Freud 的梦理论的整合要求分析师倾听患者对他们的梦的自由联想，与可能触发梦的潜在多种日间残留保持调谐，并依赖于梦的运作来尝试处理临床材料。Levy 首先巧妙地利用这两个理论重新分析了 Freud 的三个梦（"Irma 梦""R 是我的叔叔"和"植物学论著"），然后呈现了他自己的详细临床证据，他不仅填补了临床证据的空白，而且为读者提供了一个机会去个人化地评估在临床和概念上整合这两个理论的价值。他呼应当代精神分析对移情和反移情的重视，突出了活现在精神分析关系中的梦的人际方面。

"Freud 提出了他的创伤性的梦的显意理论，但没有临床证据，也没有参考他早期梦理论的关键概念——隐意、梦的运作和潜意识的愿望满足。因此，没有依据来评估他的第二个梦理论的有效性，也没有概念基础来整合他最初的梦理论。"Levy 总结说：创伤性的梦就像任何其他梦一样可以被理解为是通过梦的运作构建的。为了获得一个有临床意义的梦理论，需要对现有的各种理论和 Freud 的理论进行系统的比较。

Henri Parens 和 Freud 及 T. S. Eliot 一样，也许无意之间承认了人类不能承受很多现实。Parens 与其他想要依赖甚至是具体化弗洛伊德学派概念的分析师相反，他指出，当 Freud 假设"死本能"时，他是在推测，而不是教条的。Parens 在他的整个职业生涯中，接受了 Freud 所写的大部分内容，并接受了 Freud 的邀请——"根据个人喜好考虑或摒弃（死本能）"。他怀疑 Freud 的基于死本能的攻击性理论的有效性，并且与一些分析师一样认为不可能证明人类是由死本能驱动的。事实上，他相信"死本能"的概念对于正确和有效地理解人类的攻击性是不必要的。

　　基于对儿童的广泛研究，Parens 的论文不仅具有启发性，而且提供了关于攻击性本质的新发现。他在经过深思熟虑、测试和"魂牵梦萦"之后提出了四类攻击性行为：与不快乐相关的破坏性、无情感的破坏性、非破坏性的攻击性、与快乐相关的破坏性。

　　然后，Parens 概念化了攻击性的三种趋势：敌意的破坏性、无情感的破坏性，以及非破坏性的攻击性。他对儿童重复行为的观察又回到了 Freud 最初提出后来又拒绝了的假设，即强迫性重复代表了一种变被动为主动的努力——努力掌控而不是回到无机状态。过度的不快乐——强烈的挫败感和自恋受损——会产生敌意的破坏性，但与之相反的是，攻击性在寻求复原时会产生创造力。这种不快乐可以是内在的，也可以是外在的。与"死本能"相关的攻击性从本质上讲与 Parens 观察到的不一样，他观察到孩子们是在利用他们的重复坚定的行为来成长、掌控和生活。Parens 认为，Freud 的第一个驱力理论——性本能和自我本能（ego instincts）（即自我保存本能）的二分法，比他的第二个本能驱力理论——（基于"生本能"的）性驱力和（基于死本能的）攻击性驱力的二分法，更能支持攻击性的多趋势理论。从这个意义上说，他将攻击性与生本能结合起来，不同意 Caropreso 和 Simanke 的观点，即生命是包含在死亡之中的。Parens 赞同克莱因学派在临床中使用死本能的概念来理解攻击性，他通过仔细收集的证据来支持他的攻击性的多趋势理论，这些证据不仅来自他自己对儿童的研究，还来自涉及精神分析问题的其他相邻领域的分析师和学生们。

　　Otto Kernberg 带着清晰的要点解构了 Freud 的死亡驱力假说。导致 Freud 提出这一概念的现象包括强迫性重复、施虐和受虐、严重抑郁症和非抑郁性格结构中的自杀，以及群体过程中的破坏性和自我破坏性发展及其社会影响。他讨论了 Freud 的理论，并根据与严重自我破坏性人格障碍患者工作的临床经验和当代客体关系理论背景探讨了每一个现象。在 Freud 的激励下，Kernberg 在当代生物心理社会背景下发展了对死亡驱力的理解，在个人和社会方面，"在某种意义上，（正面的和负面的）情感是原始动机系统的原因是，在特定的情况下，通过边缘系统的机制，它们的激活会启动强烈的动机，使人们趋近客体或远离客体……所有的情感都被嵌入心理表征……认知组织……反映了爱与恨之间的潜意识冲突，它们总是作为各种表征，被嵌入了与这种冲突相关的正面或负面情感"。他进一步提出，自我破坏的潜意识功能不仅仅破坏自体，也破坏重要他人；更进一步地，在对自体和他人的攻击性中体验到胜利的快乐。这样一来，"死亡驱力与快乐原则并不矛盾，其证据是，在面对一切想要帮助他们的努力时，病人击败它们，并从中获得胜利的快乐"。在这里，Kernberg 也许是无意中整合了 Freud 的两个本能二元论。总而言之，死亡驱力的概念是与临床相关的，但这种情况需要追溯到作为原初病因的攻击性情感的普遍优势地位。只有在严重病理的情况下，这种优势才会导致驱力聚焦于自我破坏。精神分析对大群体的攻击性和自我攻击性行为及其与社会领域中的退行过程的关系的日益加深的理解，是否会有助于对其的预防和管理，仍有待观察。Kernberg 简洁地总结道："Freud 引人注目的死亡驱力的概念可能没有反映天生的倾向，但显著地与临床实践有关。"

Betty Joseph 的卓越是毋庸置疑的，如果没有她的开创性论文《濒死成瘾》，任何关于《超越快乐原则》及其主要概念"死本能"的讨论都将不太有意义。Joseph 从她的克莱因学派的心灵模型出发，把 Kernberg 的理论变成活跃的临床实践。她与 Levy 的观点一致，强调了分析师反移情（患者通过投射性认同表现出的巨大的受虐倾向如何唤起了分析师的绝望）的重要性。她直率的语言使 Freud 在《超越快乐原则》中引入的概念在临床上更清晰。例如，她使用"嘟囔"一词——嘀咕、咕哝、发牢骚、找茬、抱怨，不仅增加了"强迫性重复"的含义，而且这种"一遍遍反复"的感觉支持了她关于成瘾的概念。对 Joseph 来说，"濒死"是一种恶性的自我破坏性，见于一小部分患者中，这种破坏性以成瘾的方式主宰着他们的生活、内在关系、思维方式以及他们在分析中沟通和建立关系的方式。这种分析的互动（接近于施虐受虐关系）超出了"负性治疗反应"的范畴。事实上，患者和分析师都感到被折磨到了近乎毁灭的地步。Joseph 清晰地描述了她是如何与这些患者及他们的梦工作的，其中包括她认识到这些患者并不是被驱使着走向涅槃式的平静或从问题中解脱，而是感到需要看到自己被毁灭而获得满足感。冷酷的受虐带来的纯粹的、不可否认的、无与伦比的性快感助长了对自体-客体毁灭的成瘾。任何朝向生命和理智的拉力实际上都位于分析师这边，这些如果被"分裂"出去的话，就可以解释为什么患者对治疗进程极端地被动和冷漠。从技术上讲，Joseph 为分析师们提供了机敏的指导，强调分析师首先必须处理病人对分析师和分析情境的受虐性使用和利用，然后才能让病人对现实生活的潜在焦虑和被拒绝的恐惧建立清晰的联系。"人类倾向于哪一种结局？"是生还是死？这个问题在 Joseph 描述的严重案例中得到了解决：个体趋向死亡，但同时行为却渴求生命和更真实的、与客体相关的享受，这意味着放弃所有消耗性的成瘾满足是极其困难的。

Michael Feldman 也是一名克莱因学派人士，他回顾了 Freud 的《不可思议之意象》的概念，并指出，患者的强迫性重复压倒了快乐，唤起了心灵的"恶魔特质"，包括将一个有思想的、鲜活的自我存在予以毁灭。他承认，Freud 和 Klein 都试图用"促进生命的力量与走向死亡的驱力之间的根本斗争"来解释某些临床现象。Feldman 对 Segal、Rosenfeld 和 Joseph 的临床贡献进行了简洁的回顾总结，他们都曾纠结于死亡驱力的概念，尤其是其在哪些方面与生本能及其临床含义相匹配。Segal 呼吁人们注意生本能与死本能在寻求需求满足的过程中的冲突。促进生命的一面导致客体寻求、爱和关注，另一面则试图消灭有感知的自体和他者。当解决冲突的"妥协"失败时，死本能就会获胜，破坏自我。Rosenfeld 认为，死本能表现为一种针对客体和自体的破坏过程，Feldman 认为，对于某些患者，"他们的主要目的不是完全摧毁生命，而是取走生命活力"。这种想法与 Joseph 的想法"只有不存在真正有生命力和有功能的东西，生命才被允许继续下去"建立了联系。Feldman 与 Brenner 和 Levy 一样使用了非常详细的案例材料来举例说明这些过程。他的病人陷入了"一种恶性的相互作用之中，作用一方是真实的挫折和失望感，另一方是他利用痛苦和绝望的经历来破坏和折磨他的客体以及他自己，从而获得的满足感和施虐式的快乐"。Feldman 为分析师干预的有效性带来了希望。通过将病人对自体和他人的破坏性攻击、掠夺、削弱带入有意识的思想和语言中，可以缓和在微小的互动中发现的死本能，从而减少其微妙无声的自我破坏性并解放受折磨的客体。病人变得更能容忍自己的仇恨和愤怒，并能更好地与他自己和客体中更活泼、更互相欣赏、更共情的部分接触。

　　Elisabeth Young-Bruehl 将读者带回"关键时刻"，那时 Freud 在内心挣扎着给出"力比多理论"的精神分析定义，这不仅导致他的"新理论"在《超越快乐原则》一书中诞生，也引发了业内长期以来的分歧。Young-Bruehl 的论点是，Freud 错失了精神分析学的一个伟大机会，他本可以描述出一种婴儿形式的爱，这种爱具有朝向成熟的人际关系和政治生活发展的过程。她认为他错失机会使他未能在精神分析理论中保持自我保存本能的地位。正如已经为大众所接受的，自我本能需要真实性，这是一个自我保存需求（包括性需求）得到满足的途径。她简明扼要地指出，"自我保存需要[真正地（而不是幻想地）提供保护功能的]照顾者的情感、爱和社交，也就是说，这是一种关系驱力"。关系中的发展包括从自恋的爱到对另一个人的爱的成长，伴随这种（关系的）爱的成长的是自体的发展。Young-Bruehl 也考虑到了创伤、强迫性重复和攻击性，但认为它们还是在为生命服务，她评论 Freud 可能认为，"创伤释放的是一种自我保存的驱力，它尖叫着说：'让我活着！救救我！抱着我吧！'"对她来说，攻击性可以被创造性地使用，强迫性重复带来了掌控感。事实上，病人通过分析关系中的移情可以重温和理解童年和生活创伤，从而发展出更安全的内在自体。她向那些认识到关系需求的重要性的精神分析师[Ferenczi、Bowlby、Balint、Winnicott、（少为人知的）Imre Hermann、（日本分析师）Takeo Doi、Fonagy 等]表达了敬意；然而，她断言没有人认识到 Freud 在他的早期作品中区分了"感官流"和"情感流"。此外，鲍尔比流派的依恋理论中没有关于潜意识的理论，温尼科特流派的理论中没有驱力理论。似乎有必要"超越"依恋理论，回到 Freud 早年所离开的地方。事实上，对于 Young-Bruehl 来说，精神分析理论需要回归并结合欧洲的"*eros* 与 *philia* 传统"和日本的"*amae* 的传统"。如果 Freud 没有错过这一机会，也许生本能就不会被边缘化，在精神分析理论中可能就不会有那么多的争议，它们试图超越 Freud 以发展一个生动的、创造性的、整合的理论。

问题依然存在。在这九位精神分析作者之间，关于 Freud 在《超越快乐原则》中的思想是否有共识？精神分析能否从过去（什么已经或可能已经发生）以及从现在（正在发生的）发展到未来，包括接受死亡的自然必然性，但在中间期保留和促进生命？我们有理由建议：从我们的病人和我们的临床经验中寻找答案，并且像 Freud 一样，我们将继续进行职业和个人的内在斗争，以在理论上去芜存菁。本书作者们的共识似乎是："死本能"的概念在少数患者中具有治疗意义，也许也具有理论意义，这些患者需要去重复攻击性、施虐受虐、对自我/他人的破坏性倾向，但同时自我保存驱力导致他们寻求精神分析。具有讽刺意味的是，Freud 的死本能概念（生命寻求死亡）与精神分析治疗的目标（帮助受分析者自我保存，帮助他们生活得更充实、更有创造性地，生活在更友爱的关系中）相违背。

一个不太明显的共识线索是 Freud 的两种本能理论和两种梦的理论需要整合，这是他留给追随者的任务。正如我们所看到的，本书作者们已经做出了重大的尝试来汇集这些理论，以在临床和理论上理解攻击的本质和强迫性重复的目的，并恢复人类自我保存驱力和关系需求的重要性。这些任务很困难，原因有几个。没有其他哪个行业能够做到如精神分析学一样，回溯到行业创建者为后代发展理论时曾使用的各种理论，也没有哪个行业可以如此程度地阐述创建者的各个观点。本书的一些作者尤其敢于反对 Freud 关于死本能的核心概念。尽管他们发现对于某些病人来说这一概念在临床上有用，但似乎很少有分析师相信人类有一个持续走向死亡的驱力。这并不意味着精神分析否认死亡的必然性，否认我们要向"终将都会死亡"的事实妥协但同时要努力地把生活过得充实而满足。当然，分析师的目的就是帮助受分析者进行这一努力。Freud 通过提出"死本能"的假说可能无意中发现了我们职业中固有的潜意识冲突。精神分析师们在开始分析时承诺："只要患者需要他们"，他们就会在那里。然而，众所周知，分析师们否认他们自己可能突然死亡、意外失能，否认他们面对疾病的脆弱性，或者虽然精心计划好了退休但也不容易真正接受退休，分析师没有准备好订立职业遗嘱或用其他方式准备面对他们无法再执业的结局（O'Neil，2007；Schwartz et al.，1990）。回到 T. S. Eliot 的观点，Freud 的《超越快乐原则》迫使我们（作为分析师）在理论上和临床上进一步思考已经发生的过去、什么正在发生以及精神分析能为子孙后代提供什么。

参考文献

Abend, S. M. (2007). Therapeutic action in modern conflict theory. *Psychoanalytic Quarterly, 76S*: 1417–1442.

Adams-Silvan, A., & Silvan, M. (1990). A dream is the fulfillment of a wish: Traumatic dream, repetition compulsion, and pleasure principle. *International Journal of Psychoanalysis, 71*: 513–522.

Adler, A. (1908). Der Aggressionsbetrieb im Leben und in der Neurose. *Fortschritte der Medizin, 19*: 53.

Adler, A. (1910). Beitrag zur Lehre vom Widerstand. *Zentralblatt für Psychoanalyse, 1*: 214–219.

Akhtar, S. (1995). Aggression. In: B. Moore & B. Fine (Eds.), *Psychoanalysis: The Major Concepts* (pp. 364–380). New Haven, CT: Yale University Press.

Akhtar, S. (2009a). *Comprehensive Dictionary of Psychoanalysis*. London: Karnac.

Akhtar, S. (2009b). *Good Feelings: Psychoanalytic Perspectives on Positive Attitudes and Emotions*. London: Karnac.

Akhtar, S. (2010). Freud's *Todesangst* and Ghalib's *ishrat-e-qatra*: Two contrasting perspectives on death. In: *The Wound of Mortality: Fear, Denial, and Acceptance of Death* (pp. 1–20). Lanham, MD: Jason Aronson.

Akhtar, S. (2011). *Matters of Life and Death: Psychoanalytic Reflections*. London: Karnac.

Akhtar, S., & Brenner, I. (1979). Differential diagnosis of fugue-like states. *Journal of Clinical Psychiatry, 40*: 381–385.

Anzieu, D. (1981). *Le groupe et l'inconscient. L'imaginaire groupal*. Paris: Dunod.

Balint, A. (1931). *The Early Years of Life: A Psychoanalytic Study*. New York: Basic Books, 1954.

Balint, M. (1937). Early developmental states of the ego: Primary object love. In: *Primary Love and Psychoanalytic Technique*. London: Hogarth Press, 1955; reprinted London: Karnac, 1994.

Balint, M. (1955). *Primary Love and Psychoanalytic Technique*. London: Hogarth Press.

Balint, M. (1968). *The Basic Fault: Therapeutic Aspects of Regression*. London: Tavistock Publications.

Bandura, A., & Walters, R. H. (1959). *Adolescent Aggression*. New York: Ronald.

Bandura, A., & Walters, R. H. (1963). Aggression. In: *National Society for* the *Study of Education, 62nd Yearbook, Part I: Child Psychology*. Chicago: The National Society of the Study of Education.

Barrett, D. (1995). The dream character as prototype for the multiple personality alter. *Dissociation, 8*: 61–68.

Bibring, E. (1941). The development and problems of the theory of the instincts. *International Journal of Psychoanalysis, 22*: 102–131.

Bibring, E. (1943). The conception of the repetition compulsion. *Psyche Quarterly, 12*: 486–519.

Bion, W. R. (1957). Differentiation of the psychotic from the non-psychotic personalities. *International Journal of Psychoanalysis, 38*: 266–275.

Bion, W. R. (1961). *Experiences in Groups*. London: Routledge.

Bion, W. R. (1965). *Transformations*. London: Karnac, 1984.

Bowlby, J. A. (1958). The nature of the child's tie to his mother. *International Journal of Psychoanalysis, 39*: 350–373.

Brenneis, C. B. (1994). Can early childhood trauma be reconstructed from dreams? On the relationship of dreams to trauma. *Psychoanalytic Psychology, 11*: 429–447.

Brenneis, C. B. (1997). *Recovered Memories of Trauma: Transferring the Present to the Past*. Madison, CT: International Universities Press.

Brenneis, C. B. (2002). Apparitions in the fog: Commentary on paper by Adrienne Harris and Barbara Gold. *Psychoanalytic Dialogues, 12*: 987–999.

Brenner, C. (1971). The psychoanalytic concept of aggression. *International Journal of Psychoanalysis, 52*: 137–144.

Brenner, C. (1982). *The Mind in Conflict*. New York. International Universities Press.

Brenner, C. (2003). Is the structural model still useful? *International Journal of Psychoanalysis, 84*: 1093–1096.

Brenner, C. (2009a). In his own words: Charles Brenner (1913–2008). Personal memoir, 2007. *Psychoanalytic Quarterly, 78*: 637–673.

Brenner, C. (2009b). Interview with Robert Michaels, 2006. *Psychoanalytic Quarterly, 78*: 675–700.

Brenner, I. (1994). The dissociative character: A reconsideration of "multiple personality". *Journal of the American Psychoanalytic Association, 42*: 819–846.

Brenner, I. (1995). Letter to the editor. *Journal of the American Psychoanalytic Association, 43*: 300–303.

Brenner, I. (1997). Letter to the editor. *Journal of the American Psychoanalytic Association, 45*: 1285–1287.

Brenner, I. (2001). *Dissociation of Trauma: Theory, Phenomenology and Tech-*

nique. Madison, CT: International Universities Press.

Brenner, I. (2004). *Psychic Trauma: Dynamics, Symptoms and Treatment*. Lanham, MD: Rowman & Littlefield.

Brenner, I. (2009a). *Injured Men—Trauma, Healing and the Masculine Self*. Lanham, MD: Rowman & Littlefield.

Brenner, I. (2009b). On "splitting of the ego": A history of the concept. In: *On Freud's Splitting of the Ego in the Process of Defense* (pp. 9–26), ed. T. Bokanowski & S. Lewkowitz. London: Karnac.

Britton, R. (2003). *Sex, Death, and the Superego*. London: Karnac.

Brun, R. (1953). Über Freuds Hypothese vom Todestrieb [On Freud's hypothesis of the death instinct]. *Psyche, 7*: 81–111.

Caropreso, F., & Simanke, R. T. (2006). Compulsão à repetição: Um retorno às origens da metapsicologia Freudiana [Repetition compulsion: A return to the origins of Freudian metapsychology]. *Ágora—Estudos em teoria psicanalítica* [Agora—Studies in psychoanalytic theory], *9* (2): 207–224.

Casement, P. (1991). *Learning from the Patient*. New York: Guilford Press.

Chakkarath, P. (2005). What can Western psychology learn from indigenous psychology? In: W. Friedlmeier, P. Chakkarath, & B. Schwarz (Eds.), *Culture and Human Development: The Importance of Cross Cultural Research to the Social Sciences* (pp. 31–52). New York: Psychology Press.

Chaturvedi, B. (2008). *The Women of the Mahabharata: The Question of Truth*. New Delhi: Orient Longman.

Compact Oxford English Dictionary (1979). London: Oxford University Press.

Dawkins, R. (1976). *The Selfish Gene*. Oxford: Oxford University Press.

De Wit, J., & Hartup, W. W. (Eds.) (1974). *Determinants and Origins of Aggressive Behavior*. The Hague: Mouton.

Doflein, F. (1919). *Das Problem des Todes und der Unsterblichkeit bei den Pflanzen und Tieren*. Jena.

Doi, T. (1973). *The Anatomy of Dependence*. New York: Kodansha.

Dollard, J., Doob, L. W., Miller, N. E., Mowner, D. H., & Sears, R. R. (1939). *Frustration and Aggression*. New Haven, CT: Yale University Press.

Erikson, E. (1954). The dream specimen of psychoanalysis. *Journal of the American Psychoanalytic Association, 2*: 5–56.

Fairbairn, W. R. D. (1944). Endopsychic structure considered in terms of object-relationships. *International Journal of Psychoanalysis, 25*: 70–93.

Fairbairn, W. R. D. (1952). *Psychoanalytic Studies of the Personality*. London: Routledge.

Falzeder, E. (1994). My grand-patient, my chief tormenter: A hitherto unnoticed case of Freud's and the consequences. *Psychoanalytic Quarterly, 63*: 297–331.

Falzeder, E. (Ed.) (2002). *The Complete Correspondence of Sigmund Freud and Karl Abraham, 1907–1925*. London: Karnac.

Falzeder, E., & Brabant, E. (1996). *The Correspondence of Sigmund Freud and Sándor Ferenczi, Vol. 2, 1914–1919*, trans. P. T. Hoffer. Cambridge, MA: The Belknap Press of Harvard University Press.

Fechner, G. T. (1873). *Einige Ideen zur Schöpfungs- and Entwicklungsgeschichte der Organismen*. Leipzig.

Feldman, M. (2000). Some views on the manifestation of the death instinct in clinical work. *International Journal of Psychoanalysis, 81*: 53–65.

Fenichel, O. (1945). *The Psychoanalytic Theory of Neurosis*. New York: Norton.

Ferenczi, S. (1913a). Entwicklungsstufen des Wirklichkeitssinnes. *Internationale Zeitschrift für Psychoanalyse, 1*: 124. English version: Stages in the development of the sense of reality. In: *First Contributions to Psycho-Analysis*. London: Karnac, 1994.

Ferenczi, S. (1913b). To whom does one relate one's dreams? In: *Further Contributions to the Theory and Practice of Psycho-Analysis*. London: Karnac, 1994.

Ferenczi, S. (1924). *Thalassa. Versuch einer Genitaltheorie*. Leipzig and Vienna: Internationaler Psychoanalytischer Verlag. English: *Thalassa: A Theory of Genitality*, tr. H. A. Bunker. Albany, NY: Psychoanalytic Quarterly, 1938.

Ferenczi, S. (1933). Confusion of tongues between adults and the child. In: *Final Contributions to the Problems and Methods of Psycho-Analysis*. London: Karnac, 1994.

Feshbach, S. (1970). Aggression. In: P. H. Mussen (Ed.), *Carmichael's Manual of Child Psychology, Vol. 2* (pp. 159–259). New York: Wiley.

Figueiredo, L. C. (1999). *Palavras cruzadas entre Freud e Ferenczi* [Words exchanged between Freud and Ferenczi]. São Paulo: Escuta.

Fleiss, R. (1953). *The Revival of Interest in the Dream*. New York: International Universities Press.

Fliess, W. (1906). *Der Ablauf des Lebens*. Vienna.

Freud, A. (1936). *The Ego and the Mechanisms of Defense*. London: Hogarth Press.

Freud, A. (1958). Child observation and prediction of development. *Psychoanalytic Study of Child, 13*: 92–124.

Freud, A. (1963). The concept of developmental lines. *Psychoanalytic Study of the Child, 18*: 245–265.

Freud, A. (1972). Comments on aggression. *International Journal of Psychoanalysis, 53*: 163–171.

Freud, A. (1981). *The Writings of Anna Freud, Vol. 8*. New York: International Universities Press.

Freud, S. (1893a) (with Breuer, J.). On the psychical mechanism of hysterical phenomena: Preliminary communication. *S.E., 2*: 3.

Freud, S. (1895d) (with Breuer, J.). *Studies on Hysteria. S.E., 2*.

Freud, S. (1900a). *The Interpretation of Dreams. S.E., 4–5*.

Freud, S. (1905c). Jokes and their relation to the unconscious. *S.E., 8*.

Freud, S. (1905d). *Three Essays on the Theory of Sexuality. S.E., 7*: 125–245.

Freud, S. (1905e). Fragment of an analysis of a case of hysteria. *S.E. 7*: 15–122.

Freud, S. (1909b). Analysis of a phobia in a five-year-old boy. *S.E., 10*: 5–149.

Freud, S. (1910i). The psycho-analytic view of psychogenic disturbance of vision. *S.E., 11*: 211.

Freud, S. (1911b). Formulations on the two principles of mental functioning. *S.E., 12*: 213–226.

Freud, S. (1914c). On narcissism: An introduction. *S.E., 14*: 69–102.

Freud, S. (1914g). Remembering, repeating and working-through (Further Recommendations on the Technique of Psycho-Analysis, II). *S.E., 12*: 147.

Freud, S. (1915c). Instincts and their vicissitudes. *S.E., 14*: 111–140.

Freud, S. (1915d). Repression. *S.E., 14*: 141–158.

Freud, S. (1915e). The Unconscious. *S.E., 14*: 161.

Freud, S. (1916–17). *Introductory Lectures on Psycho-Analysis. S.E. 15–16*: 243–462.

Freud, S. (1917d). A metapsychological supplement to the theory of dreams. *S.E., 14*: 217–235.

Freud, S. (1917e). Mourning and melancholia. *S.E., 14*: 237–58.

Freud, S. (1918b [1914]). From the history of an infantile neurosis. *S.E., 17*.

Freud, S. (1919a). Lines of advance in psycho-analytic therapy. *S.E., 17*: 167–168.

Freud, S. (1919d). Introduction to *Psycho-Analysis and the War Neuroses. S.E., 17*: 207.

Freud, S. (1919e). A child is being beaten: A contribution to the study of the origin of sexual perversions. *S.E., 17*: 219–258.

Freud, S. (1919h). The "uncanny". *S.E., 17*.

Freud, S. (1920g). *Beyond the Pleasure Principle. S.E. 18*.

Freud, S. (1921c). *Group Psychology and the Analysis of the Ego. S.E., 18*: 65–143.

Freud, S. (1923a). Two encyclopaedia articles. *S.E., 18*: 235–259.

Freud, S. (1923b). *The Ego and the Id. S.E., 19*: 3–68.

Freud, S. (1923c). Remarks on the theory and practice of dream-interpretation. *S.E., 19*: 109–121.

Freud, S. (1924c). The economic problem of masochism. *S.E., 19*: 155–170.

Freud, S. (1925a [1924]). A note upon the "mystic writing-pad". *S.E., 19*: 227.

Freud, S. (1925j). Some psychical consequences of the anatomical distinction between the sexes. *S.E., 19*: 243–260.

Freud, S. (1926d). *Inhibitions, Symptoms and Anxiety. S.E., 20*.

Freud, S. (1927c). *The Future of an Illusion. S.E., 21*: 3.

Freud, S. (1930a). *Civilization and Its Discontents. S.E., 21*: 59–145.

Freud, S. (1933a). *New Introductory Lectures on Psycho-Analysis. S.E., 22*: 5–182.

Freud, S. (1937c). Analysis terminable and interminable. *S.E., 23*.

Freud, S. (1937d). Constructions in analysis. *S.E., 23*: 257–269.

Freud, S. (1940a [1938]). *An Outline of Psycho-Analysis. S.E., 23*: 141–207.

Freud, S. (1940d [1892]) (with Breuer, J.). On the theory of hysterical attacks . *S.E., 1*: 151.

Freud, S. (1941a [1892]). Letter to Josef Breuer. *S.E., 1*: 147.

Freud, S. (1942a [1905 or 1906]). Psychopathic characters on the stage. *S.E., 7*: 305.

Freud, S. (1950 [1895]). Project for a scientific psychology. *S.E., 1*.

Freud, S. (1955c [1920]). Memorandum on the electrical treatment of war neurotics. *17*: 211.

Geyskens, T., & Van Haute, P. (2007). *From Death Instinct Theory to Attachment Theory*. New York: Other Press.

Ginsberg, B. E. (1982). Genetic factors in aggressive behavior. *Psychoanalytic Inquiry, 2*: 53–75.

Goette, A. (1883). *Über den Ursprung des Todes*. Hamburg.

Goodall, J. (1979). Life and death at Gombe. *National Geographic, 155*: 592–620.

Green, A. (1983). *Narcissisme de vie, narcissisme de mort*. Paris: Minuit.

Green, A. (1993a). *The Work of the Negative*. London: Free Association Books, 1999.

Green, A. (1993b). *On Private Madness*. Madison, CT: International Universities Press.

Greenacre, P. (1960). Considerations regarding the parent–infant relationship. *International Journal of Psychoanalysis, 41*: 571–584.

Greenacre, P. (1971). Notes on the influence and contribution of ego psychology to the practice of psychoanalysis. In: J. B. McDevitt & C. F. Settlage (Eds.), *Separation–Individuation: Essays in Honor of Margaret S. Mahler* (pp. 171–200). New York: International Universities Press.

Greenberg, D. E. (1990). Instinct and primary narcissism in Freud's later theory: An interpretation and reformulation of beyond the pleasure principle. *International Journal of Psychoanalysis, 71*: 271–183.

Grosskurth, P. (1991). *The Secret Ring: Freud's Inner Circle and the Politics of Psychoanalysis.* Boston, MA: Addison-Wesley.

Grotstein, J. (2009). Dreaming as a "curtain of illusion": Revisiting the "royal road" with Bion as our guide. *International Journal of Psychoanalysis, 90*: 733–752.

Gunther, M. (1980). Aggression, self psychology, and the concept of health. In: A. Goldberg (Ed.), *Advances in Self Psychology.* New York: International Universities Press.

Hamburg, D. A., & Trudeau, M. B. (Eds.) (1981). *Biobehavioral Aspects of Aggression.* New York: Alan R. Liss.

Hartmann, H. (1939). *Ego Psychology and the Problem of Adaptation,* transl. D. Rapaport. New York: International Universities Press, 1958.

Hartmann, H. (1950). Psychoanalysis and developmental psychology. *Psychoanalytic Study of the Child, 5*: 7–17.

Hartmann, H., Kris, E., & Loewenstein, R. M. (1949). Notes on the theory of aggression. *Psychoanalytic Study of the Child, 3/4*: 9–36.

Hartmann, M. (1906). *Tod und Fortpflanzung.* Munich.

Hermann, I. (1936). Sich Anklammern—Auf Suche gehen. *Internationale Zeitschrift für Psychoanalyse und Imago, 26*: 252–274.

Holt, R. R. (1962). A critical examination of Freud's concept of bound vs. free cathexis. *Journal of the American Psychoanalytic Association, 16*: 475–525.

Jacobi, R. (1983). *The Repression of Psychoanalysis: Otto Fenichel and the Freudians.* Chicago, IL: University of Chicago Press.

Jacobs, J. (2009). Obituary: Charles Brenner, M.D. *International Journal of Psychoanalysis, 90*: 953–955.

Janet, P. (1907). *The Major Symptoms of Hysteria.* New York: MacMillan.

Jones, E. (1927). The early development of female sexuality. *International Journal of Psychoanalysis, 8*: 459–472.

Jones, E. (1957). *The Life and Work of Sigmund Freud, Vol. 3.* New York: Basic Books.

Joseph, B. (1982). Addiction to near-death. *International Journal of Psychoanalysis, 63*: 449–456. Also in: M. Feldman & E. Bott Spillius (Eds.), *Psychic Equilibrium and Psychic Change* (pp. 127–138). London: Routledge, 1989.

Jung, C. G. (1909). Die Bedeutung des Vaters für das Schicksal des Einzelnen. *Jahrbuch für psychoanalytische und psychopathologische Forschungen, 1.*

Kakar, S. (1981). *The Inner World: A Psychoanalytic Study of Childhood and Society in India* (2nd edition). New Delhi: Oxford University Press.

Kakar, S., & Kakar, K. (2007). *The Indians: Portrait of a People.* New Delhi: Penguin/Viking.

Kernberg, O. (1975). *Borderline Conditions and Pathological Narcissism.* New York: Jason Aronson.

Kernberg, O. (1982). Self, ego, affects and drives. *Journal of the American Psychoanalytic Association, 30*: 893–917.

Kernberg, O. (1991). The psychopathology of hatred. *Journal of the American Psychoanalytic Association, 39*: 209–238.

Kernberg, O. (1992). *Aggression in Personality Disorders and Perversion.* New Haven, CT: Yale University Press.

Kernberg, O. (2001). Recent developments in the technical approaches of English-language psychoanalytic schools. *Psychoanalytic Quarterly, 70* (3): 519–547.

Kernberg, O. (2003a). Sanctioned social violence: A psychoanalytic view, Part I. *International Journal of Psychoanalysis, 84*: 683–698.

Kernberg, O. (2003b). Sanctioned social violence: A psychoanalytic view, Part II. *International Journal of Psychoanalysis, 84*: 953–968.

Kernberg, O. (2004a). The concept of drive in the light of contemporary psychoanalytic theorizing. In: *Contemporary Controversies in Psychoanalytic Theory, Techniques, and Their Applications* (pp. 48–59). New Haven, CT: Yale University Press.

Kernberg, O. (2004b). Hatred as a core afect of aggression. In: *Aggressivity, Narcissism, and Self-Destructiveness in the Psychoanalytic Process* (pp. 27–44). New Haven, CT: Yale University Press.

Kernberg, O. (2004c). Psychoanalytic object relations theory. In: *Contemporary Controversies in Psychoanalytic Theory, Techniques, and Their Applications* (pp. 26–47). New Haven, CT: Yale University Press.

Kernberg, O. (2004d). A technical approach to eating disorders in patients with borderline personality organization. In: *Aggressivity, Narcissism, and Self-Destructiveness in the Psychoanalytic Process* (pp. 205–219). New Haven, CT: Yale University Press.

Kernberg, O. (2007). The almost untreatable narcissistic patient. *Journal of the American Psychoanalytic Association, 55* (2): 503–539.

Kernberg, O. (2009). The concept of the death drive: A clinical perspective. *International Journal of Psychoanalysis, 90*: 1009–1023.

Kestenberg, J., & Brenner, I. (1996). *The Last Witness: The Child Survivor of the Holocaust.* Washington, DC: American Psychiatric Press.

Klein, M. (1933). The early development of conscience in the child. In:

Love, Guilt and Reparation and Other Works 1921–1945 (pp. 262–289). London: Hogarth Press, 1985.

Klein, M. (1935). A contribution to the psychogenesis of manic depressive states. In: *Love, Guilt and Reparation and Other Works 1921–1945* (pp. 262–289). London: Hogarth Press, 1985.

Klein, M. (1940). Mourning and its relation to manic-depressive states. In: *Contributions to Psychoanalysis, 1921–1945* (pp. 311–338). London: Hogarth Press.

Klein, M. (1952). The mutual influences in the development of ego and the id. In: *Envy and Gratitude and Other Works 1946–1963* (pp. 57–60). London: Hogarth Press, 1987.

Klein, M. (1957). *Envy and Gratitude.* New York: Basic Books.

Kluft, R. P. (1987). Unsuspected multiple personality disorder: An uncommon source of protracted resistances, interruption and failure in psychoanalysis. *Journal of Clinical Psychiatry, 9*: 100–115.

Kohut, H. (1971). *The Analysis of the Self.* New York: International Universities Press.

Kohut, H. (1977). *The Restoration of the Self.* New York: International Universities Press.

Kris, E. (1950). Notes on the development and on some current problems of psychoanalytic child psychology. *Psychoanalytic Study of the Child, 5*: 24–46.

Lacan, J. (1966). Position de l'inconscient [Position of the unconscious]. In: *Écrits* [Writings] (pp. 829–850). Paris: Seuil.

Land, L. (1991). Thanatos: The drive without a name: The development of the concept of the death drive in Freud's writings. *Scandinavian Psychoanalytic Review, 14*: 60–80.

Lansky, M. R. (1995) (with Bley, C. R.). *Posttraumatic Nightmares: Psychodynamic Explorations.* Hillsdale, NJ: Analytic Press.

Lansky, M. R. (1997). Posttraumatic nightmares: A psychoanalytic reconsideration. *Psychoanalysis and Contemporary Thought, 20*: 501–521.

Lansky, M. R. (2004). Trigger and screen: Shame dynamics and the problem of instigation in Freud's dreams. *Journal of the American Academy of Psychoanalysis, 32*: 441–468.

Lantos, B. (1958). The two genetic derivations of aggression with reference to sublimation and neutralization. *International Journal of Psychoanalysis, 39*: 116–120.

Laplanche, J. (1970). *Vie et mort en psychanalyse* [Life and death in psychoanalysis]. Paris: Flammarion. (*Vida e morte em psicanálise* [Life and death in psychoanalysis]. Porto Alegre: Artes Médicas, 1985.)

Laplanche, J. (1989). *New Foundations for Psychoanalysis.* Oxford: Blackwell.

Laplanche, J., & Pontalis, J. B. (1973). *The Language of Psychoanalysis*. London: Karnac, 1988.

Laub, D., & Auerhahn, N. (1993). Knowing and not knowing massive psychic trauma: Forms of traumatic memory. *International Journal of Psychoanalysis, 74*: 287–302.

Laub, D., & Lee, S. (2003). Thanatos and massive psychic trauma. *Journal of the American Psychoanalytic Association, 51*: 433–463.

Lear, J. (2005). *Freud*. New York: Routledge.

Leveton, A. (1952). *Psychoanalytic Studies of the Personality*. London: Routledge.

Leveton, A. (1961). The night residue. *International Journal of Psychoanalysis, 42*: 506–516.

Levy, J. (1996). On learning and teaching dream interpretation. *Journal of Clinical Psychoanalysis, 5*: 561–579.

Levy, J. (2009). Studying *The Interpretation of Dreams* in the company of analytic candidates. *Journal of the American Psychoanalytic Association, 57* (4): 847–870.

Lewin, B. D. (1955), Dream psychology and the analytic situation. *Psychoanalytic Quarterly, 24*: 169–199.

Lichtenberg, J. D. (1989). *Psychoanalysis and Motivation*. Hillsdale, NJ: Analytic Press.

Lifton, R. J. (1976). *The Life of the Self: Toward a New Psychology*. New York: Simon & Schuster.

Lipschütz, A. (1914). *Warum wir sterben*. Stuttgart.

Loewald, H. W. (1971). Some consideration of repetition and repetition compulsion. *International Journal of Psychoanalysis, 52*: 59–66.

Loewenstein, R. M. (1949). A post-traumatic dream. *Psychoanalytic Quarterly, 18*: 449–454.

Lorenz, K. (1963a). *L'aggression: Une histoire naturelle du mal* [Aggression: A natural history of evil]. Paris: Flammarion, 1969.

Lorenz, K. (1963b). *On Aggression*. New York: Harcourt, Brace & World, 1966.

Low, B. (1920a). *Psycho-Analysis*. London.

Low, B. (1920b). A revived sensation-memory. *International Journal of Psychoanalysis, 1*: 271–272.

Makari, G. (2008). *Revolution in Mind: The Creation of Psychoanalysis*. New York: HarperCollins.

Marcinowski, J. (1918). Die erotischen Quellen der Minderwertigkeitsgefühle. *Zeitschrift für Sexualwissenschaften, 4*: 313.

Marcovitz, E. (1973). Aggression in human adaptation. *Psychoanalytic Quarterly, 42*: 226–233.

Mark, D. (2009). Waking dreams. *Psychoanalytic Dialogues, 19*: 405–414.

Marmer, S. S. (1980). Psychoanalysis of "multiple personality". *International Journal of Psychoanalysis, 61*: 439–459.

Marmer, S. S. (1991). Multiple personality: A psychoanalytic perspective. *Psychiatric Clinics of North America, 14*: 677–693.

McCord, W., McCord, J., & Zola, I. K. (1959). *Origins of Crime.* New York: Columbia University Press.

Meltzer, D. (1973). *Sexual States of Mind.* Strath Tay: Clunie Press.

Modell, A. (1975). The ego and the id. *International Journal of Psychoanalysis, 56*: 57–68.

Monzani, L. R. (1989). *Freud: O movimento de um pensamento* [Freud: The movement of a thought]. Campinas, Brazil: Ed. da Unicamp.

Moyer, K. E. (1968). Kinds of aggression and their physiological basis. *Communications in Behavioral Biology, 2*: 65–87.

Nandy, A. (1995). *The Savage Freud and Other Essays on Possible and Retrievable Selves.* Delhi: Oxford University Press.

Nunberg, H. (1932). *Principles of Psychoanalysis: Their Application to the Neuroses.* New York: International Universities Press.

Nunberg, H., & Federn, E. (Eds.) (1962–75). *Minutes of the Vienna Psychoanalytic Society* (4 vols.). New York: International Universities Press.

Olivelle, P. (1993). *The Asrama System: The History and Hermeneutics of a Religious Tradition.* Oxford: Oxford University Press.

O'Neil, M. K. (2007). Confidentiality, privacy and the facilitating role of psychoanalytic organizations. *International Journal of Psychoanalysis, 88*: 1–20.

O'Neil, M. K., & Akhtar, S. (Eds.) (2009). *On Freud's "The Future of an Illusion": Contemporary Freud Turning Points & Critical Issues.* London: Karnac.

Ornstein, P. H. (1987). On self-state dreams in the psychoanalytic process. In: A. Rothstein (Ed.), *The Interpretation of Dreams in Clinical Work* (pp. 87–104). New York: International Universities Press.

Panksepp, J. (1998). *Affective Neuroscience.* New York: Oxford University Press.

Paranjpe, A. C. (1984). *Theoretical Psychology: The Meeting of East and West.* New York: Plenum Press.

Parens, H. (1973). Aggression: A reconsideration. *Journal of the American Psychoanalytic Association, 21*: 34–60.

Parens, H. (1979). *The Development of Aggression in Early Childhood* (1st edition). Lanham, MD: Jason Aronson/Rowman & Littlefield [revised edition, 2008].

Parens, H. (1984). Toward a reformulation of the theory of aggression and its implications for primary prevention. In: J. Gedo & G. H. Pollock (Eds.), *Psychoanalysis: The Vital Issues, Vol. 1* (pp. 87–114). New York: International Universities Press.

Parens, H. (1989). Toward a reformulation of the psychoanalytic theory of aggression. In: S. I. Greenspan & G. H. Pollock (Eds.), *The Course of Life, Vol. II: Early Childhood* (pp. 83–127). Madison, CT: International Universities Press.

Parens, H. (1994). *Comments on Kernberg's "Hatred as a Core Affect of Aggression".* Paper presented at the Twenty-Fifth Annual Margaret S. Mahler Symposium on Child Development, Philadelphia, PA, 30 April.

Parens, H. (2008). *The Development of Aggression in Early Childhood* (revised edition). Lanham, MD: Jason Aronson/Rowman & Littlefield.

Parens, H., Pollock, L., & Prall, R. C. (1974). *Toward an Epigenesis of Aggression in Early Childhood* [Film #2]. Philadelphia, PA: Audio-Visual Medical Section, Eastern Pennsylvania Psychiatric Institute.

Parens, H., & Saul, L. J. (1971). *Dependence in Man.* New York: International Universities Press.

Parens, H., & Weech, A. A., Jr. (1966). Accelerated learning responses in young patients with school problems. *Journal of the American Academy of Child Psychiatry, 5*: 75–92.

Paris, J. (2009). *Childhood Adversities and Borderline Personality Disorder.* Unpublished manuscript.

Parsons, W. B. (1999). Freud's encounter with Hinduism: A historical–textual overview. In: T. G. Vaidyanathan & J. J. Kripal (Eds.), *Vishnu on Freud's Desk: A Reader in Psychoanalysis and Hinduism.* New Delhi: Oxford University Press.

Patterson, G. R., Littman, R. A., & Bricker, W. (1967). Assertive behavior in children: A step toward a theory of aggression. *Monographs of the Society for Research in Child Development, 32* (5): 1–43.

Pfeifer, S. (1919). Äusserungen infantil-erotischer Triebe im Spiele. *Imago, 5*: 243.

Ramanujan, A. K. (1993). *Folktales from India.* India: Penguin/Viking.

Rangell, L. (1972). Aggression, Oedipus, and historical perspective. *International Journal of Psychoanalysis, 53*: 3–11.

Rank, B. (1949). Aggression. *Psychoanalytic Study of the Child, 3/4*: 43–48.

Rao, K. R., Paranjpe, A. C., & Dalal, A. K. (2008). *Handbook of Indian Psychology.* New Delhi: Foundation Books.

Rapaport, D. (1949). *Emotions and Memory.* The Menninger Clinic Monograph Series No. 2. Baltimore, MD: Williams & Wilkins.

Reik, T. (1911). Fusion of sex and death: "The ring that is sexual guilt and formed by coming into being and punishing, by Eros and Thanatos".

In: H. Nunberg & E. Federn(Eds.), *Minutes of the Vienna Psychoanalytic Society* (4 vols.). New York: International Universities Press, 1962–75.

Reis, D. J. (1973). *The Chemical Coding of Aggression in the Brain.* Manuscript circulated for the Colloquium on Aggression of the American Psychoanalytic Association, Chairman Leo Stone, New York, December.

Reis, D. J. (1974). Central neurotransmitters in aggression. *Research publications: Association for Research in Nervous and Mental Disease, 52*: 119–148.

Reiser, M. F. (1994). *Memory in Mind and Brain.* New Haven, CT: Yale University Press.

Roazen, P. (1975). *Freud and His Followers.* New York: Knopf.

Rochlin, G. (1973). *Man's Aggression: The Defense of the Self.* Boston, MA: Gambit.

Rosenfeld, H. (1971). A clinical approach to the psychoanalytic theory of the life and death instincts: An investigation into the aggressive aspects of narcissism. *International Journal of Psychoanalysis, 52*: 169–178. Also in: E. Bott Spillius (Ed.), *Melanie Klein Today, Vol. 1* (pp. 239–255). London: Routledge, 1988.

Saraswathi, T. S. (2005). Hindu worldview in the development of selfways: The "atman" as the real self. *New Directions for Child and Adolescent Development, 109*: 43–50.

Schopenhauer, A. (1851). Über die anscheinende Absichtlichkeit im Schicksale des Einzelnen. *Parerga and Paralipomena, 1.* In: *Sämtliche Werke*, ed. Hübscher. Leipzig, 1938.

Schur, M. (1972). *Freud: Living and Dying.* New York: International Universities Press.

Schwartz, H. J., & Silver, A. L. (1990). *Illness in the Analyst: Implications for the Treatment Relationship.* Madison, CT: International Universities Press.

Segal, H. (1956). Depression in the schizophrenic. *International Journal of Psychoanalysis, 28*: 139–145.

Segal, H. (1974). *Introduction to the Work of Melanie Klein.* New York: Basic Books.

Segal, H. (1977). Psychoanalysis and freedom of thought. In: *The Work of Hanna Segal* (pp. 217–227). New York: Jason Aronson, 1981.

Segal, H. (1991). The royal road. In: *Dream, Phantasy and Art* (pp. 3–15). London: Tavistock/Routledge.

Segal, H. (1993). On the clinical usefulness of the concept of the death instinct. *International Journal of Psychoanalysis, 74*: 55–61.

Segal, H. (1997). On the clinical usefulness of the concept of the death instinct. In: *Psychoanalysis, Literature and War* (pp. 17–26). London: Routledge.

Seife, C. (2000). *Zero: The Biography of a Dangerous Idea*. New York: Penguin.

Shane, M., & Shane, E. (1982). The strands of aggression: A confluence of data. *Psychoanalytic Inquiry, 2*: 263–281.

Silber, A. (1970). Functional phenomenon: Historical concept, contemporary defense. *Journal of the American Psychoanalytic Association, 18*: 519–538.

Silber, A. (1979). Childhood seduction, parental pathology and hysterical symptomatology: The genesis of an altered state of consciousness. *International Journal of Psychoanalysis, 60*: 109–116.

Silberer, H. (1909). Report on a method of eliciting and observing certain symbolic hallucination-phenomena. In: D. Rapaport (Ed.), *Organization and Pathology of Thought* (pp. 195–207). New York: Columbia University Press, 1957.

Silbersweig, D., Clarkin, J. F., Goldstein, M., Kernberg, O., Tuescher, O., Levy, K., et al. (2007). Failure of frontolimbic inhibitory function in the context of negative emotion in borderline personality disorder. *American Joutrnal of Psychiatry, 164* (12): 1832–1841.

Simmel, E. (1918). *Kriegsneurosen und psychisches Trauma*. Munich.

Slap, J. W., & Trunnell, E. E. (1987). Reflections on the self state dream. *Psychoanalytic Quarterly, 56*: 251–262.

Solnit, A. J. (1970). A study of object loss in infancy. *Psychoanalytic Study of the Child, 25*: 257–272.

Solnit, A. J. (1972). Aggression: A view of theory building in psychoanalysis. *Journal of the American Psychoanalytic Association, 20*: 435–450.

Sperling, O. (1963). Exaggeration as a defense. *Psychoanalytic Quarterly, 32*: 533–548.

Spielrein, S. (1912). Die Destruktion als Ursache des Werdens. *Jahrbuch für psychoanalytische und psychopathologische Forschungen, Vol. 4*. Leipzig & Vienna. English: Destruction as a cause of coming into being. *Journal of Analytical Psychology, 39* (1994): 155–186.

Spillius, E. B. (Ed.) (1988a). *Melanie Klein Today, Vol. I: Mainly Theory*. London: Routledge.

Spillius, E. B. (Ed.) (1988b). *Melanie Klein Today, Vol. II: Mainly Practice*. London: Routledge.

Spitz, R. (1945). Hospitalism. *Psychoanalytic Study of the Child, 1*.

Spitz, R. (1969). Aggression and adaptation. *Journal of Nervous and Mental Diseases, 149*: 81–90.

Stärcke, A. (1914). Introduction to Dutch translation of S. Freud, "'Civilized' Sexual Morality and Modern Nervous Illness" [*S.E., 18*: 55]. Leyden.

Stechler, G., & Halton, A. (1983). *Assertion and Aggression: Emergence during Infancy*. Paper presented at Winter Meetings of the American Psychoanalytic Association, New York.

Steiner, J. (1982). Perverse relationships between parts of the self: A clinical illustration. *International Journal of Psychoanalysis, 63*: 241–252.

Steiner, J. (1993). *Psychic Retreats: Pathological Organizations in Psychotic, Neurotic, and Borderline Patients*. London: Routledge.

Stekel, W. (1911). *Sex and Dreams: The Language of Dreams*, trans. J. S. Van-Teslaar. Boston, MA: Gorham Press, 1922.

Storr, A. (1968). *Human Aggression*. New York: Atheneum.

Storr, A. (1972). *Human Destructiveness*. New York: Basic Books.

Strachey, J. (1955). Editor's note. In: S. Freud, *Beyond the Pleasure Principle* [1920g]. *S.E. 18*: 3–6.

Strachey, J. (1957). Editor's note. In: S. Freud, "Instincts and Their Vicissitudes" [1915c]. *S.E. 14*: 111–116.

Sulloway, F. (1979). *Freud, Biologist of the Mind: Beyond the Psychoanalytic Legend*. Cambridge, MA: Harvard University Press, 1992.

Tinbergen, N. (1969). On war and peace in animals and man. *Reflections, 4* (1): 24–49.

Tomkins, S. S. (1962). *Affect, Imagery, Consciousness, Vol. I: The Positive Affects*. New York: Springer, 1992.

Tomkins, S. S. (1991). *Affect, Imagery, Consciousness, Vol. III: The Negative Affects, Anger and Fear*. New York: Springer.

Tomlinson, C. (1992). G. C. Lichtenberg: Dreams, jokes, and the Unconscious in eighteenth-century Germany. *Journal of the American Psychoanalytic Association, 40*: 761–799.

Turquet, P. (1975). Threats to identity in the large group. In: L. Kreeger (Ed.), *The Large Group: Dynamics and Therapy* (pp. 87–144). London: Constable.

Volkan, V. (2004). *Blind Trust: Large Groups and Their Leaders in Times of Crisis and Terror*. Charlottesville, VA: Pitchstone.

Waelder, R. (1930). The principle of multiple function: Observations on over-determination. *Psychoanalytic Quarterly, 5*: 45–62.

Waelder, R. (1956). Critical discussion of the concept of an instinct of destruction. *Bulletin of Philadelphia Association of Psychoanalysis, 6*: 97–109.

Weismann, A. (1882). *Über die Dauer des Lebens*. Jena.

Weismann, A. (1884). *Über Leben und Tod*. Jena.

Weismann, A. (1892). *Das Keimplasma*. Jena. English edition: *The Germ-*

Plasm. London, 1893.

White, R. (1963). *Ego and Reality in Psychoanalytic Theory*. Psychological Issues, 7. New York: International Universities Press.

Winnicott, C. (1989). D.W.W.: A reflection. In: *Psychoanalytic Explorations* (pp. 1–19). London: Karnac.

Winnicott, D. W. (1947). Hate in the counter-transference. *International Journal of Psychoanalysis, 30*: 69–74.

Winnicott, D. W. (1950). Aggression in relation to emotional development. In: *Through Paediatrics to Psychoanalysis: Collected Papers* (pp. 204–218). London: Karnac, 1990.

Winnicott, D. W. (1960). Ego distortion in terms of true and false self. In: *The Maturational Processes and the Facilitating Environment* (pp. 140–152). London: Karnac, 1990.

Winnicott, D. W. (1971). *Playing and Reality*. London: Routledge.

Wolf, E. (1988). *Treating the Self: Elements of Clinical Self Psychology*. New York: Guilford Press.

Yorke, C. (1986). A pulsão de morte. Posição pessoal [The death drive: Personal position]. In: A. Green et al., *A pulsão de morte* [The death drive] (pp. 85–90). São Paulo: Escuta, 1988.

Young-Bruehl, E. (2003) (with J. Russo). *Amae* in Ancient Greece. In: *Where Do We Fall When We Fall In Love?* New York: Other Press.

Ziegler, K. (1913). Menschen- und Weltenwerden. *Neue Jahrbücher für das klassische Altertum, 31*: 529.

专业名词英中文对照表

actualized	行动化
aggression	攻击性
aphanisis	性机能丧失恐惧症
anticathexis	反精神贯注
cathexis	贯注
chuntering	嘟囔
compulsion to repeat	强迫性重复
condensation	凝缩
constancy principle	恒常性原则
death instinct	死本能
de-objectalization	去客体化
disassociation	解离
displacement	移置
dream-work	梦的运作
drive	驱力
ego	自我
enactment	活现
id	本我
inertia principle	惰性原则
instinct	本能
instinctual dualism	本能二元论
latent content	隐意
latent dream	隐梦
life instinct	生本能
life-preserving instincts	生命保存本能
manifest content	显意
manifest dream	显梦
masochism	受虐
melancholia	忧郁症
negative therapeutic reaction	负性治疗反应

neutral ego energy	中性的自我能量
neutralized	被中和的
Nirvana	涅槃
ocnophile	亲客体倾向
philobatism	疏客体倾向
pleasure	快乐
post-Fruedian	后弗洛伊德学派
primary	原发性
primary love	原初的爱
psychic apparatus	心理装置
repetition	重复
sadism	施虐
secondary	继发性
self-assertion	自我肯定
self-destructive	自我破坏性
self-preservation instinct	自我保存本能
self-state dream	自体状态梦
sexual instinct	性本能
shock	休克
superego	超我
switching	转换
the affectionate current	情感流
The Multi-Trends Theory of Aggression	攻击性的多趋势理论
the sensual current	感官流
traumatic neurosis	创伤性神经症